FISIOLOGIA DO EXERCÍCIO
INTERMITENTE DE ALTA INTENSIDADE

INSTITUTO PHORTE EDUCAÇÃO
Phorte Editora

Diretor-Presidente
Fabio Mazzonetto

Diretora Financeira
Vânia M. V. Mazzonetto

Editor-Executivo
Fabio Mazzonetto

Diretora Administrativa
Elizabeth Toscanelli

CONSELHO EDITORIAL

Educação Física
Francisco Navarro
José Irineu Gorla
Paulo Roberto de Oliveira
Reury Frank Bacurau
Roberto Simão
Sandra Matsudo

Educação
Marcos Neira
Neli Garcia

Fisioterapia
Paulo Valle

Nutrição
Vanessa Coutinho

FISIOLOGIA DO EXERCÍCIO
INTERMITENTE DE ALTA INTENSIDADE

Emerson Franchini (organizador)

São Paulo, 2014

Fisiologia do exercício intermitente de alta intensidade
Copyright © 2014 by Phorte Editora

Rua Treze de Maio, 596
Bela Vista – São Paulo – SP
CEP: 01327-000
Tel/fax: (11) 3141-1033
Site: www.phorte.com.br
E-mail: phorte@phorte.com.br

Nenhuma parte deste livro pode ser reproduzida ou transmitida de qualquer forma, sem autorização prévia por escrito da Phorte Editora Ltda.

CIP-BRASIL. CATALOGAÇÃO NA PUBLICAÇÃO
SINDICATO NACIONAL DOS EDITORES DE LIVROS, RJ

F565

Fisiologia do exercício intermitente de alta intensidade / organização Emerson Franchini. – 1. ed. – São Paulo : Phorte, 2014.
224 p. : il. ; 28 cm.

Inclui bibliografia
ISBN 978-85-7655-509-4

1. Exercícios físicos. 2. Aspectos fisiológicos. I. Franchini, Emerson.

| 14-13684 | CDD: 612.044 |
| | CDU: 612.766.1 |

ph2201.1

Este livro foi avaliado e aprovado pelo Conselho Editorial da Phorte Editora.
(www.phorte.com.br/conselho_editorial.php)

Impresso no Brasil
Printed in Brazil

Agradecimentos

A todos os autores, por terem aceitado o convite de participar deste projeto e também pela parceria e pelo comprometimento que tiveram durante todo o processo de elaboração desta obra.

A todo o corpo editorial da Phorte Editora, pelo aceite, atenção, paciência e envolvimento com este projeto.

Apresentação

Embora o exercício intermitente de alta intensidade tenha uma longa história de aplicação no esporte, apenas nas três últimas décadas foram intensificadas as pesquisas sobre protocolos de exercício com essa característica. A publicação dessas investigações resultou em aumento considerável do interesse por essa temática, com aplicação desse tipo de exercício em diversas situações, como emagrecimento, reabilitação e alto rendimento, e também para diferentes públicos (crianças, jovens, adultos, cardiopatas etc.).

Este livro apresenta os conceitos básicos acerca do exercício intermitente de alta intensidade, bem como suas possíveis aplicações em setores associados ao esporte e à saúde, sintetizando os achados das principais pesquisas sobre esse tipo de exercício.

É desejo de todos os autores que esta publicação seja um primeiro passo no desenvolvimento da literatura nacional especializada nessa área fascinante da fisiologia do exercício.

Boa leitura!

Emerson Franchini

Sumário

Parte 1 – Fundamentos

1 Respostas fisiológicas ao exercício intermitente de alta intensidade **13**

1.1 Demanda metabólica do exercício intermitente de alta intensidade 14

1.2 Histórico sobre os estudos avaliando a integração metabólica durante o exercício físico 14

1.3 Comparação da duração do esforço em diferentes protocolos de exercício intermitente supramáximo 20

1.4 Manutenção da relação esforço-pausa e manipulação da duração do esforço e da pausa 24

1.5 Exercício intermitente de alta intensidade e possíveis mecanismos relacionados à fadiga muscular esquelética 25

1.6 Efeito agudo do exercício intermitente de alta intensidade na biogênese mitocondrial (AMPk, P38MAPk e PGC-1α) 26

1.7 Respostas respiratórias e neuromusculares frente ao exercício intermitente de alta intensidade 28

1.8 Considerações finais 33

Referências 35

2 Aptidão aeróbia e desempenho em exercício intermitente de alta intensidade **41**

2.1 Respostas metabólicas no *sprint* isolado 42

2.2 Respostas metabólicas em *sprints* repetidos 43

2.3 Relação entre índices fisiológicos do metabolismo aeróbio e desempenho em exercício intermitente de alta intensidade 44

2.4 Manipulação de variáveis que afetam a contribuição aeróbia e alteração no exercício intermitente de alta intensidade ... 45

2.5 Comparação do desempenho em atividade intermitente entre indivíduos com diferentes níveis

de condicionamento aeróbio 46

2.6 Efeitos do treinamento aeróbio no desempenho em exercício intermitente de alta intensidade 47

2.7 Considerações finais 48

Referências 49

Parte 2 – Aplicações no controle de fatores de risco e patologias

3 Efeitos do exercício intermitente de alta intensidade na massa e na composição corporais **55**

3.1 Exercício intermitente de alta intensidade e composição corporal: comparação com intensidades mais baixas 58

3.2 Mecanismos potenciais 61

3.3 Considerações finais 65

Referências 66

4 Benefícios do exercício intermitente de alta intensidade nas doenças cardiovasculares **71**

4.1 Exercícios de alta intensidade para portadores de doenças cardiovasculares 72

4.2 Mecanismos fisiológicos do exercício intermitente 78

4.3 Considerações finais 78

Referências 79

5 Aplicações do exercício intermitente na síndrome metabólica..**83**

5.1 Síndrome metabólica: conceitos e definições 83

5.2 Critérios, prevalência e fatores de risco 84

5.3 Resultados de intervenções com medicamentos, dietas e exercícios 89

5.4 Possibilidades e vantagens do exercício intermitente no controle da SM 93

5.5 Eficiência temporal e prazer envolvido com a prática do exercício intermitente de alta intensidade 95

5.6 Respostas orgânicas imediatas/agudas relacionadas ao exercício intermitente de alta intensidade 96

5.7 Respostas orgânicas crônicas relacionadas ao exercício intermitente de alta intensidade 100

5.8 Indicações do EIAI para os componentes da SM 106

5.9 Aplicações práticas 108

Referências 109

6 Treinamento intermitente de alta intensidade (TIAI) em pacientes com doença pulmonar obstrutiva crônica (DPOC) **121**

6.1 Fisiopatologia e epidemiologia – DPOC 122

6.2 Respostas e limitações ao exercício na DPOC 123

6.3 Determinação da intensidade do treinamento 123

6.4 Cuidados e orientações 126

6.5 Considerações finais 126

Referências 128

Parte 3 – Nutrição e desempenho físico

7 Suplementação de carboidratos e creatina no exercício intermitente de alta intensidade......................**135**

7.1 Suplementação de carboidratos no exercício intermitente de alta intensidade 136

7.2 Suplementação de creatina no exercício intermitente de alta intensidade 139

7.3 Considerações finais 144

Referências 145

8 Suplementação de tamponantes em exercícios intermitentes de alta intensidade................................**151**

8.1 Relação entre mecanismos de fadiga e recursos ergogênicos no exercício intermitente de alta intensidade 152

8.2 Substâncias ergogênicas nutricionais 155

8.3 Uso combinado de substâncias tamponantes 162

8.4 Cafeína 162

8.5 Efeitos negativos do uso de tamponantes 164

8.6 Considerações finais 165

Referências 166

Parte 4 – Aplicações no esporte

9 Perda rápida de peso em esportes de combate: efeitos sobre o desempenho intermitente......................**175**

9.1 Boxe 176

9.2 Luta olímpica 179

9.3 *Tae kwon do* 180

9.4 Judô 182

9.5 Recomendações nutricionais 185

9.6 Considerações finais 187

Referências 189

10 Testes para modalidades coletivas de invasão **197**

10.1 Avaliação física no esporte 198

10.2 Avaliação física em modalidades coletivas de invasão 198

10.3 Escolha de testes para a avaliação física em modalidades coletivas de invasão 199

10.4 Testes de *sprints* repetidos em modalidades coletivas de invasão 199

10.5 Considerações finais 215

Referências 216

Sobre os autores 219

Parte 1

Fundamentos

1

Respostas fisiológicas ao exercício intermitente de alta intensidade

Luís Gustavo Oliveira de Sousa
Cesar Cavinato Cal Abad
Emerson Franchini

O exercício intervalado (ou intermitente) de alta intensidade (EIAI) é caracterizado por sessões de exercício físico realizadas em alta intensidade. Deve-se empregar carga igual ou superior à máxima fase estável do lactato, supramáxima, na maior intensidade possível (*all-out*), com períodos de recuperação em baixa intensidade (recuperação ativa) ou com a interrupção completa do exercício (recuperação passiva).[12,62]

Vários fatores podem influenciar as respostas fisiológicas momentâneas e de longo prazo ao EIAI. Dentre esses fatores, podemos destacar a intensidade do esforço e da recuperação da sessão do exercício, a duração da atividade e o tempo de recuperação entre as séries, além da relação esforço-recuperação (E:R) e da amplitude do esforço.[12,62] Em razão das inúmeras possibilidades de manipulação das variáveis do EIAI, distintas adaptações poderão ocorrer no sistema cardiorrespiratório, na via metabólica solicitada e também no sistema neuromuscular.[41]

Esse tipo de treinamento é um importante componente da preparação física de diversas modalidades esportivas abertas, definidas por ações de alta intensidade e de característica intermitente (lutas, futebol, basquete, vôlei entre outras).[12] Diversos estudos têm demonstrado que o EIAI promove benefícios iguais ou superiores na potência aeróbia ($\dot{V}O_2$máx),[30] na biogênese mitocondrial[31] e na capacidade de tamponamento,[60] quando comparado ao exercício aeróbico contínuo de intensidade moderada.

Outros estudos realizados em populações especiais também descreveram respostas iguais ou superiores do EIAI em relação ao exercício aeróbio contínuo e de moderada intensidade. Esses efeitos foram observados em pessoas com insuficiência cardíaca,[75] doença arterial coronariana,[59] diabetes,[43] angina estável[52] e síndrome metabólica.[69]

Entre outras vantagens do EIAI, um aspecto que tem chamado atenção diz respeito à possibilidade de obtenção de benefícios em menor intervalo de tempo quando comparado com programas envolvendo exercício moderado. No entanto, como a intensidade do EIAI é maior,[30] compreender quais alterações fisiológicas são desencadeadas em resposta a uma única sessão e também descrever os possíveis mecanismos envolvidos é algo muito importante.

Assim, o presente capítulo tem como objetivo descrever os ajustes agudos desencadeados pelo EIAI nas vias metabólicas, nas variáveis cardiorrespiratórias e neuromusculares e discutir os possíveis mecanismos responsáveis por esses ajustes.

1.1 Demanda metabólica do exercício intermitente de alta intensidade

1.1.1 Caracterização do exercício intermitente

O exercício intermitente de alta intensidade (EIAI) é caracterizado por algumas variáveis, tais como:

- sessões de exercício realizadas acima da máxima fase estável do lactato, porém abaixo do $\dot{V}O_2$máx;
- sessões com intensidades correspondentes ao $\dot{V}O_2$máx ($i\dot{V}O_2$máx);
- sessões supramáximas ou na maior intensi-

dade possível (*all-out*), acima do $i\dot{V}O_2$máx, sendo possível, nesse caso específico, trabalhar com cargas fixas, como 170% da $i\dot{V}O_2$máx.[12]

É interessante notar que na maioria das modalidades com características intermitentes (futebol, basquete, tênis e lutas) os estímulos determinantes das disputas esportivas ocorrem na maior intensidade possível (*all-out*).

Outra característica importante do EIAI é o período de repouso utilizado durante a sessão de exercício, destacando-se:

- repouso/recuperação passiva: interrupção completa do exercício;
- recuperação ativa: períodos de exercício realizados em baixa intensidade.[12,62]

A combinação desses fatores resulta em combinações específicas, esforço e pausa (E:P) e amplitude (variação entre a menor e maior intensidade), os quais, juntamente com a duração total do exercício, podem determinar diversos ajustes.[12,62]

1.2 Histórico sobre os estudos avaliando a integração metabólica durante o exercício físico

1.2.1 Influência do tipo de exercício e metodologias utilizadas

Um dos estudos pioneiros na avaliação dos efeitos do exercício intermitente de alta intensidade em humanos foi realizado pelo grupo de Margaria et al.,[46] em que se utilizou uma amostra de sangue e o consumo de oxigênio. Com base no desenvolvimento da agulha de biópsia na década de 1960 por Bergstrom e Hultman[10] e, posteriormente, por meio do desenvolvimento da técnica de espectroscopia de ressonância magnética, utilizando o fósforo 31 (^{31}P) marcado,[51,68,72] foi possível entender melhor as mudanças intramusculares de substratos e metabólitos decorrentes do EIAI, especialmente da fosfocreatina (PCr).

Uma das grandes dificuldades na interpretação dos resultados sobre a cinética da PCr diz respeito aos diferentes métodos, protocolos e indivíduos utilizados nos estudos.[51,68,72] Embora não exista uma medida padrão ouro para a mensuração do metabolismo anaeróbio, tradicionalmente, desde os trabalhos clássicos de Mathews e Fox[48] e Fox et al.,[25] os quais utilizaram o débito de oxigênio e a produção de lactato para isso, assumiu-se que tarefas supramáximas realizadas até dez segundos eram mantidas predominantemente pela participação da PCr e que tarefas máximas realizadas até 90/120 segundos eram mantidas pela ação da glicólise anaeróbia com subsequente aumento do lactato sanguíneo. Howald, Von Glutz e Billeter[39] demonstraram resultados semelhantes aos observados por Fox et al. na integração dos sistemas de transferência de energia no músculo esquelético de humanos.[25]

Por muitos anos, esse paradigma sustentou a base da fisiologia do exercício clássica, contudo, muitas dúvidas relacionadas à participação energética do EIAI necessitavam de respostas mais específicas. Vale a pena ressaltar que os estudos avaliando a integração metabólica na transferência de energia foram realizados com exercícios aeróbios contínuos de longa duração. A partir do estudo de Gaitanos et al.,[27] parte das dúvidas sobre o EIAI passou a ser respondida.

Após avaliarem a contribuição energética de dez estímulos do tipo *all-out* (supramáximo), de 6 segundos cada com 30 segundos de recuperação passiva entre cada estímulo realizado em um cicloergômetro, os autores verificaram menor participação glicolítica, maior contribuição relativa de PCr e aumento da solicitação do metabolismo aeróbio para ressíntese de ATP no décimo tiro em relação ao primeiro.

Bogdanis et al.[14-16] confirmaram os achados de Gaitanos et al.,[27] e com isso a ideia sequencial da participação metabólica precisou ser repensada, abrindo espaço para a criação de um modelo metabólico mais contemporâneo, o qual preconiza a integração para ressíntese de ATP de forma mais complexa do que se pensava.[32] Portanto, em atividades como o EIAI, a contribuição de cada sistema em cada estímulo irá depender diretamente da interação das intensidades, da duração dos estímulos e pausas e do estado de treinamento dos indivíduos.

1.2.2 Solicitação energética no exercício intermitente supramáximo

O EIAI pode ser considerado mais complexo do que o exercício contínuo, uma vez que possibilita inúmeras combinações dos seus elementos constituintes:[5,32] intensidade e duração da atividade, intensidade e duração da pausa e relação esforço-pausa. O primeiro aspecto relevante a ser considerado é que a participação e a interação dos diferentes sistemas de transferência de energia durante o exercício intermitente diferem bastante daquela que ocorre durante o exercício contínuo.[14, 32]

De maneira geral, durante um único estímulo de exercício de máxima intensidade de curta duração (menor que trinta segundos), o ATP é ressintetizado predominantemente pelas vias anaeróbias.[28] No entanto, quando o mesmo tipo de exercício é realizado intermitentemente com intervalos pequenos, tem-se verificado um aumento absoluto na contribuição do sistema aeróbio[27], mesmo quando a recuperação entre os estímulos é passiva.[9]

Curiosamente, os dados experimentais de Gaitanos et al.[27] demonstram que, embora a participação absoluta do sistema ATP-CP diminua, sua contribuição relativa ao total de energia transferida anaerobiamente aumenta de forma bastante pronunciada. Adicionalmente, a solicitação do metabolismo aeróbio no exercício intermitente parece ter um papel importante no fornecimento de energia em atividades com maior duração[9] e em estímulos nos quais o tempo de intervalo é insuficiente para a ressíntese completa de PCr.[8,76]

Segundo Gaitanos et al.,[27] um terceiro fator que contribui para o aumento da solicitação do metabolismo aeróbio seria a somatória de estímulos. A importância do metabolismo aeróbio para o exercício intermitente supramáximo também tem sido evidenciada por meio de protocolos comparando situações de hipóxia e normóxia[7] e de estudos com infusão de eritropoetina humana (rhEPO).[6]

O maior desempenho em exercício supramáximo intermitente na situação de normóxia, comparado à situação de hipóxia,[7] assim como com a infusão de rhEPO,[6] parece estar associado a maior disponibilidade de oxigênio nos músculos, o que resultaria em maior ressíntese de PCr durante os períodos de recuperação.

A análise do exercício intermitente, utilizando a execução da tarefa na maior intensidade possível durante toda sua duração (*all-out*), tem sido realizada, sobretudo, por meio de protocolos de exercício com duração de 30 segundos, com 3 a 4 séries e intervalos de 3 a 4 minutos,[33,50,63,70] esforços bem mais prolongados do que o investigado por Gaitanos et al.[27]

Esses autores objetivaram caracterizar as respostas fisiológicas de dez estímulos de 6 segundos, com intensidade elevada em cicloergômetro, e intervalos de 30 segundos em 8 sujeitos. Constataram que a potência média durante os 6 segundos de exercício foi 12,6% menor ($p < 0,01$) na quinta repetição e 26,6% menor ($p < 0,01$) na décima repetição em relação à primeira série. O decréscimo na potência de pico foi de 15,9% na quinta série ($p < 0,05$) e de 33,4% ($p < 0,01$) na décima série em relação ao atingido na primeira. A realização da primeira série resultou em pequeno aumento da lactacidemia (LA) ($1,3$ mmol.l^{-1}), ao passo que, após 5 séries, esse aumento era de aproximadamente 15 vezes (LA após 5 séries = $9,2 \pm 1,5$ mmol.l^{-1}) o valor de repouso ($0,6 \pm 0,1$ mmol.l^{-1}), com um aumento adicional para $12,6 \pm 1,5$ mmol.l^{-1} após a décima série, permanecendo elevado até 10 minutos após o exercício. Foi observada a correlação de r = 0,88; p < 0,05; n = 6 entre o aumento da LA no final da quinta série e o trabalho realizado nas primeiras 5 séries. Esta relação, no entanto, não se manteve tão alta quando consideradas as últimas 5 séries.

Embora os autores afirmem que a maior contribuição para a transferência de energia durante a atividade tenha sido anaeróbia, não descartaram a possibilidade da contribuição aeróbia na última série. Isso significa que durante a primeira série de exercícios a energia disponível para a realização da atividade era derivada especialmente da PCr e da via glicolítica. Contudo, na última série, a via glicolítica parecia ter sido inibida em decorrência da elevada acidose ocasionada pelas séries anteriores e, portanto, a obtenção de energia era feita por meio da degradação da PCr e do metabolismo oxidativo.

No EIAI com duração inferior a 30 segundos, a ressíntese de ATP é realizada predominantemente pelas vias anaeróbias. Em contrapartida, a ressíntese de ATP predominantemente realizada pelo metabolismo aeróbio acontece quando a duração do exercício é superior aos 30 segundos[8] ou quando vários estímulos são realizados sem que haja um tempo de recuperação suficiente para ressintetizar a PCr.[8,32] Pelo exposto, a somatória dos estímulos parece ser um fator preponderante para a solicitação do metabolismo aeróbio.[27,41]

Harris et al.[35] foram os primeiros pesquisadores a demonstrar a importância do metabolismo oxidativo na ressíntese do ATP. No estudo conduzido por esses autores foi utilizado um *cuff* pneumático inflado a 240 mmHg na coxa dos voluntários, os quais realizaram um exercício isométrico de extensão de joelhos durante 6 minutos. Após a realização do exercício, a taxa de ressíntese de PCr foi verificada por meio de biópsia muscular e observou-se que, na condição de isquemia, a ressíntese de PCr foi completamente inibida. Com base nesse resultado, os autores sugeriram que o ATP derivado da ressíntese da PCr é proveniente do metabolismo oxidativo, e mostraram a importância do desenvolvimento desse sistema, mesmo para melhoria do sistema anaeróbio.

Bogdanis et al.[15] submeteram 14 homens a dois testes de Wingate separados por 1,5, 3 ou 6 minutos de intervalo. Após o primeiro protocolo, 8 dos 14 sujeitos foram submetidos a outra sessão experimental, na qual realizaram um teste de Wingate e, logo em seguida, biópsias musculares do vasto lateral e do quadríceps femoral em diferentes tempos (130 segundos, 3 minutos e 6 minutos). O objetivo dos diferentes tempos foi observar as variações nas concentrações de PCr, creatina (Cr), ATP, ADP entre outras análises. As variáveis de desempenho utilizadas foram: potência de pico (PP), potência média durante os primeiros 6 segundos (PM6) e a potência média durante os 30 segundos do teste (PM). Os autores observaram que no teste 2, ao realizar 3 minutos de intervalo, a potência de pico atingiu 88,7% da gerada no primeiro teste. Ao realizar 6 minutos de intervalo, os autores não observaram nenhum ganho adicional na recuperação dos indivíduos. Eles ainda observaram que a PM6 seguiu a mesma tendência da PP quando

se realizava 3 minutos de intervalo, embora tenha havido um aumento de 3% ao se adicionar 3 minutos de recuperação entre as séries. Observou-se que quanto maior o tempo de recuperação entre as sessões, maior era a linearidade na recuperação na PM. Eles ainda evidenciaram que a ressíntese de PCr era maior no protocolo que utilizou 6 minutos de intervalo, chegando a recuperar 85,5 ± 3,5% do valor de repouso. Nos protocolos com intervalos de 130 segundos e 3 minutos, a ressíntese de ATP estava fortemente relacionada à PP e à PM6 atingida durante o teste 2, mesmo com o pH estando em torno de 6,7 mmol, demonstrando a importância da PCr nos primeiros segundos do exercício durante o teste 2. Em contrapartida, os autores não observaram linearidade quando se realizava 6 minutos de intervalo. Eles associaram a estabilização da recuperação da PP a uma fadiga seletiva das fibras do tipo II (contração rápida), por causa da maior degradação glicolítica e de PCr, além de uma maior elevação de H^+ nessas mesmas fibras quando comparadas às fibras do tipo I. Os resultados desse estudo sugerem que a ressíntese da PCr após 30 segundos de exercício máximo de curta duração (*sprint)* foi menor quando comparada ao exercício dinâmico de longa duração, demonstrando a importância da PCr na recuperação da potência quando várias sessões seguidas de exercício intenso são realizadas.

No ano de 1996, o mesmo grupo de autores[14] avaliou a contribuição do metabolismo aeróbio e da PCr durante a realização de exercício intenso em cicloergômetro (Wingate). Oito universitários realizaram dois *sprints* máximos em cicloergômetro intercalados por 4 minutos de recuperação passiva entre as sessões. Eles avaliaram a PP, a potência média nos primeiros 10 segundos (PM10), a potência média durante os últimos 20 segundos, a potência média total (PMT), o índice de fadiga, $\dot{V}O_2$máx, pH muscular, a concentração de lactato muscular e sanguíneo, além das concentrações das enzimas relacionadas ao metabolismo glicolítico e oxidativo. Foi constatado que os 4 minutos de recuperação passiva não foram suficientes para recuperação de nenhuma das variáveis de desempenho. A PP, a PM10, a PM20 e a PM foram, respectivamente, 82 ± 2%, 84 ± 2%, 81 ± 2% e 82 ± 2% do valor atingido no teste 1. Ao final do primeiro *sprint*, observou-se um aumento de 16,9 ± 1,4% nos níveis de PCr em relação ao repouso e pH muscular com uma elevação de 6,69 ± 0,02%. A concentração de lactato sanguíneo, logo após o primeiro teste, ficou próxima de 9 mmol.l^{-1}, chegando a alcançar 12 mmol.l^{-1} antes do segundo teste. Não foram observadas diferenças significantes nos valores de concentração de lactato logo após o segundo teste entre os dois períodos analisados (10 e 30 segundos). No entanto, as concentrações de lactato sanguíneo observadas 3,5 minutos após o segundo teste com 10 segundos de duração eram menores quando comparadas ao segundo teste de 30 segundos de duração (14,3 ± 0,07 e 16,0 ± 0,8 mmol.l^{-1}). Não houve alterações significativas no pH após 3,8 minutos de recuperação passiva (6,80 ± 0,03%), embora tenha havido um aumento de 78,7 ± 3,3% na ressíntese de PCr em relação aos níveis pré-exercício. Não foi observado aumento no $\dot{V}O_2$máx no decorrer dos estímulos, contrariando a hipótese de que com a soma dos estímulos haveria um aumento no $\dot{V}O_2$máx. Os autores demonstraram que o metabolismo aeróbio contribuiu significativamente (± 49%) com o total de energia consumida no segundo *sprint*, demonstrando que o fornecimento da PCr é um fator importante para a manutenção da potência nos primeiros 10 segundos de exercício intenso.

Para avaliar a capacidade de ressíntese da PCr nas fibras tipo I e tipo II, Casey et al.[18] utilizaram um protocolo em cicloergômetro, que consistiu de dois *sprints* de 30 segundos intercalados por 4 minutos de recuperação passiva. Foram realizadas duas biópsias musculares, uma em repouso e a outra logo após a sessão de exercício e, posteriormente, foram feitas as análises bioquímicas. Os autores demonstraram que, ao final da sessão, a ressíntese da PCr estava mais alta nas fibras tipo I quando comparada às fibras do tipo II. Os autores relacionaram essa maior capacidade de ressíntese da PCr nessas fibras ao seu maior potencial oxidativo, maior capilarização, densidade mitocondrial, além de uma maior atividade enzimática quando comparado às fibras do tipo II. Os autores, no entanto, não identificaram os possíveis mecanismos que levaram as fibras do tipo II a terem uma menor capacidade de ressíntese, levando a uma maior depleção do ATP no final da sessão de exercício.

Trump et al.[70] procuraram avaliar a importância da degradação da PCr e sua relação com a manutenção da potência durante o EIAI realizado em cicloergômetro. Sete indivíduos realizaram 3 sessões supramáximas em cicloergômetro isocinético intercaladas por 4 minutos de intervalo entre os estímulos. Logo após a segunda sessão, o fluxo sanguíneo de uma das pernas foi ocluído e, imediatamente antes do terceiro estímulo, o fluxo foi restabelecido, dessa maneira, prevenindo a ressíntese de PCr e a remoção de metabólitos da perna que estava sob oclusão. Após a sessão experimental foram realizadas biópsias musculares no músculo vasto lateral com o objetivo de estimar a contribuição de cada sistema na realização do exercício. A produção total de trabalho na perna controle (direita e esquerda 9,3 ± 0,5 e 9,6 ± 0,5 kJ) em relação à perna com fluxo obstruído foi similar durante a sessão 1 (direita e esquerda 8,1 ± 0,4 e 8,3 ± 0,5 kJ). Houve uma maior ressíntese de PCr (p < 0,05) e uma menor concentração de lactato na perna controle (sem oclusão) em relação à perna que teve o fluxo sanguíneo obstruído (p < 0,05). Os resultados do estudo demonstraram que a PCr forneceu, aproximadamente, 15% do total de energia (ATP) durante os 30 segundos de exercício intenso; que a glicogenólise teve uma pequena participação no fornecimento de energia (10%-15%); e que o metabolismo aeróbio contribuiu com cerca de 70% do total de energia durante as sessões seguidas de exercício supramáximo. Os valores do estudo demonstraram uma grande diferença do que ocorre no primeiro estímulo de 30 segundos (degradação de CP = 23%-28%, glicogenólise = 50%-55% e metabolismo aeróbio = 16%-28%).

A hipótese da maior contribuição do metabolismo aeróbio no EIAI está diretamente relacionada à elevação do pH, colaborando para a produção de H^+, além do aumento da enzima piruvato desidrogenase.[27] É sabido que um aumento nas concentrações de H^+ está diretamente relacionado à inibição de duas enzimas-chave no processo de glicólise e glicogenólise, a fosforilase e a fosfofrutoquinase (PFK). Uma outra hipótese seria a do acúmulo de citrato, o qual tem um potente efeito inibitório na PFK.[32] Os autores afirmaram que a maior solicitação do metabolismo aeróbio nas últimas sessões de EIAI ocorreu por causa da diminuição da contribuição do metabolismo anaeróbio para o fornecimento de energia. Esta resposta parece ter uma relevância muito grande para a redução de desempenho observado nos últimos estágios do EIAI.[27]

Balsom et al.[7], quando avaliaram sete indivíduos jovens submetidos a 10 sessões de exercícios em cicloergômetro, com duração de 6 segundos e recuperação de 30 segundos, simularam duas situações distintas: uma de hipóxia e a outra de normóxia. O $\dot{V}O_2$máx foi menor na situação de hipóxia quando comparado à situação de normóxia. Houve também maior concentração de lactato no grupo hipóxia com concomitante redução na potência muscular.

Diante desses resultados, ficou evidente que, apesar do EIAI ser realizado com predominância do metabolismo anaeróbio, é importante que o atleta tenha um sistema oxidativo bem desenvolvido, pois grande parte do ATP utilizado na ressíntese da PCr é proveniente do metabolismo oxidativo.[51] Essa evidência é reforçada por estudos que demonstraram associação entre o $\dot{V}O_2$máx e a capacidade de ressíntese da PCr logo após a realização de uma sessão de EIAI.[45,53]

O estudo de Jansson et al.[40] procurou estabelecer a relação entre o potencial oxidativo do músculo esquelético e a velocidade de recuperação na força e no metabolismo após uma sessão de exercício intenso. Para tanto, 11 sujeitos realizaram 3 sessões de extensão de joelhos unilateral no aparelho isocinético, intercaladas por 6 minutos de repouso entre cada série. Biópsias musculares foram realizadas imediatamente antes da primeira sessão, após a segunda e antes do início da terceira sessão, e as amostras foram direcionadas para as seguintes análises bioquímicas: PCr, ATP, ADP, inosina monofosfato (IMP), produção de lactato e atividade da enzima citrato sintase (CS). Ao final da sessão, houve aumento de 45% na potência de pico quando comparado à sessão 1 (IPT1). Logo após o período de recuperação, a potência de pico da sessão 3 (IPT3) foi 81% maior em relação à sessão 1 (IPT1). A recuperação na potência de pico (IPT3/IPT1) foi correlacionada a uma maior atividade da CS (r = 0,69) e, durante a sessão de exercício, o ATP, a PCr e a relação ATP/ADP foram diminuídas. Em contrapartida, os níveis de ADP, IMP e lactato aumentaram. Durante o período de recuperação, os níveis de ATP e PCr permaneceram reduzidos, ao passo que os níveis de IMP e lactato permaneceram elevados.

Os autores demonstraram uma forte linearidade entre o potencial oxidativo do vasto lateral e a cinética de recuperação do ATP logo após um exercício intenso, demonstrando uma forte relação (r = 0,79) no conteúdo da CS e a taxa de recuperação da PCr, logo após 2 sessões máximas de exercício. Os autores concluíram que o desempenho durante o EIAI parece depender do quanto de PCr é recuperada durante os intervalos.

Um estudo clássico de Tabata et al.[65] avaliou o fornecimento de energia proveniente dos metabolismos aeróbio e anaeróbio. Para tanto, esses autores utilizaram dois protocolos distintos realizados em cicloergômetro. O primeiro protocolo, chamado de IE1, era composto por seis a sete estímulos com duração de 20 segundos e intensidade aproximada de 170% do $\dot{V}O_2$pico, com intervalos de 10 segundos entre os estímulos. O segundo protocolo foi chamado de IE2 e consistiu de quatro a cinco estímulos com 30 segundos de duração a 200% do $\dot{V}O_2$máx por 2 minutos de intervalo entre os estímulos. O tempo total de exercício era semelhante entre os protocolos utilizados, no entanto, o trabalho realizado no protocolo IE2 (1,26 ± 0,15 kj.kg⁻¹) foi maior quando comparado ao IE1 (1,05 ± 0,16 kj.kg⁻¹). O *deficit* acumulado de oxigênio no protocolo IE1(69 ± 8 ml.kg⁻¹) foi diferente do IE2 (46 ± 12 ml.kg⁻¹). Nos últimos 10 segundos de exercício, no protocolo IE1 (55 ± 6 ml.kg.min⁻¹), o $\dot{V}O_2$pico não era diferente entre os estímulos. Apesar disso, o $\dot{V}O_2$pico encontrado no protocolo IE2 foi menor (47 ± 8 ml.kg.min⁻¹) quando comparado ao $\dot{V}O_2$pico do IE1 (57 ± 6 ml.kg.min⁻¹), sugerindo que o protocolo IE1 esteve mais próximo da potência aeróbia do que o IE2.

Ao contrário da maioria dos estudos, Dawson et al.[20] não observaram relação linear entre a taxa de ressíntese da PCr e a atividade da CS logo após a primeira e a sexta sessões de 6 segundos de exercício supramáximo, realizados no cicloergômetro.

Desse modo, há de se ter certo cuidado ao interpretar a linearidade entre PCr e atividade da CS numa possível recuperação da PCr, pois, como visto, isso não parece apresentar relação de causa e efeito. As diferenças observadas entre esses estudos podem ter sido influenciadas pelos diferentes protocolos utilizados e pelas técnicas empregadas. Contudo, a maioria dos trabalhos analisados demonstrou importância vital do oxigênio na taxa de ressíntese da PCr em atividades supramáximas.

Apesar de o raciocínio lógico ser interessante, ainda não está bem estabelecido como a melhora do componente aeróbio ($\dot{V}O_2$máx) pode melhorar a ressíntese de PCr. Resultados divergentes são encontrados na literatura e, se por um lado, alguns estudos demonstraram melhora na ressíntese de PCr associada à melhora no metabolismo oxidativo, por outro, algumas pesquisas não encontraram os mesmos resultados.[32] Mais estudos bem controlados para avaliar as respostas metabólicas e fisiológicas devem ser realizados com o intuito de se descobrir quais os possíveis mecanismos que contribuem para a melhora no desempenho nas tarefas de característica intermitente.

1.3 Comparação da duração do esforço em diferentes protocolos de exercício intermitente supramáximo

Balsom et al.[8] manipularam a duração do esforço, mantendo o tempo de intervalo constante, e estudaram a influência da distância da corrida de curta duração e alta intensidade sobre as respostas fisiológicas e o desempenho. Sete sujeitos foram submetidos de forma randômica a protocolos que totalizavam uma distância de 600 m distribuídos da seguinte forma: 40 × 15 m (S15); 20 × 30 m (S30) e 15 × 40 m (S40). Em todos os protocolos, o intervalo foi de 30 segundos entre as séries. Os resultados do protocolo S15 não mostraram diferenças no tempo para percorrer a distância no decorrer das séries, ao passo que nos protocolos S30 e S40 houve diminuição do desempenho da primeira para a última série (Tabela 1.1).

Tabela 1.1 – Tempo de corrida em diferentes protocolos de exercício intermitente

Protocolo	Primeira série (s)	Última série (s)
S15	2,63 ± 0,04	2,62 ± 0,02
S30	4,46 ± 0,04*	4,66 ± 0,05
S40	5,61 ± 0,07*	6,19 ± 0,09

* Diferença significante entre a primeira e a última série (p < 0,05).

Fonte: adaptado de Balsom et al.[8]

Os resultados indicam que intervalos de 30 segundos não foram suficientes para a manutenção do desempenho em tarefas de aproximadamente cinco segundos na mesma intensidade do primeiro estímulo. Já para estímulos de aproximadamente três segundos, esse intervalo é suficiente para que a intensidade seja mantida. Uma possível explicação para essa resposta deve considerar o fato de a PCr ter sido degradada durante o período de esforço e ser completamente ressintetizada no período de recuperação. A LA, após o exercício, foi mais elevada (p < 0,05) em relação aos valores de repouso em todas as situações e também entre os protocolos (valores médios ± erros padrão; S15 = 6,8 ± 1,5 mmol.l^{-1}; S30 = 13,9 ± 1,7 mmol.l^{-1}; S40 = 16,8 ± 1,1 mmol.l^{-1}), demonstrando que estímulos mais prolongados resultam em maior solicitação glicolítica. Além disso, no protocolo S15, a LA havia aumentado desde a segunda série, sugerindo que a glicólise anaeróbia contribuiu para a transferência de energia durante atividade de curtíssima duração. Foi possível indicar ainda que a via glicolítica contribuiu para o aporte energético praticamente desde o início da atividade, juntamente com a

PCr. O $\dot{V}O_2$ mensurado após os protocolos S30 (3,2 ± 0,2 l.min^{-1}) e S40 (3,3 ± 0,4 l.min^{-1}) foi mais elevado (p < 0,05) do que o mensurado após S15 (2,6 ± 0,1 l.min^{-1}), indicando que, em atividades de maior duração, o metabolismo aeróbio passa a ter um papel importante no fornecimento de energia.[9]

1.3.1 Efeito da duração da pausa no exercício intermitente supramáximo

Outro fator importante para a melhor compreensão das características fisiológicas do EIAI é a duração da pausa.[32]

O estudo de Wootton e Williams[76] analisou o efeito do tempo de recuperação sobre o desempenho em exercício realizado em cicloergômetro após 5 séries de 6 segundos *all-out* com intervalos de 30 segundos (R30) ou 60 segundos (R60) entre as séries. Os principais resultados obtidos encontram-se na Tabela 1.2.

Com o menor intervalo (R30), o desempenho diminuiu mais rapidamente, afetando a potência de pico (decréscimo de 17,9%; p < 0,01) e a potência final (decréscimo de 29,1%; p < 0,01).

O maior intervalo (R60) não ocasionou decréscimo significativo da potência de pico e a potência final caiu apenas 12,7%. A LA após as séries de R30 (11,52 ± 0,38 mmol.l^{-1}) foi maior (p < 0,01) do que após as séries de R60 (10,29 ± 0,46 mmol.l^{-1}), evidenciando que a solicitação da via glicolítica foi superior no menor intervalo de tempo. Já na R60, os valores de potência de pico superiores indicaram maior ressíntese de PCr nesse protocolo em relação ao mais curto.

Tabela 1.2 – Potência de pico (PP), potência final (PF) e potência média (PM) durante 5 séries de 6 segundos na maior intensidade possível, com intervalos de 30 segundos (R30) e 60 segundos (R60)

Variável	Int. (s)	1	2	3	4	5
PP (W)	30	840 ± 31	827 ± 29	774 ± 29	738 ± 29	690 ± 26
PP (W)	60	825 ± 28	848 ± 30	838 ± 30**	800 ± 31**	800 ± 30**
PF (W)	30	777 ± 26	727 ± 24	629 ± 24	595 ± 24	551 ± 22
PF (W)	60	757 ± 28	760 ± 29*	716 ± 28**	676 ± 31**	661 ± 28**
PM (W)	30	794 ± 28	772 ± 26	710 ± 25	668 ± 27	631 ± 24
PM (W)	60	780 ± 25	792 ± 28	774 ± 28**	734 ± 28**	733 ± 30**

Os valores são médias ± erro padrão; * diferente de R30 (p < 0,05); ** diferente de R30 (p < 0,01).

Fonte: adaptado de Wootton e Williams.[76]

O estudo de Balsom et al.[8] analisou protocolos de 15 × 40 m com diferentes intervalos de recuperação: R120 – 120 segundos; R60 – 60 segundos;[76] R30 – 30 segundos. Nos protocolos R120 e R60, a aceleração nos primeiros 15 metros não foi afetada no decorrer das séries, ao passo que no R30 a aceleração diminuiu a partir da sétima série. A velocidade nos últimos dez metros de corrida (30 m – 40 m) reduziu (p < 0,05) em todos os protocolos no decorrer das séries. No entanto, no R120 a diminuição começou apenas na 11ª série. No R60, a diminuição ocorreu na sétima série e no R30 na terceira. Esses dados indicam que a aceleração e a velocidade final de corrida foram negativamente afetadas pelo protocolo com menor intervalo (R30), e sugerem que a diminuição do desempenho no protocolo R30 durante a fase de aceleração pode ser explicada sobretudo pela insuficiência de tempo para a ressíntese completa de PCr. O tempo total para percorrer os quarenta metros aumentou (p < 0,05) nos protocolos R60 (11ª série) e R30 (quinta série), ao passo que no R120 o desempenho não diferiu entre a primeira (5,58 ± 0,07 s) e a última série (5,66 ± 0,06 s). A partir da sexta série, a LA havia aumentado em todos os protocolos, mas não houve diferença significativa entre eles. Apesar disso, a LA foi mais elevada (p < 0,05) após R30 em relação aos outros dois protocolos, sem diferença significativa entre R60 e R120. O $\dot{V}O_2$ não foi alterado durante as séries em R60 e R120, mas aumentou significantemente (p < 0,05) no decorrer das séries em R30. Ao final da última, o $\dot{V}O_2$ foi de 52%, 57% e 66% do $\dot{V}O_2$máx, nos protocolos R120, R60 e R30, respectivamente. Esses resultados indicam que, em séries cujo tempo de intervalo é insuficiente para a ressíntese completa de PCr, o metabolismo glicolítico e o metabolismo aeróbio parecem proporcionar maior contribuição para o fornecimento de energia em relação a exercícios com intervalos maiores.

Brochado e Kokubun[17] analisaram o efeito da duração da pausa após corrida de 50 metros sobre a LA e sobre a cinemática da corrida. Seis indivíduos foram submetidos a cinco corridas de 50 metros com pausas de 30 (R30), 60 (R60) e 120 segundos (R120). Na série R30, a velocidade diminuía no decorrer das séries (T1 > T3 > T5; p < 0,05), ao passo que no protocolo R60, apenas no último estímulo (T5) a velocidade era menor (p < 0,05) em relação ao primeiro e terceiro estímulos (T1 = T3 > T5). Quando o intervalo era de 120 segundos, não havia diminuição da velocidade com o decorrer dos estímulos, indicando que o tempo de intervalo foi suficiente para a recuperação. Além disso, no protocolo R30 a velocidade no terceiro e quinto estímulos foi menor em relação às outras situações. A LA aumentou (p < 0,01) com o decorrer dos estímulos em todas as situações, e, mesmo no protocolo R120, a LA atingiu valores elevados após o último estímulo (12,1 mmol.l^{-1}). Nesse estudo, não houve diferença relevante na LA entre esta e as demais séries (R30 = 11,73 ± 2,53 mmol.l^{-1}; R60 = 11,45 ± 2,24 mmol.l^{-1}; R120 = 10,95 ± 3,42 mmol.l^{-1}). Na referida pesquisa, os autores não descartaram a possibilidade de que a concentração muscular de lactato tenha sido mais elevada com menor tempo de intervalo, uma vez que a passagem do lactato do músculo para o sangue depende de transportadores específicos que existem em número limitado e, nesse sentido, a intensidade pode ter ocasionado produção de lactato muscular maior do que a capacidade de transporte.

Glaister[32] comparou o desempenho, o $\dot{V}O_2$, a FC e a LA em dois protocolos de 20 × 5 s em cicloergômetro na maior intensidade possível, com pausas de 10 ou 30 segundos. Especialmente as médias da potência de pico e da potência média durante o exercício foram maiores no protocolo com maior intervalo de recuperação, provavelmente em decorrência de maior tempo para a ressíntese de PCr. O $\dot{V}O_2$ durante o exercício não diferiu entre as condições, embora fosse maior durante o período de recuperação mais curto. A LA também foi maior para a situação com intervalo menor em relação à situação com maior tempo de intervalo, o que foi atribuído pelo pesquisador como uma compensação do organismo para suprir a menor quantidade de PCr ressintetizada nos intervalos com menor duração. Com relação à FC, o autor observou que o padrão no protocolo com intervalo mais curto, no qual os valores foram mais elevados em relação ao protocolo com intervalo mais longo, era similar àquele comumente visto durante exercício contínuo. Essas constatações indicam que o tempo de recuperação pareceu ser insuficiente para que a FC apresentasse alguma diminuição.

1.3.2 Efeito da manipulação da pausa e do esforço sobre as respostas fisiológicas durante exercício intermitente de alta intensidade

Ballor e Volovsek[5] analisaram a influência da intensidade (90% do $\dot{V}O_2$máx e 110% do $\dot{V}O_2$máx), da duração (20 s, 30 s e 40 s) e do intervalo (20 s, 30 s e 40 s) do exercício em cicloergômetro, totalizando 15 minutos de atividade, sobre variáveis fisiológicas (LA, $\dot{V}O_2$ e FC) e sobre o desempenho (trabalho realizado) em 8 sujeitos. Os principais resultados do referido estudo encontram-se na Tabela 1.3, na qual é possível observar que o $\dot{V}O_2$ apresentou diferença em todos os protocolos, conforme o aumento da duração e da intensidade do exercício.

Tabela 1.3 – Descrição dos parâmetros de seis tipos de exercício intervalado realizados no estudo de Ballor e Volovsek[5]

Intensidade (% $\dot{V}O_2$máx)	Razão exercício: Repouso	Tempo total (s)	Tempo de exercício (s)	Tempo de repouso (s)	Número de estímulos
110	2:1	60	40	20	15
110	1:1	60	30	30	15
110	1:2	60	20	40	15
90	2:1	60	40	20	15
90	1:1	60	30	30	15
90	1:2	60	20	40	15

A FC não diferiu entre alguns protocolos, indicando que no exercício intermitente a relação entre a FC e o $\dot{V}O_2$ não foi tão grande quanto no exercício contínuo e que o monitoramento da FC para controle da intensidade do exercício intermitente parece não ser adequada. Os aumentos na intensidade e na duração do exercício foram acompanhados pelo aumento na concentração plasmática de lactato e o efeito da intensidade pareceu ser importante, pois, conforme a intensidade do exercício aumentava de 90% para 110% do $\dot{V}O_2$máx, a LA quase dobrava, ao passo que o aumento no trabalho e no $\dot{V}O_2$ foi próximo dos 20%.

1.4 Manutenção da relação esforço-pausa e manipulação da duração do esforço e da pausa

Christmass et al.,[19] Price e Halabi[55] e Price e Moss[56] mantiveram a relação esforço-pausa constante e manipularam o tempo de esforço e da pausa no EIAI. Nesses estudos, as intensidades foram fixadas tendo como base a intensidade cor-

respondente ao $\dot{V}O_2$máx, sendo de $109 \pm 5\%$ da intensidade correspondente ao $\dot{V}O_2$máx, no estudo de Christmass et al.,[19] e de 120% da intensidade correspondente ao $\dot{V}O_2$máx, nos estudos de Price e Halabi[55] e Price e Moss.[56] Nos estudos de Christmass et al.[19] e Price e Moss[56] foram comparados protocolos de 6:9 s e 24:36 s, ao passo que no estudo de Price e Halabi[55] um protocolo intermediário também foi utilizado (12:18 s).

Em dois estudos,[55,56] nenhuma diferença foi observada entre a situação de exercício intermitente de curta duração (6:9 s) relacionada ao protocolo de longa duração (24:36 s) quanto ao desempenho em uma tarefa até a exaustão (150% da velocidade correspondente ao $\dot{V}O_2$máx no estudo de Price e Halabi[55] e 120% da velocidade correspondente ao $\dot{V}O_2$máx no estudo de Price e Moss[56], realizada imediatamente após cada um dos protocolos), embora algumas respostas fisiológicas diferissem entre as condições. Os três estudos[19,55,56] encontraram aumento progressivo da LA com o aumento da duração do período de esforço e pausa.

Com relação ao $\dot{V}O_2$, os resultados foram diferentes entre os estudos, pois Christmass et al.[19] encontraram valores superiores no protocolo curto comparado ao protocolo mais longo, enquanto Price e Halabi[55] encontraram o inverso. Além disso, Christmass et al.[19] atribuíram o maior $\dot{V}O_2$ no protocolo curto a um problema metodológico, afirmando que os participantes não estavam habituados com o processo de entrar e sair da esteira. Como isso foi feito um maior número de vezes, no protocolo curto é possível que essa movimentação tenha gerado um custo energético adicional. A diferença no tempo total entre os dois outros estudos (40 min, no estudo de Price e Halabi,[55] e 20 min, no estudo de Price e Moss[56]), com diferença no número de pontos incluídos na análise pode ser um fator para explicar as diferenças observadas.

Em relação à FC, nenhuma diferença foi encontrada entre os protocolos nos estudos de Price e Halabi[55] e Price e Moss,[56] sem referência quanto a essa variável no estudo de Christmass et al.[19]

1.5 Exercício intermitente de alta intensidade e possíveis mecanismos relacionados à fadiga muscular esquelética

Um dos fenômenos desencadeados pelo EIAI é a fadiga muscular. Ela pode ser definida como a redução transitória da capacidade de trabalho, como consequência de um esforço prévio e/ou recuperação insuficiente após um período de recuperação, ou a redução do desempenho muscular associado ao trabalho muscular.[2] Contudo, os processos desencadeadores da fadiga durante o EIAI ainda não estão totalmente elucidados. No entanto, sabe-se que alguns fatores podem estar envolvidos no processo de fadiga muscular, tais como:

- redução nas concentrações de PCr, causada pela refosforilação do ADP;
- elevação nas concentrações dos íons H^+;
- alterações do acoplamento excitação-contração, por redução do potencial de ação, reduzindo a liberação de Ca^{2+} do retículo sarcoplasmático (RS);
- temperatura muscular: o aumento na temperatura muscular contribui para a fadiga por estimular o aumento do pH intracelular e do fosfato inorgânico (Pi) nos filamentos de actina e miosina e na produção de espécies reativas de oxigênio (EROs).[2]

Os diferentes mecanismos propostos serão detalhados a seguir.

1.5.1 Depleção da PCr no exercício intermitente de alta intensidade

Fortes evidências sugerem que um dos mecanismos envolvidos no processo de fadiga muscular no EIAI está relacionado a uma redução na concentração de PCr.[32,51] Com base nessa hipótese, durante o EIAI haveria forte elevação na taxa de degradação do ATP, sendo que a ressíntese desse ATP não acompanharia a velocidade de sua degradação. A consequência desse fenômeno seria uma deficiência na ressíntese de ATP, a qual culminaria em uma fadiga muscular. Casey et al.[18] verificaram que o desempenho durante uma subsequente sessão de exercício máximo teve forte correlação com a concentração de PCr quando comparado com os níveis de lactato. Bogdanis et al.[14] demonstraram forte correlação entre a concentração de PCr e os índices de fadiga muscular no EIAI, reforçando ainda mais a teoria da redução dos níveis de PCr e o aparecimento da fadiga muscular.

1.5.2 Redução intracelular do pH no exercício intermitente de alta intensidade

Um dos principais mecanismos relacionados à fadiga muscular é a acidose intramuscular, a qual é comumente avaliada pelos níveis de concentração dos íons H^+, sendo a elevação desses íons fortemente relacionada à redução da produção de força e tensão tetânica.[61,71]

Além disso, a queda do pH favorece uma mudança na curva de dissociação do oxigênio-hemoglobina. A maioria dos estudos demonstra que em condições com baixa concentração de oxigênio (hipóxia) há redução no desempenho no EIAI. Em contrapartida, em ambientes com alta concentração de oxigênio é observado aumento no desempenho no EIAI.[32]

Outra explicação para a alteração do pH é uma solicitação exacerbada da via glicolítica que culminaria na redução do pH e, consequentemente, na redução do rendimento por uma elevação na produção dos íons H^+.[32] No entanto, alguns estudos têm demonstrado que há um aumento no rendimento com a redução do pH sanguíneo e que um dos principais fatores desencadeantes da fadiga estaria relacionado à elevação do fosfato inorgânico, o qual culminaria na reduzida liberação de Ca^{2+} para o retículo sarcoplasmático. Dessa forma, o mecanismo de fadiga não estaria relacionado com a acidose muscular.[1,58,73]

1.5.3 Aumento da temperatura muscular

A elevação da temperatura muscular contribui para diversos fatores relacionados à fadiga muscular (aumento do pH intracelular, diminuição da sensibilidade dos filamentos contráteis, aumento na produção de EROs e do Pi). De fato, em ambientes quentes é observada uma diminuição no desempenho esportivo quando comparado com temperaturas mais baixas. Além disso, diversos fatores contribuiriam para o aumento da temperatura muscular, são eles:

- fluxo sanguíneo;
- temperatura corporal;
- superfície corporal;
- temperatura do local de treino etc.

Observa-se que a exaustão em humanos ocorre quando a temperatura corporal chega por volta dos 40 °C. No músculo esquelético é observada uma diminuição no desempenho na temperatura de 40,8 °C. Alguns autores relacionam a queda do desempenho com um possível mecanismo central.[2]

Diversos fatores podem contribuir para a fadiga muscular e a consequente diminuição no desempenho. No entanto, a maioria dos estudos avaliando os possíveis mecanismos relacionados à fadiga muscular foi conduzida *in vitro* (músculo isolado). Desse modo, mais pesquisas avaliando esses possíveis mecanismos em seres humanos são necessárias para um melhor entendimento do processo de fadiga.

1.6 Efeito agudo do exercício intermitente de alta intensidade na biogênese mitocondrial (AMPk, P38MAPk e PGC-1α)

O exercício aeróbio é reconhecidamente uma ferramenta importante para melhorar o rendimento em modalidades que requerem esse tipo de via metabólica (maratona, triátlon, entre outras).[36,37] Essa melhora do desempenho está relacionada ao aumento no transporte e utilização do oxigênio pelo músculo esquelético; além de alterar o substrato utilizado (com oxidação maior de lipídios e economia de glicogênio), aumenta a densidade e o número de mitocôndrias, tendo como consequência uma maior capacidade de realizar o exercício.[37,38]

Até pouco tempo atrás se tinha a ideia de que só o exercício aeróbio contínuo de intensidade moderada era capaz de aumentar o $\dot{V}O_2$máx, tanto em indivíduos normais quanto em atletas. Acreditava-se também que o EIAI tinha uma menor capacidade de aumentar o $\dot{V}O_2$máx pelo fato de apresentar menor estresse no sistema oxidativo.[30]

Contrariando o que se imaginava, estudos recentes[30,60] têm demonstrado que diversas adaptações metabólicas, geralmente associadas ao exercício aeróbio de longa duração, podem ser observadas mais rapidamente utilizando o EIAI. É interessante notar que, para que essas adaptações ocorram, é necessário um pequeno volume de treino em alta intensidade por um período de tempo inferior a 6 semanas. Nesse sentido, pesquisas recentes[30,31] têm demonstrado que o EIAI é uma estratégia eficiente para aumentar a atividade das enzimas mitocondriais no músculo esquelético e aumentar o $\dot{V}O_2$máx.

Os benefícios encontrados com o EIAI são muito semelhantes aos encontrados com o treinamento aeróbio contínuo, porém, com diferentes graus de melhora. Os fatores responsáveis pela melhora da aptidão física com o EIAI são bastante complexos (fisiológicos e psicológicos). Um dos benefícios observados com EIAI é a elevação no número (biogênese mitocondrial) e densidade das mitocôndrias, além do aumento da regulação e expressão do coativador transcricional-chave no músculo esquelético, chamado de *peroxisome proliferator-activated receptor-γ coactivator 1 alpha* (PGC-1α).[42,44]

A PGC-1α é um poderoso fator transcricional que modula a biogênese mitocondrial, eleva o suprimento de oxigênio para o músculo esquelético por estimular a angiogênese,[4] além de estimular a oxidação dos lipídios[64] e a conversão das fibras musculares do tipo II em I.[3] Desse modo, a PGC-1α desempenha um importante papel nas adaptações metabólicas e mitocondriais no músculo esquelético.[42,44]

A ativação da PGC-1α pode ser desencadeada por diversos mecanismos, dos quais se podem citar os metabólicos, a atividade mecânica e a inervação.[3] Quando fosforilada pela p38MAPK (p38 *mitogen-activated protein kinase*) e AMPK (*phosporilation of AMP-activated protein kinase, subunidades α1 e α2*), a PGC-1α promove a conversão de fibras do tipo II (glicolíticas) em fibras do tipo I (oxidativas).[31] Além dessas mudanças no fenótipo muscular, há também um aumento na expressão de enzimas mitocondriais, da atividade da citrato sintase e citocromo oxidase, com consequente modificação na utilização do substrato muscular, aumentando a oxidação de lipídios como substrato preferencial e reduzindo a utilização do glicogênio muscular com consequente redução na LA, resultando em uma maior capacidade de tamponamento e, com isso, aumentando o tempo até a fadiga.[30,31]

Gibala et al.[31] verificaram que uma única sessão de exercício realizada em cicloergômetro, consistindo de sessões *all-out*, com duração de 30 segundos e intervalos de 4 minutos entre os blocos, foi eficiente para ativar as vias de sinalização por meio da AMPK e fosforilação das suas subunidades (α1 e α2), ativação da p38MAPK. Estas, como comentado, são duas importantes proteínas ligadas à ativação das vias de sinalização e à ativação da PGC-1α, que, por fim, vão influenciar diretamente a biogênese mitocondrial (aumento no número e tamanho das mitocôndrias) no músculo esquelético. Esses autores demonstraram que um pequeno volume de treino (sessões *all-out* de 2 minutos) foi eficiente para estimular o aumento na expressão do RNA mensageiro (mRNA) da PGC-1α no músculo esquelético.

Outro estudo,[66] que avaliava o aumento da expressão de mRNA da PGC-1α, utilizou um protocolo de natação que consistiu de 4 séries de 20 segundos (com carga equivalente a 14% do peso corporal do animal) intercaladas por 10 segundos de intervalo, tendo sido observado aumento no conteúdo da PGC-1α no músculo esquelético desses animais após a sessão de EIAI.

Todos esses estudos demonstraram que logo após uma sessão de EIAI há aumento na expressão do mRNA da PGC-1α e evidenciaram que o EIAI realizado por um período de tempo mais longo pode ser uma estratégia interessante para estressar o sistema aeróbio, promovendo aumento do $\dot{V}O_2$máx. Isso pode trazer repercussões importantes para indivíduos que realizam provas de longa duração, como a maratona; no entanto, mais estudos são necessários para verificar qual o mínimo de EIAI que pode ser realizado para promover os efeitos benéficos. Além disso, verificar os efeitos desse treinamento por um período longo de tempo e em diferentes populações também se faz necessário.

1.7 Respostas respiratórias e neuromusculares frente ao exercício intermitente de alta intensidade

1.7.1 Consumo de oxigênio

Uma forma de verificar o aumento da ressíntese de ATP e da PCr pela via aeróbia é analisar o consumo de oxigênio ($\dot{V}O_2$). A análise do comportamento do $\dot{V}O_2$ durante o exercício recebe o nome de fase *on* da cinética do $\dot{V}O_2$, a qual é constituída por fases rápidas ou lentas, bem descritas na literatura.[26,54,74]

A cinética do $\dot{V}O_2$, após o exercício (recuperação), também é uma variável muito importante na determinação do metabolismo energético. Normalmente, essa cinética é chamada de excesso de consumo de oxigênio pós-esforço (EPOC) e pode ser calculada pela chamada fase *off* do $\dot{V}O_2$. Além do EPOC, o *deficit* e o débito de O_2 também são variáveis importantes no estudo da cinética de O_2, pois permitem estimar a participação do metabolismo anaeróbio aláctico e láctico durante o exercício. O *deficit* de O_2 refere-se à diferença entre o O_2 necessário para a realização de uma dada atividade e o O_2 consumido nessa mesma atividade.[11]

Durante o exercício contínuo, a cinética de O_2 apresenta três fases (I, II e III). Cada uma delas possui uma resposta diferente, que depende da intensidade (domínio) em que o exercício é realizado. Nos domínios moderado e pesado a dissociação entre o O_2 absorvido no pulmão e o consumido na musculatura esquelética promove um atraso na resposta do $\dot{V}O_2$ (Fase I), deixando-o com uma trajetória ascendente (fase *on*). Após cerca de 15 ou 20 segundos do início do exercício, inicia-se a Fase II, que é caracterizada pela estabilização do $\dot{V}O_2$ (*steady-state*), a qual ocorre graças ao aumento da diferença do conteúdo de oxigênio arteriovenoso por causa da utilização dos estoques de O_2 pelos músculos esqueléticos, que reduz o O_2 do sangue venoso misto. A Fase III é caracterizada pela falta de estabilização do $\dot{V}O_2$, que recebe o nome de componente lento do $\dot{V}O_2$, não havendo estabilização quando o exercício é realizado no domínio muito pesado ou severo.[74]

Partindo da cinética do $\dot{V}O_2$ em exercício contínuo, ao extrapolar sua resposta para o EIAI, pode-se esperar uma resposta semelhante ou mais breve do que se vê em exercício com carga constante. Talvez o primeiro estudo a demonstrar a resposta do $\dot{V}O_2$ durante EIAI tenha sido realizado por Edwards et al.,[24] que compararam variáveis metabólicas e cardiorrespiratórias entre três tipos de exercício realizados a 100% do $\dot{V}O_2$máx (intermitente com 10 segundos de estímulo por 30 segundos de recuperação; intermitente com 30 segundos de estímulo por 30 segundos de recuperação; contínuo), todos com trabalho total equânime seguidos de 30 minutos de recuperação. Dentre os principais achados, destacam-se os valores superiores de eficiência mecânica, $\dot{V}O_2$, VE, FC e lactato nos protocolos intermitentes em relação ao contínuo, sendo que o exercício intermitente de 30:30 s foi superior ao 10:30 s, quando analisado todo o período (exercício + recuperação). Matsushigue[49] analisou a cinética do $\dot{V}O_2$ em quatro tipos de exercício intermitente:

Tabela 1.4 – Cinética do $\dot{V}O_2$ segundo Matsushigue[49]

Exercício	Número de tiros	Duração dos tiros	% do $\dot{V}O_2$máx	Tempo de pausa
1	10	30 s	110%	30 s
2	10	30 s	130%	30 s
3	10	30 s	110%	60 s
4	10	40 s	110%	40 s

A cinética do $\dot{V}O_2$ foi analisada durante os esforços e 10 minutos após o término do último estímulo. Os resultados mostraram que a taxa de aumento do $\dot{V}O_2$ no primeiro tiro foi a maior observada em todos os outros tiros e em todos os protocolos, exceto no segundo. Não houve diferença significativa da taxa de aumento do $\dot{V}O_2$ entre o segundo e o último tiros em nenhum dos protocolos, e a intensidade do esforço não determinou de forma isolada a magnitude de aumento do $\dot{V}O_2$. Não houve aumento acumulado dos períodos pré-executados no $\dot{V}O_2$ dos tiros subsequentes e também não houve correlação entre o $\dot{V}O_2$ e a sua taxa de aumento. Além disso, diferente de outros trabalhos, o $\dot{V}O_2$pico não foi atingido em nenhum dos protocolos. Nesse estudo, verificou-se que a intensidade do esforço não resultou em maior taxa de aumento de $\dot{V}O_2$ no primeiro tiro, independentemente do protocolo utilizado. Apesar disso, a partir do segundo houve maior taxa de aumento em razão da intensidade utilizada, assim como a assíntota do $\dot{V}O_2$; isto é, 30 s < 40 s < 60 s. As diferentes durações resultaram em maior taxa de aumento do $\dot{V}O_2$ em relação direta com a duração da pausa, porém com menor valor assintótico do $\dot{V}O_2$.

Outros estudos também se propuseram a descrever as repostas cardiorrespiratórias e metabólicas do EIAI. Com desenho experimental relativamente simples, Rieu et al.[57] analisaram o $\dot{V}O_2$ e o lactato de seis corredores em quatro tiros de 45 segundos a ≈ 175% do $\dot{V}O_2$máx e 9 minutos de recuperação passiva. Não foram encontradas diferenças no desempenho entre os tiros, mas houve acúmulo de lactato a cada execução. Vale ressaltar que o delta de produção de lactato foi diminuindo com o tempo, o que indica a limitação da transferência de energia pelo metabolismo glicolítico, o qual, mesmo com 9 minutos de recuperação, não voltou para os valores basais. Outra possível explicação para essa manutenção do lactato, mesmo com o acúmulo dos tiros, é que o lactato produzido no primeiro tiro pode ser, pelo menos em parte, utilizado nos tiros seguintes. A meia-vida do lactato foi de 26 minutos após o término da sessão, porém, o $\dot{V}O_2$ retornou para os valores basais somente após 15-20 minutos de recuperação.

Gullstrand,[34] após realizar 2 sessões de exercício intermitente e um teste máximo (5 séries de 8 tiros de 15 segundos *all-out* com 15 segundos de recuperação passiva e 30 segundos de intervalo passivo entre as séries e 6 minutos *all-out* em ritmo competitivo), em 6 remadores treinados, não verificou diferenças significantes do $\dot{V}O_2$, da FC e do lactato em nenhuma das séries. A FC média do teste intermitente correspondeu a 89% da máxima obtida no teste incremental e o $\dot{V}O_2$ e a [La] ficaram entre 78% e 32%, respectivamente. Embora o autor tenha concluído que nesse protocolo a contribuição aeróbia parece ser grande e a glicolítica pequena, existe uma limitação de assumir que o lactato reflete o metabolismo glicolítico, pelo fato de a duração ser curta e parte desse lactato ser removido por outros órgãos ou outras fibras musculares durante a recuperação.

Preocupados em descrever a importância do tipo de recuperação no desempenho durante o EIAI, Dorado et al.[21] analisaram três protocolos de EIAI. Cada EIAI consistiu de 4 tiros de ciclismo até a exaustão e a 110% da potência aeróbia máxima, com períodos de 5 minutos de recuperação entre as séries. A recuperação entre os protocolos de EIAI diferiu de três maneiras:

- 20% $\dot{V}O_2$máx;
- alongamento;
- decúbito dorsal (recuperação passiva).

Os autores verificaram melhora de 3% a 4% (p < 0,05) do desempenho para o protocolo de recuperação ativa, bem como maior contribuição do metabolismo aeróbio (6% a 8%; p < 0,05) durante a recuperação ativa a 20% do $\dot{V}O_2$máx do

que no alongamento e na recuperação passiva. A maior contribuição do metabolismo aeróbio para a transferência de energia durante os tiros de alta intensidade nesse protocolo deveu-se à cinética mais rápida de $\dot{V}O_2$ (p < 0,01) e maior $\dot{V}O_2$pico (p < 0,05). Em contrapartida, o rendimento energético anaeróbio, avaliado pelo *déficit* de oxigênio, e as concentrações de lactato sanguíneo de pico foram semelhantes em todos os protocolos.

Também preocupados em verificar as respostas fisiológicas durante EIAI executados com diferentes tipos de recuperação, Dupont e Berthoin[23] analisaram o tempo de exaustão na v$\dot{V}O_2$máx e na velocidade de 90% do $\dot{V}O_2$máx, além do tempo de exaustão de dois tipos de EIAI. Um deles constou de 15 segundos de estímulo (velocidade máxima aeróbia − VMA) e 15 segundos de recuperação ativa (50% da VMA) e o outro teve 15 segundos de recuperação passiva até a exaustão. O EIAI com recuperação ativa apresentou tempo de exaustão significantemente menor (p < 0,001) em comparação com a recuperação passiva (445 ± 79 s e 745 ± 171 s, respectivamente), mas não houve diferença significante entre o tempo de exaustão na v$\dot{V}O_2$máx nem nos 90% da v$\dot{V}O_2$máx, quando ambos foram expressos em valores absolutos. Em termos relativos, os tempos gastos na v$\dot{V}O_2$máx (p < 0,05) e acima de 90% do $\dot{V}O_2$máx (p < 0,001) foram significantemente superiores para corridas intermitentes alternadas com recuperação ativa (41 ± 27% e 64 ± 24%, respectivamente) do que com recuperação passiva (25 ± 16% e 43 ± 16%, respectivamente).

Thevenet et al.[67] verificaram os efeitos da recuperação ativa *versus* passiva sobre o tempo limite acima de 90% do $\dot{V}O_2$máx (t90$\dot{V}O_2$máx) e acima de 95% do $\dot{V}O_2$máx (t95$\dot{V}O_2$máx) durante uma sessão de EIAI. Após a realização dos testes de campo para determinação do $\dot{V}O_2$máx, do tempo de exaustão (Tlim) e da VMA, foram realizados dois EIAI em ordem aleatória, sendo que um constou de tiros de 30 segundos a 105% da VMA e 30 segundos de recuperação passiva e o outro EIAI constou de 30 segundos de recuperação ativa (50% da MAV). O Tlim foi significativamente maior para o EIAI com recuperação passiva do que para o EIAI com recuperação ativa (2145 ± 829 s *versus* 1.072 ± 388 s, respectivamente; p < 0,01). Nenhuma diferença foi encontrada em t90$\dot{V}O_2$máx e t95$\dot{V}O_2$máx. No entanto, quando expresso como uma porcentagem de tempo de exaustão (Tlim), t90$\dot{V}O_2$máx e t95$\dot{V}O_2$máx foram significativamente maiores (p < 0,001 e p < 0,05, respectivamente) durante o IEIAI com recuperação ativa do que durante o EIAI de recuperação passiva (67,7 ± 19%; –42,1 ± 27% e 24,2±19% –3,8 ± 15%, respectivamente).

Tabata et al.[65] compararam dois protocolos de EIAI (EIAI 1 e EIAI 2). O primeiro consistiu de seis a sete tiros de 20 segundos de exercício a 170% do $\dot{V}O_2$máx com 10 segundos de descanso entre cada tiro. O segundo envolveu quatro a cinco tiros de 30 segundos de exercício a 200% do $\dot{V}O_2$máx e recuperação de 2 minutos entre cada tiro. O *deficit* de oxigênio acumulado do EIAI 1 (69 ± 8 ml.kg^{-1}) foi significativamente maior do que o de EIAI 2 (46 ± 12 ml.kg^{-1}, N = 9, p < 0,01). O *deficit* de oxigênio acumulado de EIAI não foi significativamente diferente do *deficit* máximo de oxigênio acumulado (capacidade anaeróbia) dos indivíduos (69 ± 10 ml.kg^{-1}), ao passo que o valor correspondente para o EIAI 2 foi inferior ao *deficit* máximo acumulado de oxigênio dos sujeitos (p < 0,01). O $\dot{V}O_2$máx, durante os últimos 10 segundos do EIAI 1 (55 ± 6 ml.kg^{-1}.min^{-1}), não foi significativamente menor do que o $\dot{V}O_2$máx do teste progressivo (57 ± 6 ml.kg^{-1}. min^{-1}), porém no EIAI 2 o $\dot{V}O_2$ dos últimos 10 segundos foi menor do que o $\dot{V}O_2$máx obtido no teste progressivo (47 ± 8 ml.kg^{-1}.min^{-1}) (p < 0,01).

Uma das críticas relacionadas ao referido estudo está na manipulação dos dados, o que tem levado os autores a conclusões incorretas.[29] Em tal estudo, os autores levaram em consideração o *deficit* acumulado de oxigênio (AOD). O AOD de ambos os protocolos de treino (IE1 e IE2) foi calculado pela soma do *deficit* de oxigênio de cada repetição menos a soma do consumo de oxigênio pós-exercício (EPOC) durante os intervalos de descanso entre cada repetição. No entanto, os autores não justificam o uso dessa metodologia no estudo. Desse modo, a precipitação do uso dessa metodologia nessa pesquisa levou os autores a conclusões que não são condizentes com os resultados obtidos. Os pesquisadores concluíram que o protocolo IE1 era mais efetivo se comparado ao protocolo IE2 quando o objetivo era estressar o sistema aeróbico, e que o protocolo IE2 causava um menor estresse no sistema anaeróbio. No entanto, como já mencionado, os dados brutos do estudo não corroboram para essa conclusão.

Com o objetivo de verificar as respostas metabólicas e cardiorrespiratórias durante tiros sucessivos em diferentes velocidades de prova *all-out*, Dorel et al.[22] avaliaram a potência, o trabalho total, o $\dot{V}O_2$ total e o acúmulo de lactato (delta) em 13 ciclistas que realizaram três baterias de testes. A primeira constou de 3 séries de ciclismo *all-out* (0,25, 0,5 e 0,75 N.kg^{-1}, respectivamente) com 6 segundos de estímulo e 4 minutos de recuperação entre cada série, cujo objetivo era determinar a ótima relação entre força e velocidade. Com base nesses dados, os autores encontraram a Vmáx e calcularam a metade dessa velocidade (Vmáx50%). Com as cargas preestabelecidas, os ciclistas realizaram as atividades na bicicleta ergométrica, em dois blocos de 12 × 5 tiros com 45 segundos de recuperação passiva. Por razões metodológicas, as variáveis respiratórias foram avaliadas somente entre os $7^{\underline{o}}$ e $11^{\underline{o}}$ tiros.

Os resultados mostraram que o Vmáx50% apresentou comportamento abaixo do esperado, sugerindo melhor eficiência para a Vmáx do que para Vmáx50%. A FC foi maior em Vmáx do que em Vmáx50% (156 ± 12 bpm *versus* 145 ± 18 bpm, respectivamente, p < 0,001). O $\dot{V}O_2$ da Vmáx e da Vmáx50% representaram, respectivamente, 56% e 46% do $\dot{V}O_2$máx dos sujeitos (p < 0,001), mas, apesar disso, não houve diferenças no $\dot{V}O_2$ e na VE entre os tiros. O $\dot{V}O_2$ total, no entanto, foi 21% maior em Vmáx do que em Vmáx50% (p < 0,001). Os autores ainda encontraram uma surpreendente queda do $\dot{V}O_2$ e da VE no último tiro (p < 0,05), porém não apresentaram explicações fisiológicas para esse fenômeno. Quanto ao lactato sanguíneo, a concentração aumentou a partir do repouso em todos os tiros realizados em Vmáx (p < 0,001). Contudo, só foram encontradas diferenças significantes entre o $6^{\underline{o}}$ e o $12^{\underline{o}}$ (último) tiro. No Vmáx50%, o resultado foi semelhante ao Vmáx e, quando comparados os tiros realizados nas diferentes velocidades, isto é, Vmáx *versus* Vmáx50%, a Vmáx apresentou maiores concentrações de lactato a partir da segunda metade de todos os tiros do que Vmáx50% (p < 0,001). Os resultados desse estudo indicaram que a energia necessária para exercícios intermitentes realizados em alta intensidade, curta duração e recuperação longa (1:9 s), com ativação máxima da musculatura, não chega necessariamente a valores máximos, pois estes dependem, entre outras coisas, do tipo e da velocidade de recrutamento muscular. Por esse motivo, estudar as variáveis neuromusculares envolvidas no EIAI se torna de fundamental importância.

1.7.2 Alterações neuromusculares durante o exercício intermitente de alta intensidade

Como visto até aqui, o EIAI executado em intensidades próximas ou superiores às do $\dot{V}O_2$máx provoca ajustes nos aspectos musculares, metabólicos e cardiorrespiratórios. Do ponto de vista neural, considerando que atividades de alta intensidade necessitam de maior recrutamento de fibras musculares tipo IIx, seria possível especular que o EIAI promove melhora da coordenação intra e intermuscular, aumento da ativação eletromiográfica de agonistas e sinergistas, diminuição da ativação de antagonistas e aumento da ativação das unidades motoras.

Poucos estudos foram realizados com o objetivo de analisar tais possibilidades. Contudo, em um deles, Marino et al.[47] analisaram as respostas neuromusculares durante 6 tiros de 60 segundos com recuperação passiva de 10 minutos entre cada tiro. Antes do primeiro, a atividade eletromiográfica (EMG) do reto femoral e do vasto lateral foram registradas em 4 × 5 s de uma contração voluntária máxima isométrica (CVM) na extensão do joelho direito e a cada 5 segundos de cada tiro de 1 minuto. Não foram encontradas diferenças significantes no EMG integrado na mudança percentual da frequência do espectro (MPFS) entre os tiros, sugerindo que 10 minutos de recuperação foram suficientes para recobrar a função entre os tiros.

Com o mesmo intuito, porém utilizando 10 tiros de 60 segundos com 30 segundos de recuperação entre eles, Billaut et al.[13] analisaram a atividade EMG de 6 segundos de flexão/extensão de joelhos antes, imediatamente após o último tiro e após 5 minutos de recuperação passiva. Em relação ao primeiro tiro, os autores verificaram queda do pico de potência do oitavo ao décimo tiro (-8%, -10% e -11%, respectivamente, p < 0,05). Em relação ao momento pré-exercício, também houve queda da contração voluntária máxima (CVM), tanto após o último tiro quanto após os 5 minutos de recuperação (-13% e -10%, respectivamente, p < 0,05). A raiz quadrada da média do EMG (RMS) do vasto lateral foi maior no momento pós, em relação ao momento pré (+15 %, p < 0,05). Já a frequência média de ambos os músculos avaliados sofreu decréscimo de ≈ 15%, tanto após o último tiro quanto depois dos 5 minutos de recuperação em relação ao momento pré. Dessa forma, ao contrário do observado por Marino et al.,[47] a maior quantidade de estímulos ofertada e o período de recuperação abreviado indicaram no estudo de Billaut et al.[13] que a queda do sinal do EMG no quadríceps, decorrente do exercício intermitente de alta intensidade, foi suficiente para gerar redução do torque, e que o aumento do RMS não foi suficiente para melhorar a força.

Apesar dos poucos estudos que se propuseram a analisar os efeitos agudos do EIAI nas variáveis neuromusculares, fica evidente que o EIAI promove alterações importantes no recrutamento neuromuscular, especialmente na velocidade de condução elétrica das fibras musculares. Entre os mecanismos responsáveis por essa resposta, destacam-se fatores metabólicos (H^+, K^+ ou Pi), musculares (disfunção de sarcolema) e centrais (redução do *drive* neural).

Também é possível verificar que quanto maior a intensidade e a duração do estímulo e menor a intensidade e o tempo de recuperação, maior será a queda de rendimento, a exigência metabólica, a magnitude das respostas cardiorrespiratórias e as alterações eletromiográficas.

1.8 Considerações finais

A intermitência é uma característica de diversas modalidades esportivas (coletivas ou individuais). Desse modo, a prescrição do EIAI durante um período de preparação física para atletas dessas modalidades possui uma grande relevância para aumentar o desempenho esportivo. Uma vantagem que esse tipo de exercício tem sobre o treinamento aeróbio contínuo clássico é a possibilidade de aumentar o $\dot{V}O_2$máx, aumentar a tolerância ao esforço, aumentar a biogênese mitocondrial (número e tamanho das mitocôndrias) e aumentar o desempenho anaeróbio, valendo-se de um pequeno volume de treino, culminando na melhora da saúde e do desempenho esportivo.

As respostas agudas e crônicas decorrentes do EIAI vão depender de vários fatores, que podem ser manipulados durante a sessão de exercício. São eles: intensidade do esforço e da recuperação da sessão do exercício, duração do exercício e tempo de recuperação entre as séries, além da relação esforço-recuperação (E:R) e da amplitude do esforço, a qual é caracterizada pela razão da maior intensidade e a intensidade média.[12,62] Em razão das inúmeras possibilidades de manipulação das variáveis do EIAI, distintas respostas adaptativas poderão ocorrer.[41]

Não obstante, já é consenso que o EIAI é uma estratégia eficiente para aumentar o desempenho em modalidades que requeiram *sprints* para obtenção da vitória. Recentemente, tem crescido o interesse nesse tipo de exercício na prevenção e no tratamento de diversas doenças cardiometabólicas. No entanto, mais estudos são necessários para verificar a relação risco *versus* benefício desse tipo de treino nos indivíduos com doenças e fatores de risco associados.

Ainda não está bem estabelecida qual a melhor forma de prescrição desse tipo de exercício em razão da especificidade de cada modalidade, além da individualidade biológica de cada atleta. Contudo, diversos estudos demonstram que um período de treinamento com EIAI promove diversos benefícios na maioria dos indivíduos (aumento da AST, adaptação enzimática e do retículo sarcoplasmático).

Um dos grandes problemas encontrados com os estudos que utilizaram o EIAI é a grande variação de protocolos de treino, o que limita inferências mais conclusivas. As diferenças identificadas são bastante variadas, como: diferentes gêneros, idades, estados de treinamento, tempo de esforço e recuperação, além do nível competitivo. Ademais, enquanto muitos utilizaram tarefas *all-out*, normalmente por meio da utilização do teste de Wingate, tiros de velocidade ou provas contra o relógio, outros aplicaram o EIAI em relação à carga obtida num teste progressivo máximo tipo rampa, isto é, > 90% do $\dot{V}O_2$máx.

Ao analisar diferentes estudos, encontramos variações não só na quantidade de estímulos, mas também no tipo e no tempo de recuperação utilizados. Alguns estudos, por exemplo, utilizaram uma única execução do Wingate, enquanto outros realizaram até quatro estímulos. Os intervalos de recuperação variaram de 30 a 180 segundos, e foram realizados em intensidades baixa, moderada ou alta de forma passiva ou ativa com cargas fixas ou variáveis.

Mais pesquisas são necessárias para estabelecer a melhor intensidade, volume de duração, relação esforço-pausa, tipo e tempo de recuperação e duração do esforço que são capazes de promover as maiores adaptações metabólicas e musculoesqueléticas decorrentes do EIAI, com o objetivo de elevar os ganhos promovidos por esse tipo de exercício e com a finalidade de aumentar o desempenho esportivo.

Referências

1. Allen DG, Kabbara AA, Westerblad H. Muscle fatigue: the role of intracellular calcium stores. Can J Appl Physiol. 2002;27:83-96.

2. Allen DG, Lamb GD, Westerblad H. Skeletal muscle fatigue: cellular mechanisms. Physiol Rev. 2008;88:287-332.

3. Arany Z. PGC-1 coactivators and skeletal muscle adaptations in health and disease. Curr Opin Genet Dev. 2008;18:426-34.

4. Arany Z, Foo SY, Ma Y, Ruas JL, Bommi-Reddy A, Girnun G, et al. HIF-independent regulation of VEGF and angiogenesis by the transcriptional coactivator PGC-1alpha. Nature. 2008;451:1008-12.

5. Ballor DL, Volovsek AJ. Effect of exercise to rest ratio on plasma lactate concentration at work rates above and below maximum oxygen uptake. Eur J Appl Physiol Occup Physiol. 1992;65:365-9.

6. Balsom PD, Ekblom B, Sjodin B. Enhanced oxygen availability during high intensity intermittent exercise decreases anaerobic metabolite concentrations in blood. Acta Physiol Scand. 1994;150:455-6.

7. Balsom PD, Gaitanos GC, Ekblom B, Sjodin B. Reduced oxygen availability during high intensity intermittent exercise impairs performance. Acta Physiol Scand. 1994;152:279-85.

8. Balsom PD, Seger JY, Sjodin B, Ekblom B. Maximal-intensity intermittent exercise: effect of recovery duration. Int J Sports Med. 1992;13:528-33.

9. Balsom PD, Seger JY, Sjodin B, Ekblom B. Physiological responses to maximal intensity intermittent exercise. Eur J Appl Physiol Occup Physiol. 1992;65:144-9.

10. Bergstrom J, Hultman E. Muscle glycogen synthesis after exercise: an enhancing factor localized to the muscle cells in man. Nature. 1966;210:309-10.

11. Bertuzzi RC, Franchini E, Ugrinowitsch C, Kokubun E, Lima-Silva AE, Pires FO, et al. Predicting MAOD using only a supra-maximal exhaustive test. Int J Sports Med. 2010;31:477-81.

12. Billat LV. Interval training for performance: a scientific and empirical practice. Special recommendations for middle- and long-distance running. Part I: aerobic interval training. Sports Med. 2001;31:13-31.

13. Billaut F, Basset FA, Giacomoni M, Lemaitre F, Tricot V, Falgairette G. Effect of high-intensity intermittent cycling sprints on neuromuscular activity. Int J Sports Med. 2006;27:25-30.

14. Bogdanis GC, Nevill ME, Boobis LH, Lakomy HK. Contribution of phosphocreatine and aerobic metabolism to energy supply during repeated sprint exercise. J Appl Physiol. 1996;80:876-84.

15. Bogdanis GC, Nevill ME, Boobis LH, Lakomy HK, Nevill AM. Recovery of power output and muscle metabolites following 30 s of maximal sprint cycling in man. J Physiol. 1995;482(Pt 2):467-80.

16. Bogdanis GC, Nevill ME, Lakomy HK, Boobis LH. Power output and muscle metabolism during and following recovery from 10 and 20 s of maximal sprint exercise in humans. Acta Physiol Scand. 1998;163:261-72.

17. Brochado MMV, Kokubun E. Treinamento intervalado de corrida de velocidade: efeitos da duração da pausa sobre o lactato sanguíneo e a cinemática da corrida. Motriz. 1997;3(1):11-9.

18. Casey A, Constantin-Teodosiu D, Howell S, Hultman E, Greenhaff PL. Metabolic response of type I and II muscle fibers during repeated bouts of maximal exercise in humans. Am J Physiol. 1996;271:E38-43.

19. Christmass MA, Dawson B, Arthur PG. Effect of work and recovery duration on skeletal muscle oxygenation and fuel use during sustained intermittent exercise. Eur J Appl Physiol Occup Physiol. 1999;80:436-47.

20. Dawson B, Goodman C, Lawrence S, Preen D, Polglaze T, Fitzsimons M, et al. Muscle phosphocreatine repletion following single and repeated short sprint efforts. Scand J Med Sci Sports. 1997;7:206-13.

21. Dorado C, Sanchis-Moysi J, Calbet JA. Effects of recovery mode on performance, O_2 uptake, and O2 deficit during high-intensity intermittent exercise. Can J Appl Physiol. 2004;29:227-44.

22. Dorel S, Bourdin M, Van Praagh E, Lacour JR, Hautier CA. Influence of two pedalling rate conditions on mechanical output and physiological responses during all-out intermittent exercise. Eur J Appl Physiol. 2003;89:157-65.

23. Dupont G, Berthoin S. Time spent at a high percentage of $\dot{V}O_2$max for short intermittent runs: active versus passive recovery. Can J Appl Physiol. 2004;29Suppl:S3-S16.

24. Edwards RH, Ekelund LG, Harris RC, Hesser CM, Hultman E, Melcher A, et al. Cardiorespiratory and metabolic costs of continuous and intermittent exercise in man. J Physiol. 1973;234:481-97.

25. Fox EL, Robinson S, Wiegman DL. Metabolic energy sources during continuous and interval running. J Appl Physiol. 1969;27:174-8.

26. Gaesser GA, Poole DC. The slow component of oxygen uptake kinetics in humans. Exerc Sport Sci Rev. 1996;24:35-71.

27. Gaitanos GC, Williams C, Boobis LH, Brooks S. Human muscle metabolism during intermittent maximal exercise. J Appl Physiol. 1993;75:712-9.

28. Gastin PB. Energy system interaction and relative contribution during maximal exercise. Sports Med. 2001;31:725-41.

29. Gastin PG. Metabolic profile of high intensity intermittent exercises. Med Sci Sports Exerc. 1997;29:1274-6.

30. Gibala MJ, McGee SL. Metabolic adaptations to short-term high-intensity interval training: a little pain for a lot of gain? Exerc Sport Sci Rev. 2008;36:58-63.

31. Gibala MJ, McGee SL, Garnham AP, Howlett KF, Snow RJ, Hargreaves M. Brief intense interval exercise activates AMPK and p38 MAPK signaling and increases the expression of PGC-1alpha in human skeletal muscle. J Appl Physiol. 2009;106:929-34.

32. Glaister M. Multiple sprint work: physiological responses, mechanisms of fatigue and the influence of aerobic fitness. Sports Med. 2005;35:757-77.

33. Greer F, McLean C, Graham TE. Caffeine, performance, and metabolism during repeated Wingate exercise tests. J Appl Physiol. 1998;85:1502-8.

34. Gullstrand L. Physiological responses to short-duration high-intensity intermittent rowing. Can J Appl Physiol. 1996;21:197-208.

35. Harris RC, Edwards RH, Hultman E, Nordesjo LO, Nylind B, Sahlin K. The time course of phosphorylcreatine resynthesis during recovery of the quadriceps muscle in man. Pflugers Arch. 1976;367:137-42.

36. Holloszy JO. Biochemical adaptations in muscle. Effects of exercise on mitochondrial oxygen uptake and respiratory enzyme activity in skeletal muscle. J Biol Chem. 1967;242:2278-82.

37. Holloszy JO, Booth FW. Biochemical adaptations to endurance exercise in muscle. Annu Rev Physiol. 1976;38:273-91.

38. Holloszy JO, Coyle EF. Adaptations of skeletal muscle to endurance exercise and their metabolic consequences. J Appl Physiol. 1984;56:831-8.

39. Howald H, Von Glutz G, Billeter R. Energy stores and substrate utilization in muscle during exercise. In: Landry F, Orban W, eds. The Third International Symposium on Biochemistry of Exercise. Miami: Symposia Specialists, Inc.; 1978. p.75-86.

40. Jansson E, Dudley GA, Norman B, Tesch PA. Relationship of recovery from intensive exercise to the oxidative potential of skeletal muscle. Acta Physiol Scand. 1990;139:147-52.

41. Laursen PB, Jenkins DG. The scientific basis for high-intensity interval training: optimising training programmes and maximising performance in highly trained endurance athletes. Sports Med. 2002;32:53-73.

42. Lin J, Handschin C, Spiegelman BM. Metabolic control through the PGC-1 family of transcription coactivators. Cell Metab. 2005;1:361-70.

43. Little JP, Gillen JB, Percival M, Safdar A, Tarnopolsky MA, Punthakee Z, et al. Low-volume high-intensity interval training reduces hyperglycemia and increases muscle mitochondrial capacity in patients with type 2 diabetes. J Appl Physiol. 2011;111(6):1554-60.

44. Little JP, Safdar A, Bishop D, Tarnopolsky MA, Gibala MJ. An acute bout of high-intensity interval training increases the nuclear abundance of PGC-1alpha and activates mitochondrial biogenesis in human skeletal muscle. Am J Physiol Regul Integr Comp Physiol. 2011;300:R1303-10.

45. Mahler M. First-order kinetics of muscle oxygen consumption, and an equivalent proportionality between QO_2 and phosphorylcreatine level. Implications for the control of respiration. J Gen Physiol. 1985;86:135-65.

46. Margaria R, Oliva RD, Di Prampero PE, Cerretelli P. Energy utilization in intermittent exercise of supramaximal intensity. J Appl Physiol. 1969;26:752-6.

47. Marino FE, Cannon J, Kay D. Neuromuscular responses to hydration in moderate to warm ambient conditions during self-paced high-intensity exercise. Br J Sports Med. 2010;44(13):961-7.

48. Mathews DK, Fox EL. The physiological basis of physical education and athletics. Philadelphia: Saunders; 1971.

49. Matsushigue KA. Comportamento temporal do consumo de oxigênio em esforços intermitentes supramáximos [tese de doutorado]. São Paulo: Escola de Educação Física e Esporte da Universidade de São Paulo; 2002.

50. McCartney N, Spriet LL, Heigenhauser GJ, Kowalchuk JM, Sutton JR, Jones NL. Muscle power and metabolism in maximal intermittent exercise. J Appl Physiol. 1986;60:1164-9.

51. McMahon S, Jenkins D. Factors affecting the rate of phosphocreatine resynthesis following intense exercise. Sports Med. 2002;32:761-84.

52. Meyer P, Guiraud T, Gayda M, Juneau M, Bosquet L, Nigam A. High-intensity aerobic interval training in a patient with stable angina pectoris. Am J Phys Med Rehabil. 2009;89(1):83-6.

53. Meyer RA. A linear model of muscle respiration explains monoexponential phosphocreatine changes. Am J Physiol. 1988;254:C548-53.

54. Poole DC, Barstow TJ, Gaesser GA, Willis WT, Whipp BJ. VO_2 slow component: physiological and functional significance. Med Sci Sports Exerc. 1994;26:1354-8.

55. Price M, Halabi K. The effects of work-rest duration on intermittent exercise and subsequent performance. J Sports Sci. 2005;23:835-42.

56. Price M, Moss P. The effects of work: rest duration on physiological and perceptual responses during intermittent exercise and performance. J Sports Sci. 2007;25:1613-21.

57. Rieu M, Duvallet A, Scharapan L, Thieulart L, Ferry A. Blood lactate accumulation in intermittent supramaximal exercise. Eur J Appl Physiol Occup Physiol. 1988;57:235-42.

58. Robergs RA, Ghiasvand F, Parker D. Biochemistry of exercise-induced metabolic acidosis. Am J Physiol Regul Integr Comp Physiol. 2004;287:R502-16.

59. Rognmo Ø, Hetland E, Helgerud J, Hoff J, Slordahl SA. High intensity aerobic interval exercise is superior to moderate intensity exercise for increasing aerobic capacity in patients with coronary artery disease. Eur J Cardiovasc Prev Rehabil. 2004;11:216-22.

60. Ross A, Leveritt M. Long-term metabolic and skeletal muscle adaptations to short-sprint training: implications for sprint training and tapering. Sports Med. 2001;31:1063-82.

61. Sahlin K, Edstrom L, Sjoholm H. Fatigue and phosphocreatine depletion during carbon dioxide-induced acidosis in rat muscle. Am J Physiol. 1983;245:C15-20.

62. Saltin B, Nazar K, Costill DL, Stein E, Jansson E, Essen B, and Gollnick D. The nature of the training response; peripheral and central adaptations of one-legged exercise. Acta Physiol Scand. 1976;96:289-305.

63. Spriet LL, Lindinger MI, McKelvie RS, Heigenhauser GJ, Jones NL. Muscle glycogenolysis and H^+ concentration during maximal intermittent cycling. J Appl Physiol 1989;66:8-13.

64. Summermatter S, Baum O, Santos G, Hoppeler H, Handschin C. Peroxisome proliferator-activated receptor {gamma} coactivator 1{alpha} (PGC-1{alpha}) promotes skeletal muscle lipid refueling in vivo by activating de novo lipogenesis and the pentose phosphate pathway. J Biol Chem. 2010;285:32793-800.

65. Tabata I, Irisawa K, Kouzaki M, Nishimura K, Ogita F, Miyachi M. Metabolic profile of high intensity intermittent exercises. Med Sci Sports Exerc. 1997;29:390-95.

66. Terada S, Kawanaka K, Goto M, Shimokawa T, Tabata I. Effects of high-intensity intermittent swimming on PGC-1alpha protein expression in rat skeletal muscle. Acta Physiol Scand. 2005;184:59-65.

67. Thevenet D, Tardieu-Berger M, Berthoin S, Prioux J. Influence of recovery mode (passive vs. active) on time spent at maximal oxygen uptake during an intermittent session in young and endurance-trained athletes. Eur J Appl Physiol. 2007;99:133-42.

68. Thompson CH, Kemp GJ, Sanderson AL, Radda GK. Skeletal muscle mitochondrial function studied by kinetic analysis of postexercise phosphocreatine resynthesis. J Appl Physiol. 1995;78:2131-9.

69. Tjønna AE, Lee SJ, Rognmo Ø, Stølen TO, Bye A, Haram PM, et al. Aerobic interval training versus continuous moderate exercise as a treatment for the metabolic syndrome: a pilot study. Circulation. 2008;118:346-54.

70. Trump ME, Heigenhauser GJ, Putman CT, Spriet LL. Importance of muscle phosphocreatine during intermittent maximal cycling. J Appl Physiol. 1996;80:1574-80.

71. Vaughan-Jones RD, Eisner DA, Lederer WJ. Effects of changes of intracellular pH on contraction in sheep cardiac Purkinje fibers. J Gen Physiol. 1987;89:1015-32.

72. Walter G, Vandenborne K, McCully KK, Leigh JS. Noninvasive measurement of phosphocreatine recovery kinetics in single human muscles. Am J Physiol. 1997;272:C525-34.

73. Westerblad H, Allen DG, Lannergren J. Muscle fatigue: lactic acid or inorganic phosphate the major cause? News Physiol Sci. 2002;17:17-21.

74. Whipp BJ. The slow component of O_2 uptake kinetics during heavy exercise. Med Sci Sports Exerc. 1994;26:1319-26.

75. Wisloff U, Stoylen A, Loennechen JP, Bruvold M, Rognmo O, Haram PM, et al. Superior cardiovascular effect of aerobic interval training versus moderate continuous training in heart failure patients: a randomized study. Circulation. 2007;115:3086-94.

76. Wootton SA, Williams C. The influence of recovery duration on repeated maximal sprints. In: Knuttgen HG, Vogel JA, Poortmans J (Ed). Biochemistry of exercise. Champaign: Human Kinetics; 1983.p.269-73.

2

Aptidão aeróbia e desempenho em exercício intermitente de alta intensidade

Fabiano Pinheiro

O exercício intermitente de alta intensidade (EIAI) é caracterizado por um curto período de trabalho muscular intenso, podendo ser separado por curtos períodos de intervalo entre os estímulos.[31,13] A energia utilizada para esse trabalho muscular provém da integração das vias anaeróbias aláctica e láctica e da via oxidativa; a predominância da via pode variar de acordo com o tempo do estímulo e da quantidade de sprints realizados.[17]

Durante a realização de um único sprint, a diminuição da produção de potência (PP) não é tão evidente. Em contrapartida, quando o atleta é submetido a sucessivos sprints, como é comumente vis-

to em modalidades esportivas como futebol, tênis e rúgbi, existe uma queda abrupta da PP nos sprints consecutivos comparados ao primeiro,[16] e tal queda de desempenho é caracterizada como fadiga.[12]

Dessa maneira, alguns estudos têm sido desenvolvidos com o intuito de esclarecer melhor os mecanismos fisiológicos envolvidos no sprint repetido e, paralelamente, verificar o método de treinamento que, em conjunto com o EIAI, tenha uma melhor resposta para aumentar a capacidade de sprints repetidos (CSR) dos atletas.[4,13,15,16] Estudos que buscaram analisar a relação entre índices fisiológicos do metabolismo aeróbio, como o

$\dot{V}O_2$pico e a cinética *off* do O_2,[13] e a capacidade de tamponamento muscular,[9,13] encontraram correlações positivas e forte associação entre o metabolismo aeróbio e o desempenho em EIAI.

O intuito deste capítulo é, portanto, buscar estudos que analisem aspectos bioenergéticos do EIAI e que apresentem evidências consistentes de que o desenvolvimento da aptidão aeróbia está associado à melhora no desempenho nesse tipo de exercício.

2.1 Respostas metabólicas no *sprint* isolado

A energia utilizada para a contração muscular é proveniente da hidrólise da adenosina trifosfato (ATP).[16] Em conjunto com o ATP, existe um reservatório adicional de energia constituído pela fosfocreatina (PCr) que, somados, constituem o suprimento imediato de energia para o trabalho muscular estritamente anaeróbio (via ATP-CP), fornecendo a maior parte da energia para o desempenho em atividades de curta duração, como a corrida 100 m rasos.[26] À medida que o trabalho muscular tem continuidade, a energia para a ressíntese de ATP é derivada de outras fontes, como a glicose e o glicogênio muscular (via glicolítica), gerando a produção de lactato e H^+, podendo ser sustentada em exercícios intensos por um período de 1 a 2 minutos.[26] No decorrer do exercício, a oxidação aeróbia da glicose e, paralelamente, o fornecimento de ácidos graxos para o sistema muscular aumentam, podendo, desta maneira, o exercício ser sustentado por períodos prolongados.[26,18,30]

Durante os *sprints* com duração de trinta segundos, tem-se observado contribuições relativamente significantes da via PCr, glicólise anaeróbia e metabolismo oxidativo, cada qual contribuindo

com 45%, 38% e 17%, respectivamente.[30,4] Entretanto, a contribuição metabólica relativa pode ser alterada dependendo do tempo total da tarefa.[14]

Gaitanos et al.[16] analisaram a contribuição energética em 10 *sprints* máximos realizados em cicloergômetro com duração de 6 segundos intervalados por 30 segundos. Uma vez que neste tópico só serão tratadas as respostas metabólicas em um único *sprint*, faz-se necessário esclarecer que aqui só serão reportados os valores citados pelo autor em relação ao primeiro *sprint*. Foram coletadas amostras de sangue venoso no preaquecimento e imediatamente após o primeiro *sprint* para a realização das análises de concentrações de lactato, glicose etc. Além disso, biópsias foram feitas em ambas as pernas do músculo vasto lateral no preaquecimento e imediatamente após o primeiro *sprint*, e foram analisadas as variáveis PCr, ATP, ADP, AMP, glicose e lactato muscular (Ltm). Em relação às alterações observadas, o lactato sanguíneo teve uma diferença em relação ao período pré-exercício de Δlactato de 1,3 mmol/l, ao passo que o pH plasmático sofreu uma pequena queda de pH igual a 0,02. As concentrações de PCr tiveram uma queda de 57%, acompanhada por uma queda de 13% da ATP. Não foram observadas mudanças nas concentrações de ADP e AMP. As concentrações de glicogênio estavam 14% menor, e o Ltm 653% maior em relação ao período pré-exercício. As estimativas da contribuição relativa para o suprimento de energia na realização de um único *sprint* foram de PCr 49,6%, glicólise 44,1% e ATP 6,3%, indicando que o suprimento de energia para um único *sprint* com duração de 6 segundos, realizado em cicloergômetro, é suportado especialmente pela via da PCr e glicólise anaeróbia.

É de grande importância conhecer as alterações metabólicas ocorridas em sessões agudas de esforço máximo. No entanto, na prática, quando se analisa um jogo de futebol com duração de 90 minutos, ou uma partida de tênis, cuja duração pode ultrapassar 120 minutos, percebe-se que durante o evento são realizados sucessivos *sprints*. Por esse motivo, há a necessidade de aumentar o conhecimento acerca dos fatores envolvidos na resposta metabólica em sucessivos *sprints*. O item a seguir, portanto, tratará de explicar as alterações decorrentes do metabolismo quando exposto a tarefas de sucessivos *sprints*, auxiliando melhor os treinadores em outros métodos de treinamento para aumentar a capacidade de *sprints* repetidos (CSR) de seus atletas.

2.2 Respostas metabólicas em *sprints* repetidos

Em práticas esportivas, como futebol, basquetebol, tênis etc., momentos decisivos são determinados pela capacidade que o atleta tem de realizar *sprints* repetidos. Com isso, o interesse em se pesquisar diferentes maneiras de aumentar a CSR para a manutenção do desempenho vem crescendo.[11]

Durante os *sprints* repetidos, é possível observar a manifestação da fadiga, que se evidencia pelo declínio na produção de potência.[11] A CSR depende de diversos fatores, como aptidão aeróbia, capacidade de tamponamento de íons de hidrogênio, duração do *sprint*, período e tipo de recuperação (ativo ou passivo), concentração de glicogênio muscular e número total de *sprints*.[3,15] Ao contrário de um único *sprint,* no qual a maior parcela de contribuição energética é proveniente da via anaeróbia, em *sprints* repetidos tem sido observada uma maior contribuição da via aeróbia.[15,14]

Diversos estudos têm analisado a relação entre a capacidade aeróbia, a cinética do $\dot{V}O_2$ e o desempenho em *sprints* repetidos[3,4,14,15,27,34] e têm encontrado uma correlação positiva entre condicionamento aeróbio e CSR.

Para exemplificar, foi selecionado o estudo de Gaitanos et al.,[16] que analisou as mudanças metabólicas relativas à glicogenólise e à degradação da PCr em exercício intermitente máximo. Foram selecionados 8 indivíduos do sexo masculino que foram submetidos a 10 *sprints* máximos em cicloergômetro, cuja duração foi de 6 segundos com intervalos de 30 segundos. Foram analisadas medidas de desempenho, como a potência média (PM). Coletou-se amostras de sangue venoso nos seguintes períodos: preaquecimento, imediatamente após o primeiro, quinto, nono e décimo *sprints*; e terceiro, quinto e décimo minutos depois de completado o último *sprint*. Analisou-se as concentrações de lactato, glicose e catecolaminas. Além disso, biópsias do músculo vasto lateral foram feitas em ambas as pernas nos períodos preaquecimento, após o primeiro *sprint*, 10 segundos antes e imediatamente após o último *sprint* para análises da PCr, ATP, ADP, AMP, glicose, lactato, entre outras enzimas. A maior potência alcançada no primeiro *sprint* foi de 870,1 ± 159,2 W. No quinto e último *sprint*, a PM diminuiu 12,6% e 26,6% do valor máximo, respectivamente, e a parcela mais significante ocorreu nos primeiros cinco *sprints* (47,5%). Já entre o quarto e o décimo *sprint*, a queda foi menor, indicando que apenas quatro *sprints* realizados em cicloergômetro são suficientes para provocar fadiga e induzir diminuições no desempenho. Essa queda do desempenho foi acompanhada de uma redução na taxa de produção de ATP que, no primeiro *sprint*, estava 13% e, além disso, observou-se uma queda de 57% e 14% nas concentrações de PCr e glicogênio, respectivamente. Em contrapartida, no décimo *sprint* a diminuição de ATP foi de 32%, a de PCr de 51% e a de glicogênio foi 30%. O ADP e AMP não tiveram mudanças significantes nas análises em todos os tempos. Os autores também estimaram a contribuição relativa total de energia gerada anaerobiamente após o primeiro e o décimo *sprint* para a produção de ATP. A PCr contribuiu com 49,6% após o primeiro *sprint*, passando para 80,1% após o último *sprint*; a glicólise passou de 44,1% para 16,1%, e o ATP, de 6,3% para 3,8%, respectivamente. Os autores sugerem que para *sprints* repetidos exista uma inibição da via anaeróbia, aumentando a ressíntese de ATP pela via da PCr e do metabolismo oxidativo.[16]

Dessa maneira, é possível perceber que as adaptações e a solicitação das vias metabólicas em *sprints* repetidos são diferentes quando comparadas a um único *sprint*. Por isso, no próximo tópico será analisada mais profundamente a relação existente entre a capacidade aeróbia e o desempenho em *sprints* repetidos.

2.3 Relação entre índices fisiológicos do metabolismo aeróbio e desempenho em exercício intermitente de alta intensidade

Como mostrado previamente, a obtenção de energia durante uma atividade de *sprints* repetidos é realizada também por meio do metabolismo aeróbio. Dessa forma, parte dos estudos que investigaram a CSR observou a relação entre o desempenho e os parâmetros fisiológicos associados ao metabolismo aeróbio.[2,14] Dupont et al.[14], por exemplo, analisaram a CSR em 12 jogadores de futebol (7×30 m com 20 segundos de recuperação entre os *sprints*). Observou-se as correlações do decréscimo de desempenho ao longo dos *sprints* com o $\dot{V}O_{2pico\,(normal)}$ ($r = -0,83$) e com o tempo da primeira fase da cinética *off* de O_2 ($r = 0,85$). Com base nesses resultados, os autores sugerem que os métodos

de treinamento capazes de acelerar a recuperação do consumo de oxigênio pós-exercício são importantes para o desempenho em EIAI, uma vez que a cinética *off* do O_2 está associada à capacidade de manutenção de trabalho nesse tipo de exercício.

De forma similar, Bishop, Edge e Goodman[9] conduziram um protocolo que consistiu em 5 *sprints* de 6 segundos intervalados, com 30 segundos de pausa passiva em mulheres não atletas. O $\dot{V}O_2$pico estava correlacionado com o trabalho total (T_{total}) ($r = 0,60$), o decréscimo no trabalho total (DT_{total}) ($r = -0,62$) e com o decréscimo na potência total (DP_{total}) ($r = -0,44$). Paralelamente, o limiar de lactato também se correlacionou com o T_{total} ($r = 0,55$), DT_{total} ($r = -0,56$) e o DP_{total} ($r = -0,47$). Por último, a capacidade de tamponamento muscular também foi associada ao DT_{total} ($r = -0,72$) e ao DP_{total} ($r = -0,53$). De forma geral, os resultados suportaram a associação entre aptidão aeróbia e CSR, sendo que esse foi o primeiro estudo a encontrar relação entre a CSR e a capacidade de tamponamento muscular. Coletivamente, os estudos apresentados sugerem que existe uma associação entre os fatores ligados ao metabolismo aeróbio e o desempenho em EIAI.

Portanto, de acordo com a maioria das pesquisas na literatura, parece razoável concluir que o desempenho em EIAI é dependente da eficiência na obtenção de energia por meio do metabolismo aeróbio. Contudo, a magnitude dessa dependência pode variar de acordo com diversas características do exercício, como duração, tempo de intervalo entre os *sprints* e intensidade do exercício. Dessa forma, ainda são necessárias mais evidências para que se possa apontar com precisão a importância do metabolismo aeróbio em EIAI com diferentes características. Tal precisão seria importante em razão da extensa variação nas características de modalidades que podem ser classificadas como intermitentes, como futsal, rúgbi e modalidades de combate.

2.4 Manipulação de variáveis que afetam a contribuição aeróbia e alteração no exercício intermitente de alta intensidade

Como explicitado anteriormente, os parâmetros do metabolismo aeróbio podem ser associados ao desempenho em EIAI. Dessa forma, alguns autores têm avaliado se a manipulação de fatores que possam alterar a contribuição aeróbia tem algum impacto no desempenho de EIAI. Essa manipulação pode ser feita por meio de fatores extrínsecos (condições ambientais) ou intrínsecos (uso de substâncias ou reinfusão sanguínea).

Sob esse ponto de vista, Balsom, Ekblom e Sjodin[2] submeteram 7 estudantes de Educação Física a um EIAI em condições de hipóxia (baixa pressão de oxigênio) e normóxia (condição normal de oxigênio), realizando 10 *sprints* de 6 segundos, intercalados com 30 segundos de recuperação. O estudo foi conduzido de maneira *crossover*, e os principais resultados apontaram que o pico de consumo de O_2 foi aproximadamente 15% menor na condição de hipóxia; que, nessa condição, houve maior decréscimo do desempenho, e a partir do oitavo *sprint* os indivíduos apresentaram queda significante no desempenho após o terceiro segundo de exercício em relação à condição normal; que a concentração de lactato sanguíneo também foi maior na hipóxia em relação à normóxia após o quinto (6,9 *versus* 5,8 mmol/l, respectivamente) e após o último *sprint* (10,3 *versus* 8,5 mmol/l, respectivamente). Além disso, a ventilação foi maior na condição de hipóxia (128,3 l.min^{-1}) comparada à normóxia (110,1 l.min^{-1}) e a frequência cardíaca após cada *sprint* foi maior na hipóxia até as duas últimas séries. De forma geral, esses resultados sugerem que a disponibilidade de oxigênio é importante para a manutenção de altas taxas de trabalho em *sprints* repetidos.

Semelhantemente, Mohr et al.[28] compararam o desempenho em um EIAI de 8 homens em duas situações distintas: uma situação controle (20 °C) e uma situação com estresse por calor (40 °C). O exercício teve duração total de 40 minutos e foi dividido em duas fases: na primeira, os indivíduos pedalavam a ≈ 65% do $\dot{V}O_2$máx por 15 segundos, intercalados com 15 segundos pedalando sem carga. Na segunda fase, foram realizados 5 *sprints* de 15 segundos, com 15 segundos de recuperação. O protocolo foi idêntico em ambas as situações, e o único fator distinto era a temperatura (20 °C *versus* 40 °C). Houve redução na produção média de potência na condição de calor (-9,7%), e a concentração plasmática final de amônia foi 34% maior também nessa condição. Contudo, as concentrações plasmáticas de K^+ e H^+ foram menores quando os indivíduos se exercitaram no ambiente mais quente. Desse modo, a exposição ao calor excessivo pode ser um fator limitante, por exemplo, da atividade de algumas enzimas, que resulta em queda no desempenho de *sprints* repetidos. Porém, essa redução não pode ser explicada pelos marcadores de fadiga periférica analisados, com exceção do aumento na concentração plasmática de amônia.

Com o mesmo intuito de avaliar a contribuição aeróbia, porém de forma inversa aos citados anteriormente, Balsom, Ekblom e Sjodin[2] administraram eritropoietina (EPO), um estimulante da produção de hemácias, em seis indivíduos do sexo masculino, três vezes por semana durante 6 semanas. Antes e após o período de administração, realizou-se um protocolo de EIAI que consistia de 15 *sprints* de 6 segundos com 10° de inclinação, intercalados por 24 segundos de pausa passiva. Após 6 semanas de administração venal de EPO, o $\dot{V}O_2$máx e a concentração plasmática de hemoglobina apresentaram aumentos de 8% e 10,5%, respectivamente. Também após as 6 semanas de administração de EPO, a análise realizada pós-EIAI mostrou menor acúmulo de hipoxantina plasmática e menor concentração de lactato sanguíneo depois do oitavo *sprint* e o terceiro minuto após o término do exercício, sendo que o trabalho total foi semelhante nos testes pré e pós. De modo geral, esses resultados sugerem que houve maior contribuição do metabolismo aeróbio para o exercício, com o aumento da disponibilidade de O_2 para os músculos ativos por meio da administração de EPO.

Resumidamente, os estudos apresentados buscaram verificar a participação do metabolismo aeróbio em EIAI por meio da manipulação de fatores que possam atuar como limitadores do funcionamento desse metabolismo, como temperatura e disponibilidade de oxigênio. Considerando isso, os resultados dessas pesquisas evidenciam a obtenção de energia pela via oxidativa em EIAI e sugerem que esta via se torna mais importante na parte final desse tipo de atividade.

2.5 Comparação do desempenho em atividade intermitente entre indivíduos com diferentes níveis de condicionamento aeróbio

Como exposto anteriormente, de forma resumida, os índices fisiológicos relacionados ao metabolismo aeróbio se correlacionam e parecem ser capazes de predizer o desempenho em EIAI.[14] Além disso, a manipulação de fatores que possam afetar a eficiência do metabolismo aeróbio pode alterar a contribuição dessa via em atividades intermitentes, tanto positiva[2] quanto negativamente.[28] Outra forma que pode ser utilizada para avaliar a contribuição aeróbia em EIAI é a comparação do desempenho nesse tipo de tarefa entre indivíduos com diferentes níveis de aptidão aeróbia.

Dessa forma, Bishop e Edge[8] compararam atletas de modalidades coletivas, atletas de *endurance* e indivíduos não atletas (com VO_2máx de 46,6, 53,6 e 38,5 ml.kg^{-1}.min^{-1}, respectivamente) em relação à CSR e a alguns parâmetros fisiológicos. Os atletas de modalidades coletivas realizaram maior quantidade de trabalho total e apresentaram os maiores valores de lactato sanguíneo após o exercício (18,2 kJ e 10 mmol.l^{-1}) tanto em relação aos atletas de *endurance* (14,6 kJ e 6,2 mmol.l^{-1}) quanto em relação aos não atletas (13 kJ e 8,9 mmol.l^{-1}). Em contrapartida, os atletas de *endurance* apresentaram menor decréscimo no desempenho entre o primeiro e o último *sprint* em relação aos atletas de modalidades coletivas (5,6% *versus* 11,3%, respectivamente). Esses resultados indicam que atletas de modalidades coletivas, as quais são compostas por *sprints* repetidos, utilizam maior quantidade de energia proveniente do metabolismo anaeróbio lático, o que permite realizarem maior quantidade de trabalho durante os *sprints*. Os atletas de *endurance*, no entanto, apresentaram menor decréscimo de desempenho em relação ao primeiro *sprint* ao longo do exercício. De forma geral, os resultados de Bishop e Edge[9] sugerem que o metabolismo anaeróbio lático é importante para o alcance de altas taxas de trabalho. Porém, a manutenção da quantidade de trabalho ao longo dos *sprints* é altamente dependente do metabolismo aeróbio.

Paralelamente, Tomlin e Wenger[32] estudaram a relação entre a aptidão aeróbia e o desempenho em EIAI em 13 jogadoras de futebol amador. Para isso, as participantes foram divididas em dois grupos: baixa potência aeróbia (BAI; VO_2máx = 34,4 ml.kg^{-1}.min^{-1}) e moderada potência aeróbia (MOD; VO_2máx = 47,6 ml.kg^{-1}.min^{-1}). O EIAI consistiu de 10 séries de *sprints* de 6 segundos *all-out*, com 30 segundos de recuperação passiva em cicloergômetro. O pico de potência não apresentou diferença entre os grupos. Contudo, o grupo MOD teve um menor decréscimo na potência ao longo dos 10 *sprints* (8,8%) em relação ao grupo BAI (18%). O grupo MOD também consumiu mais oxigênio durante 9 dos 10 *sprints,* e o VO_2máx mostrou correlação com a resposta aeróbia aos *sprints* (r = 0,78) e com o decréscimo de potência ao longo do EIAI (r = -0,65). De maneira geral, os resultados desse estudo indicam que indivíduos com maior VO_2máx apresentam maior contribuição aeróbia e maior capacidade de manutenção da potência durante EIAI.

Assim, parte dos estudos presentes na literatura sugere que a aptidão aeróbia pode ser um fator preditivo para o desempenho em EIAI.[8,9] Como apresentado especificamente no presente tópico, indivíduos com maiores níveis de aptidão aeróbia possuem, de forma geral, maior capacidade de utilização do metabolismo aeróbio durante atividades intermitentes realizadas em altas intensidades, resultando em menor decréscimo na produção de trabalho nas sucessivas séries realizadas ao longo do exercício.

2.6 Efeitos do treinamento aeróbio no desempenho em exercício intermitente de alta intensidade

Diferentemente dos estudos citados, que foram conduzidos de forma aguda, outro modo interessante de se evidenciar a importância do metabolismo aeróbio no desempenho em EIAI é por meio da análise de estudos que aplicaram um período de treinamento aeróbio e verificaram melhoras no desempenho em EIAI. Com esse objetivo, Buchheit e Ufland[12] aplicaram 8 semanas de treinamento aeróbio, com 2 sessões semanais de treinamento intervalado (90% a 115% da máxima velocidade aeróbia) e 1 ou 2 sessões de contínuo (70% a 75%), em 18 indivíduos treinados moderadamente. O teste intermitente consistiu em 2 *sprints* de 15 segundos *all-out*, com 15 segundos de recuperação passiva. Em relação à CSR, o treinamento resultou em aumento na distância somada dos dois *sprints* (9,6%) e da taxa de reoxigenação entre eles (152,4%), e diminuição do decréscimo entre os *sprints* (25,6%). Além disso, o treinamento foi capaz de aumentar a máxima velocidade aeróbia e diminuir o tempo de 10 km. Dessa forma, 8 semanas de treinamento foram capazes de melhorar o desempenho aeróbio, além de mostrar eficácia na melhora da CSR. Essa melhora foi associada a uma maior velocidade de reoxigenação, sugerindo que o metabolismo aeróbio é importante na recuperação entre os *sprints*.

Similarmente, Helgerud et al.[21] verificaram os efeitos do aumento da aptidão aeróbia em dois times de elite da categoria júnior de futebol. Os atletas foram separados em dois grupos. O grupo experimental (EXP) foi submetido a 4 minutos de corrida com intensidade entre 90% e 95% da frequência cardíaca máxima (Fmáx), separado por períodos de 3 minutos de corrida com intensidade entre 50% e 60% FCmáx, duas vezes por semana. O grupo controle (CON) continuou realizando apenas os treinos normais, sem nenhuma intervenção durante o período do estudo. Após as 8 semanas de treinamento, apesar de o VO_2máx e o LL apresentarem maior aumento no grupo EXP, esses aumentos não foram significantes. Contudo, as alterações nessas variáveis foram capazes de aumentar a distância percorrida durante o jogo em 20%, e o número de *sprints* em 100% no grupo EXP comparado ao CON. Com isso, o número de envolvimentos com a bola aumentou 24,1% no grupo EXP, ao passo que no grupo CON não foram observadas mudanças.

Parece interessante, portanto, suspeitar que a realização de um período de treinamento capaz de aumentar a aptidão aeróbia seja uma estratégia eficaz para aumentar o desempenho em EIAI. Possivelmente, esses resultados podem ser explicados por meio da relação entre fatores ligados à obtenção de energia oxidativamente e o rendimento em tarefas realizadas em altas intensidades e de forma intermitente, como mostrado em estudos anteriormente descritos neste trabalho.[9,19]

2.7 Considerações finais

O principal objetivo deste capítulo foi buscar estudos que analisassem aspectos bioenergéticos do EIAI e que apresentassem evidências consistentes de que o desenvolvimento da aptidão aeróbia está associado a uma melhora no desempenho nesse tipo de exercício.

O primeiro passo foi diferenciar as contribuições energéticas entre a realização de um único *sprint* e de *sprints* repetidos. De acordo com o apresentado, pôde-se observar que as diferentes vias energéticas contribuem de forma distinta quando o atleta é submetido ao *sprint* isolado e a sucessivos *sprints*, tanto de forma absoluta quanto na forma relativa.

Posteriormente, foram levantados estudos que analisaram a correlação entre alguns índices do metabolismo aeróbio, como o $\dot{V}O_2$pico e a cinética *off* de O_2, e o desempenho em EIAI.

Apesar de alguns contrapontos, a maioria dos estudos com esse objetivo observou algum grau de associação entre essas variáveis. De forma semelhante, tem sido visto que a manipulação de variáveis que alteram o funcionamento do metabolismo aeróbio também é capaz de alterar o desempenho nesse tipo de exercício. Paralelamente, houve a comparação de estudos que demonstraram que atletas com maiores níveis de condicionamento aeróbio apresentavam um melhor desempenho em EIAI, visto especialmente pelo menor decréscimo na produção de potência realizada ao longo do exercício. Ainda com o mesmo intuito, porém por meio de análises crônicas, alguns estudos submeteram os participantes a um período de treinamento aeróbio e avaliaram o impacto desse treinamento no desempenho em atividades intermitentes. Via de regra, as adaptações vistas se assemelham às respostas agudas apresentadas nos estudos supracitados, apontando uma grande contribuição do metabolismo aeróbio na manutenção do desempenho em *sprints* repetidos.

Portanto, de modo geral, os resultados apresentados no presente trabalho sugerem que a aptidão aeróbia exerce uma grande participação na ressíntese de ATP para que o trabalho muscular realizado em altas intensidades seja mantido por períodos maiores de tempo. Do ponto de vista prático, seria interessante que os treinadores incluíssem o treinamento aeróbio ao ciclo de treinamento de seus atletas, buscando, com isso, um aumento no desempenho em razão de menores decréscimos da capacidade de produção de trabalho muscular ao longo da atividade quando submetidos a *sprints* repetidos.

Referências

1. Artioli GG, Gualano B, Smith A, Stout J, Lancha AH Jr. Role of beta-alanine supplementation on muscle carnosine and exercise performance. Med Sci Sports Exerc. 2010;42:1162-73.

2. Balsom PD, Ekblom B, Sjodin B. Enhanced oxygen availability during high intensity intermittent exercise decreases anaerobic metabolite concentrations in blood. Acta Physiol Scand. 1994;150:455-6.

3. Balsom PD, Gaitanos GC, Ekblom B, Sjodin B. Reduced oxygen availability during high intensity intermittent exercise impairs performance. Acta Physiol Scand. 1994;152:279-85.

4. Barnett C, Carey M, Proietto J, Cerin E, Febbraio MA, Jenkis, D. Muscle metabolism during sprint exercise in man: Influence of sprint training. J Sci Med Sport. 2004;7:314-22.

5. Bayati M, Farzad B, Gharakhanlou R, Alinejad-Agha HA. A practical model of low-volume high-intensity interval training induces performance and metabolic adaptations that resemble "all-out" sprint interval training. J Sports Sci Med. 2011;10:571-6.

6. Berman Y, North KN. A gene for speed: the emerging role of alpha-actinin-3 in muscle metabolism. Physiol. 2010; 25:250-9.

7. Billat VL, Slawinski J, Bocquet V, Demarle A, Lafitte L, Chassaing P, et al. Intermittent runs at the velocity associated with maximal oxygen uptake enables subjects to remain maximal oxygen uptake for a longer time than intense but submaximal runs. Eur J Appl Physiol. 2000;81:188-96.

8. Bishop D, Edge J. Determinants of repeated-sprint ability in females matched for single-sprint performance. Eur J Appl Physiol. 2006;97:373-9.

9. Bishop D, Edge J, Goodman C. Muscle buffer capacity and aerobic fitness sare associated with repeated-sprint ability in women. Eur J Appl Physiol. 2008; 92:540-7.

10. Bishop D, Edge J, Thomas C, Mercier J. Effects of high-intensity training on muscle lactate transporters and post exercise recovery of muscle lactate and hydrogen ions in women. Am J Physiol Regul Integr Comp Physiol. 2008;295:1991-8.

11. Bishop D, Girard O, Mendez-Villanueva A. Repeated-Sprint ability – Part II. Sports Med. 2011;41:741-6.

12. Buchheit M, Ufland P. Effect of endurance training on performance and muscle reoxygenation rate during repeated-sprint runnig. Eur J Appl Physiol. 2011;111:293-301.

13. Duffield R, Edge J, Bishop D, Goodman C. The relationship between the $\dot{V}O_2$ slow component, muscle metabolites and performance during very-heavy exhaustive exercise. J Sci Med Sport. 2006;10:127-134.

14. Dupont G, McCall A, Prieur F, Millet GP, Berthoin S. Faster oxygen uptake kinetics during recovery is related to better repeated sprinting ability. Eur J Appl Physiol. 2010;110:627-34.

15. Dupont G, Millet GP, Guinhouya C, Berthoin S. Relationship between oxygen uptake kinetics and performance in repeated running sprints. Eur J Appl Physiol. 2005;95:27-34.

16. Gaitanos GC, Williams C, Boobs LH, Brooks S. Human muscle metabolism during intermittent maximal exercise. J Appl Physiol. 1993;75:712-9.

17. Girard O, Villanueva-Mendez A, Bishop D. Repeated-sprint ability - Part I Factors Contributing to fatigue, Sport Med. 2011;41:673-94.

18. Glaister M. Physiological responses, mechanisms of fatigue and the influence aerobic fitness. Sports Med. 2005;35:757-77.

19. Green HJ, Bombardier EB, Duhamel TA, Holloway GP, Tupling AR, Ouyang J. Acute responses in muscle mitochondrial and cytosolic enzyme activities during heavy intermittent exercise. J Appl Physiol. 2008;104:931-7.

20. Heck H. Justification of the 4-mmol lactate treshold. Int J Sports Med. 1985;6:117-30.

21. Helgerud J, Engen LC, Wisloff U, Hoff J. Aerobic endurance training improves soccer performance. Med Sci Sports and Exerc. 2001;33:1925-31.

22. Hill AV, Lupton H. Muscular exercise, lactic acid and the supply and utilization of oxygen. Q J Med. 1923;16:135-71.

23. Howley ET, Bassett DRJR, Welch HG. Criteria for maximal oxygen uptake: review and commentary. Med Sci Sports Exerc. 1995;27:1292-301.

24. Laursen PB, Jenkins DG. The scientific basics for high-intensity interval training. Sports Med. 2002;32: 53-73.

25. Laursen PB, Marsh AS, Jenkins DG, Coombes JS. Manipulating training intensity and volume in already well-trained rats: effect on skeletal muscle oxidative and glycolytic enzymes and buffering capacity. Applied Physiol Nutr Metab. 2007;32:434-42.

26. Marcozzo A, Torres BB. Bioquímica Básica. Rio de Janeiro: Guanabara Koogan; 2007.

27. Meckel Y, Machnai O, Eliakim A. Relationship among repeated sprints tests, aerobic fitness, and anaerobic fitness in elite adolescent soccer players. J Strength Cond Res. 2009;23:163-9.

28. Mohr M, Rasmussen P, Drust B, Nielsen B, Nybo L. Environmental heat stress, hyperammonemia and nucleotide metabolism during intermittent exercise. Eur J Appl Physiol. 2006;97:89-95.

29. Saunders PU, Pyne DB, Telford RD, Hawley JA. Factors affecting running economy in trained distance runners. Sports Med. 2004;34:465-85.

30. Spencer M, Bishop D, Dawson B, Goodman C. Physiological and metabolic responses of repeated sprint activities specific to field based team sports. Sports Med. 2005;35:1025-44.

31. Spurrs RW, Murphy AJ, Watsford ML. The effect of plyometric training on distance running performance. Eur J Appl Physiol. 2003;89:1-7.

32. Tomlin DL, Wenger HA. The relationships between the aerobic fitness, power maintenance and oxygen consumption during intense intermittent exercise. J Sci Med Sport. 2002;5:194-203.

33. Yeo WK, Paton CD, Garnham AP, Burke LM, Carey AL, Hawley JA. Skeletal muscle adaptation and performance responses to once a day versus twice every second day endurance training regimens. J Appl Physiol. 2008;105:1462-70.

34. Zafeiridis A, Sarivasiliou H, Dipla K, Vabras IS. The effects of heavy continuous versus long and short intermittent aerobic exercise protocols on oxygen consumption, heart rate, and lactate responses in adolescents. Eur J Appl Physiol. 2010;110:17-26.

Parte 2

Aplicações no controle
de fatores de risco
e patologias

3

Efeitos do exercício intermitente de alta intensidade na massa e na composição corporais

Valéria Leme Gonçalves Panissa
Leonardo Vidal Andreato

Atualmente, a manifestação da obesidade pode ser observada em diferentes segmentos populacionais.[31,39] Ela pode ser considerada um fator que aumenta as chances de morbimortalidade[19] e é facilmente associada ao desenvolvimento de comorbidades, como hipertensão,[39,44] dislipidemias,[3] resistência insulínica e diabetes tipo 2,[4] além de esteatose hepática[40] e aterosclerose.[33]

O controle da massa corporal está relacionado à regulação do balanço energético corporal, que, por sua vez, é determinado pela Primeira Lei da Termodinâmica, representado por uma equação simples na qual a homeostase energética depende do balanço entre a energia despendida e a consumida. Nesse sentido, o controle da ingestão alimentar e o exercício físico formam um tratamento não farmacológico no controle do peso corporal,[16] embora, em alguns casos, medicamentação ou intervenções cirúrgicas sejam necessárias.[1]

Há muitos anos o exercício tem sido apontado como uma ferramenta eficaz no controle e na redução da massa corporal por permitir um *deficit* no balanço energético. Diante disso, diversos estudos foram conduzidos nas últimas décadas utilizando programas de exercício, objetivando avaliar seus efeitos no controle e na redução da massa e na composição corporais, utilizando, normalmente, exercícios com intensidades baixa e moderada (40-75% $\dot{V}O_2$máx).[16,45] No entanto, mais recentemente o exercício intermitente de alta intensidade (EIAI) passou a receber atenção especial por parte dos pesquisadores por também resultar em efeitos positivos na composição corporal.[46,47,50]

Os estudos que avaliaram o efeito do EIAI na composição corporal utilizaram períodos curtos de exercício (6 segundos a 4 minutos) *all-out*, ou com intensidade igual ou superior a 90% do consumo máximo de oxigênio ($\dot{V}O_2$máx) ou da frequência cardíaca máxima (FCmáx), intercalados com períodos de pausa ou de exercício de baixa intensidade (12 segundos a 4,5 minutos). De modo geral, os períodos de treinamento tiveram duração de duas a 16 semanas. No entanto, curiosamente, existem evidências de que esse tipo de exercício, quando comparado a um programa de exercício de baixa/moderada intensidade, com equalização do dispêndio energético entre as atividades, pode gerar melhores efeitos na composição corporal em longo prazo,[47] o que pode gerar modificações na prescrição do exercício.

Até o presente momento não se sabe quais mecanismos modulariam essa resposta, no entanto, o excesso de consumo de oxigênio pós-atividade (EPOC) e a supressão do apetite têm sido apontados como possíveis responsáveis. Diante disso, este capítulo tem como objetivo analisar os efeitos e os mecanismos associados a programas envolvendo EIAI na composição corporal em diferentes populações, e compará-los com protocolos de intensidades baixa/moderada.

Dada a grande parcela populacional que demonstra excesso de gordura corporal, e visto que a gordura excessiva está associada a diversos malefícios à saúde, apresentar a composição corporal dentro de parâmetros recomendados é uma busca constante na sociedade atual.

Um dos métodos para adequar a composição corporal é incluir exercícios físicos ao cotidiano dos indivíduos para, assim, aumentar o gasto energético diário.[16] Habitualmente, isso é feito com o uso de atividades de longa duração e intensidade baixa a moderada.[45] Contudo, nos últimos anos, atividades intermitentes e de alta intensidade também têm sido sugeridas e apontadas como efetivas para a melhora da composição corporal e, em alguns casos, consideradas mais efetivas que as atividades contínuas de intensidades inferiores.[47]

O acervo literário que abrange EIAI e composição corporal, no entanto, ainda é limitado, fato que dificulta conclusões sobre a temática. Além disso, uma das principais limitações ao analisar o efeito do EIAI sobre a massa e a composição corporais está na heterogeneidade das amostras de diferentes estudos, protocolos de treino e métodos de avaliação da composição corporal.

Apesar dessas limitações, a Tabela 3.1 aponta uma série de estudos que reportaram o efeito do EIAI sobre a massa e/ou composição corporais.

Tabela 3.1 – Efeito de diferentes protocolos de treino sobre a massa e/ou composição corporais

Estudo	População	Duração	Protocolo	MC (%)	% gordura	Gordura MI (%)	Gordura tronco (%)	Método	CC (%)
Tjønna et al.[46]	12 homens com síndrome metabólica	16 sem.	3 ×/sem. – Intermitente: 4 min (90% FCmáx): 3 min (70% FCmáx) totalizando 25 min	-2,5 %	NC	NC	NC	NC	-5,7%
Trapp et al.[47]	15 mulheres eutróficas sedentárias	15 sem.	3 ×/sem. – Intermitente: 8 s (all-out): 12 s – totalizando 60 tiros	-2%	-2,7%	-10%	-9,5%	Dexa	NC
Whyte et al.[50]	10 homens sedentários sobrepeso/obeso	2 sem.	3 ×/sem. – 4 a 6 × 30 s (all-out): 4,5 min (30 watts)	1%	NC	NC	NC	NC	2%
Burgomaster et al.[10]	10 sedentários	6 sem.	3 ×/sem. – Wingate 4 a 6 × 30 s: 4,5 min	=	NC	NC	NC	NC	NC
Fernandez et al.[13]	10 homens adolescentes obesos	12 sem.	3 a 4 x/sem. – 12 × 30 s (all-out) 25 watts × 0,8% da massa corporal: 3 min caminhando	- 3,03%	8,2%	-13,3 %	-6,5%	Dexa	–
Helgerud et al.[22]	10 homens jovens saudáveis	8 sem.	3 ×/sem. – 47 × de 15 s a 90%–95% da FCmáx: 15 s a 70% da FCmáx	ns	NC	NC	NC	NC	NC
	10 homens jovens saudáveis	8 sem.	3 ×/sem. – 4 × de 4 min a 90%–95% da FCmáx: 3 min a 70% da FCmáx	ns	NC	NC	NC	NC	NC
Perry et al.[38]	–		3 ×/sem. – 10 × 4 min 90%$\dot{V}O_2$pico: 2 min	–	NC	NC	NC	NC	NC
Boudou et al.[6]	16 homens diabéticos	8 sem.	3 ×/sem. – 2 ×/sem. – Contínuo 40 min 75% $\dot{V}O_2$pico e 1 ×/sem. – Intermitente: 2 min 85%: 3 min 50% $\dot{V}O_2$pico	–	–	-44%	-18%	RM	NC
Dunn et al.[12]	–	12 sem.	Intermitente: 60 × 8 s (100 a 130 rpm a 80-85% FCmáx): 12 s (30 rpm a 80%–85% FCmáx)	3%	–	8%	6%	Dexa	-4%
Heydari et al.[23]	21 homens com sobrepeso	12 sem.	8 s × 12 s (80% a 90% FCmáx 120 a 130 rpm) por 20 min	1,5%	6,7%	ns	8,4%	Dexa	-3,7

ns: não significativo; NC: não consta; Dexa: absortometria radiológica de dupla energia; RM: ressonância magnética; sem.: semana; min: minutos; s: segundos; CC: circunferência de cintura; MC = massa corporal; MI = membros inferiores; rpm = rotações por minuto.

Como pode ser percebido na tabela, há uma série de estudos que envolvem EIAI e massa e composição corporais em diversas populações, como indivíduos eutróficos, com sobrepeso ou obesos, com síndrome metabólica e diabéticos. Além disso, faixas etárias e gêneros distintos foram analisados. As medidas comumente utilizadas para verificar o efeito do EIAI na composição corporal foram: massa corporal (kg), circunferência de cintura e percentual de gordura (total, membros inferiores ou tronco), obtidos por meio dos métodos de ressonância magnética ou absortometria radiológica de dupla energia.

Com base nas informações presentes na literatura, verificou-se que alguns estudos não apontavam diferença na massa corporal após protocolos de treino de EIAI.[6,10,22,38] Contudo, a maioria deles mensurou apenas a massa corporal, não fazendo distinção entre os tecidos.[10,22,38] No estudo de Boudou et al.,[6] no qual se estimou a composição corporal, foi possível verificar que, embora a massa corporal não tenha se alterado significativamente após o período de 8 semanas, o EIAI foi eficaz para diminuir o percentual de gordura corporal (tronco e membros inferiores). Assim, o fato desses estudos não demonstrarem diminuição da massa corporal não significa que os treinamentos propostos não foram capazes de diminuir a gordura corporal, uma vez que não foi avaliada a composição corporal. Dos estudos que não avaliaram esse elemento, apenas um apontou diminuição da massa corporal após treinamento intermitente.[46]

Das investigações apresentadas na Tabela 3.1, além do estudo de Boudou et al.,[6] quatro deles avaliaram tanto a massa quanto a composição corporal,[12,13,23,47] e em todos eles verificou-se diminuição tanto de massa quanto de gordura corporais. Além disso, Whyte, Gill e Cathcart[50] embora não tenham avaliado a composição corporal, demonstraram, além da diminuição da massa corporal, uma redução da medida de circunferência de cintura com apenas 6 sessões de EIAI.

Diante dessas considerações, embora existam poucos estudos envolvendo EIAI e massa e composição corporais, evidências apontam que ele é uma ferramenta eficaz para a melhora da composição corporal. O fato de alguns estudos não terem apontado a eficácia do EIAI na massa corporal pode ser atribuído às diferentes investigações não terem diferenciado os tecidos corporais.

3.1 Exercício intermitente de alta intensidade e composição corporal: comparação com intensidades mais baixas

Com base na eficácia de programas envolvendo EIAI na redução da massa corporal e de gordura, alguns estudos foram conduzidos com o objetivo de comparar protocolos de EIAI com protocolos de exercício contínuo de baixa ou moderada intensidade. Nesse sentido, pode-se observar um fator limitante no que diz respeito à comparação entre dois protocolos de exercício, que é o modo como as diferentes atividades são equalizadas, uma vez que, para verificar se o efeito ocorreu em razão do exercício *per se*, ambas as atividades devem ser equalizadas por alguma variável, o que nem sempre acontece nos estudos disponíveis na literatura.

Assim como discutido anteriormente, alguns estudos adotaram apenas a medida da massa corporal, não fazendo distinção dos tecidos que constituem o corpo humano; tal constatação é outro fator limitador das pesquisas envolvendo EIAI e composição corporal. Além disso, não existem informações ou controle acerca da ingestão alimentar durante os períodos nos quais os estudos foram conduzidos.

Como podemos observar na Tabela 3.2, existem poucos estudos comparando os efeitos na composição corporal entre EIAI e exercício de moderada intensidade. Em uma pesquisa envolvendo adolescentes obesos[13] foram demonstradas reduções na gordura, massa corporal total, índice de massa corporal e circunferência de braço semelhantes entre grupos de treinamento contínuo e EIAI. Contudo, não há nenhuma informação sobre a equalização entre os dois tipos de treinamento, o que dificulta a interpretação dos resultados.

Em um outro estudo, quando o treinamento foi equalizado pela distância percorrida, a massa corporal diminuiu apenas no grupo que realizou exercício contínuo a 70% da FCmáx,[22] porém, nesse estudo, a composição corporal não foi verificada. Além disso, equalizar o treinamento pela distância percorrida pode não ser a melhor estratégia, uma vez que se tratando de intensidades distintas de esforço, os gastos calóricos das sessões podem não ser equivalentes.

Com relação aos estudos que equalizaram as atividades pelo gasto calórico, Burgomaster et al.[10] não encontraram diferenças na massa corporal de indivíduos sedentários após 6 semanas de treinamento contínuo de moderada intensidade e EIAI. No entanto, é válido ressaltar que 6 semanas pode ter sido tempo insuficiente para gerar mudanças na massa e composição corporais. Por sua vez, Tjønna et al.[46] demonstraram que o grupo que realizou EIAI teve diminuição da massa corporal, embora o tenha conseguido em menor magnitude quando comparado ao grupo que realizou exercício contínuo. Em contrapartida, o grupo que realizou EIAI apresentou maior diminuição da circunferência de cintura. No estudo conduzido por Trapp et al.,[47] no qual a sessão também foi equalizada pelo gasto calórico, o grupo EIAI apresentou diminuição tanto da massa quanto da gordura corporais, ao passo que a massa corporal e o percentual total de massa gorda não foram alterados no grupo que realizou treinamento contínuo.

Embora ainda existam poucas informações sobre qual tipo de exercício pode gerar maiores efeitos na massa e composição corporais, existem evidências que sugerem que o EIAI pode ser mais eficaz.[47] Em um trabalho recente de revisão de literatura[7] sobre EIAI e diminuição da massa de gordura, os autores, com base nas pesquisas de Trapp et al.,[47] sugeriram que dois fatores poderiam ser desencadeadores de alterações mais expressivas na massa e composição corporais decorrentes da realização de um programa de treinamento envolvendo EIAI. Trata-se do excesso de consumo de oxigênio pós-exercício e das alterações no comportamento alimentar.

Tabela 3.2 – Comparação de protocolos de treino contínuo e intervalado de alta intensidade sobre a composição e massa corporais

Estudo	População	Duração	Equalização	Protocolo	MC (%)	% gordura	Gordura MI (%)	Gordura Tronco (%)	Método	C (cm)
Tjønna et al.[46]	12 sujeitos com síndrome metabólica	16 sem.	Equalizado por gasto calórico	3 ×/sem. – Intermitente: 4 min (90% FCmáx): 3 min (70% FCmáx) totalizando 25 min	-2,5 %	NC	NC	NC	NC	-5,7% cintura
	10 sujeitos com síndrome metabólica	16 sem.	Equalizado por gasto calórico	3 ×/sem. – Contínuo: 47 min a 70% FCmáx	-3,95%	NC	NC	NC	NC	-4,7% cintura
Trapp et al.[47]	15 mulheres eutróficas sedentárias	15 sem.	Equalizado por gasto calórico	3 ×/sem. Contínuo: 40 min a 60% do $\dot{V}O_2$pico	ns	ns	ns	+10,5%	Dexa	NC
	15 mulheres eutróficas sedentárias	15 sem.	Equalizado por gasto calórico	3 ×/sem. Intermitente: 8 s (all-out): 12 s – totalizando 60 tiros	-2%	-2,7%	-10%	-9,5%	Dexa	NC
Burgomaster et al.[10]	8 sujeitos ativos	6 sessões	2250 kJ semanal	5 ×/sem. Contínuo: 40 min – 60 min a 65% do $\dot{V}O_2$pico	=	NC	NC	NC	NC	NC
	8 sujeitos ativos	6 sessões	2250 kJ semanal	3 ×/sem. Intermitente: 4 a 6 × 30 s: 4,5 min	=	NC	NC	NC	NC	NC
Fernandez et al.[13]	10 homens adolescentes obesos	12 sem.	NC	3 a 4 ×/sem. Intermitente: 12 × 30 s (all-out) 25 watts × 0,8% da massa corporal: 3 min caminhando	-2,97%	8,2%	-13,3 %	-6,5%	Dexa	-2,8% braço
	9 homens adolescentes obesos	12 sem.	NC	3 ×/sem. Contínuo: 40 min – 50 min a 60 a 70% do $\dot{V}O_2$máx	-3,03%	8,2%	-9,5	-8,2%	Dexa	-2,8% braço
Helgerud et al.[22]	10 homens jovens saudáveis	8 sem.	Equalizado pela distância (5,9 km)	3 ×/sem. Contínuo: 45 min a 70% da FCmáx	-2,7%	NC	NC	NC	NC	NC
	10 homens jovens saudáveis	8 sem.	Equalizado pela distância (5,9 km)	3 ×/sem. Contínuo: 24,25 min a 85% da FCmáx	ns	NC	NC	NC	NC	NC
	10 homens jovens saudáveis	8 sem.	Equalizado pela distância (5,9 km)	3 ×/sem. Intermitente: 47 × de 15 s a 90%-95% da FCmáx: 15 s a 70% da FCmáx	ns	NC	NC	NC	NC	NC
	10 homens jovens saudáveis	8 sem.	Equalizado pela distância (5,9 km)	3 ×/sem. Intermitente: 4 × de 4 min a 90%-95% da FCmáx: 3 min a 70% da FCmáx	ns	NC	NC	NC	NC	NC

ns: não significativo; NC: não consta; Dexa: absortometria radiológica de dupla energia; RM: ressonância magnética; sem.: semana; min: minutos; s: segundos; CC = circunferência de cintura; MC = massa corporal; MI = membros inferiores.

3.2 Mecanismos potenciais

3.2.1 Excesso de consumo de oxigênio pós-exercício (EPOC)

Uma das justificativas relacionadas a maiores efeitos na composição corporal obtida em decorrência da realização de exercícios de alta intensidade é o EPOC. Existem indícios de que o EIAI gera maiores valores de EPOC comparado a protocolos de exercício com menor intensidade.[8,30]

Após uma sessão de exercício, o consumo de oxigênio pode permanecer acima dos valores de repouso por longo período de tempo com uma diminuição exponencial. Originalmente, pensava-se que essa elevação do consumo de oxigênio após o exercício era resultado somente de um débito de oxigênio.[24,32] No entanto, descobriu-se que essa relação não era tão simples e, posteriormente, Gaesser e Brooks[17] introduziram o termo EPOC. Esse fenômeno pode ser dividido entre componentes rápido e lento e representa o resultado de vários eventos fisiológicos, como reestabelecimento dos estoques de oxigênio no sangue e no músculo, remoção de lactato e ressíntese de ATP e fosfocreatina, dentre outros. Esses eventos ocorrem logo após o término do exercício e elevam os valores do consumo de oxigênio acima dos valores de repouso,[5] muito embora nem todos os mecanismos responsáveis pelo EPOC estejam totalmente elucidados ainda.

Os estudos que objetivaram avaliar o EPOC após o EIAI demonstraram que o consumo de oxigênio pode se manter elevado após o exercício, podendo variar em magnitude e duração.[2,8,30,42] Bahr, Grønnerød e Sejersted,[2] por exemplo,

submeteram 6 homens fisicamente ativos a três situações de um protocolo de EIAI em dias distintos: três, duas ou uma vez com 2 minutos de esforço a 108% do $\dot{V}O_2$máx, separado por 3 minutos de recuperação passiva. O EPOC foi avaliado até 14 horas após o exercício e encontrou-se aumentado, quando comparado à situação controle, até 4 horas após o protocolo de 3×2 min (16,3 l/min), até 60 minutos após o protocolo de 2×2 min (6,7 l/min) e até 30 minutos no protocolo de 1×2 min (5,6 l/min). No tocante ao gasto energético, o protocolo de maior duração (3×2 min) resultou em gasto de 81,5 kcal a mais que a situação controle.

Ao comparar esses valores com os valores do EPOC de estudos já publicados, utilizando exercício contínuo de intensidade moderada, é possível verificar que o EIAI realmente é capaz de gerar maior magnitude de EPOC. No estudo de Bahr, Grønnerød e Sejersted,[2] o protocolo que gerou maiores valores de EPOC (16,3 l/min) foi o de 3×2 min. Ao analisar os estudos que alcançaram esse valor de EPOC,[20] pôde-se observar que o gasto energético da atividade (230 kcal) e duração (80 min a 70% $\dot{V}O_2$máx) foi muito maior do que o utilizado por Bahr, Grønnerød e Sejersted,[2] que totalizou 82 kcal e teve duração total de 15 minutos.

Em relação aos resultados das investigações que compararam protocolos de EIAI com os de intensidade moderada, foram encontrados quatro estudos, sendo dois com equalização da variável trabalho,[30,48] um com equalização do gasto calórico[42] e um sem equalização.[8] Os resultados e as características desses estudos estão apresentados na Tabela 3.3.

Tabela 3.3 – Efeito de diferentes protocolos de treino sobre o excesso do consumo de oxigênio pós-exercício

Estudo	População	Protocolo	Duração	EPOC
Prawe[42]	10 homens fisicamente ativos	Intermitente: 30 s (90%-100% $\dot{V}O_2$máx): 120 s a 180 s (20%-30% $\dot{V}O_2$máx) – 216 kcal	Após 12 h	↑ 9,8%
	10 homens fisicamente ativos	Contínuo: 40 min a 50min, a 40% $\dot{V}O_2$máx – 218 kcal	Após 12 h	↑ 4,7%
Laforgia et al.[30]	8 corredores de média distância	Contínuo: 30 min a 70% $\dot{V}O_2$máx	9 h (10 min a cada hora)	Até 2 h – 6,9 l/min ↑ 7,1%
	8 corredores de média distância	Intermitente: 20 × 1 min (105% $\dot{V}O_2$máx): 2min	9 h (10 min a cada hora)	Até 9 h – 15 l/min ↑ 13,8%
Brockman, Berg e Latin[8]	5 corredores de média distância	Contínuo: 2 h a 24,5% $\dot{V}O_2$máx	1 h	Até 40 min – 17,4 l/min ↑ 12,4%
	5 corredores de média distância	Contínuo: 10 min a 81,1% $\dot{V}O_2$máx	1 h	Até 1 h – 19 l/min ↑ 23,36%
	5 corredores de média distância	Intermitente: 28 min a 2min (90% $\dot{V}O_2$máx): 2 min caminhando	1 h	Até 1 h – 22,4 l/min ↑ 44,2%
Treuth, Hunter e Williams[48]	8 mulheres	Contínuo: 60 min a 50% $\dot{V}O_2$máx – 1464 kJ	24 h	
	8 mulheres	Intermitente: 2 min (100% $\dot{V}O_2$máx): 2 min – 1197 kJ	24 h	418 kJ a mais que o moderado

$\dot{V}O_2$máx: consumo máximo de oxigênio; ↑: aumento em relação à situação controle; min: minutos.

É possível observar que a magnitude e a duração do EPOC podem variar de acordo com o protocolo utilizado. Quanto à comparação com protocolos de menores intensidades, pode-se concluir que os EIAI têm maiores efeitos no EPOC, tanto em magnitude quanto em duração. No estudo conduzido por Prawe[42], por exemplo, no qual houve equalização do gasto energético entre as situações experimentais (218 kcal), o EPOC gerado foi aproximadamente duas vezes maior do que aquele gerado no exercício de intensidade moderada. Outro estudo,[30] que equalizou os exercícios pelo trabalho total realizado, encontrou resultados similares, pois o EIAI gerou valores de EPOC (64,1 ± 19,6 kcal) aproximadamente duas vezes maior que o exercício moderado (31,8 ± 20,8 kcal). Contudo, como se pode observar, o efeito do EIAI no EPOC ainda é pequeno, o que sugere que a quantidade de calorias despendidas pós-exercício provavelmente não seja o principal responsável pelos maiores efeitos do EIAI na composição corporal. Apesar disso, os efeitos no EPOC não podem ser totalmente ignorados.

3.2.2 Alterações no comportamento alimentar

Considerando os resultados do trabalho de Trapp et al.,[47] em que o EIAI ocasionou maiores efeitos na composição corporal e que esse efeito não foi ocasionado pelo aumento no gasto energético do EIAI, existe a possibilidade de que esse tipo de exercício gere maiores efeitos no comportamento alimentar, suprimindo o apetite e, consequentemente, diminuindo a ingestão, embora os autores não tenham analisado esse fator.

Essa ideia se deve ao fato de que o exercício físico, além de ser uma ferramenta eficaz no controle e redução do peso corporal – por permitir um *deficit* no balanço energético –, também pode, de forma aguda, influenciar o comportamento alimentar pós-exercício.[11,28]

O comportamento alimentar é um fenômeno complexo, que responde tanto a fatores culturais e psicológicos como a fatores hormonais e neurais. A região hipotalâmica do cérebro tem um papel fundamental na regulação do comportamento alimentar, uma vez que essa região está constantemente recebendo e processando sinais neurais e hormonais sobre o estado agudo nutricional, provenientes da periferia, sendo capaz de controlar o apetite e a saciedade e, consequentemente, a ingestão alimentar. A área do hipotálamo mais envolvida com esses processos é o núcleo arqueado, que expressa diversos receptores para hormônios e peptídeos envolvidos no comportamento alimentar.[35]

Os sinais de saciedade são gerados por meio de um impulso neural do estômago para o cérebro que, por sua vez, libera uma variedade de hormônios que são sensíveis à digestão e absorção e que provocam a sensação de saciedade. Um dos principais hormônios envolvidos nesse processo é o peptídeo YY_{3-36} (PYY_{3-36}), sintetizado e liberado por células endócrinas especializadas da mucosa intestinal, atuando via corrente sanguínea, perfundindo o hipotálamo.[36] A grelina, por sua vez, é o peptídeo responsável pelo aumento do apetite. Em estado de jejum, por exemplo, ela é liberada predominantemente por células gástricas no estômago e, após sofrer uma acilação com ácido graxo de cadeia média, atravessa a barreira hematoencefática para ligar-se ao seu receptor no hipotálamo[37]. Sendo assim, os níveis de grelina acilada e o PYY_{3-36} têm sido utilizados como marcadores sensíveis ao comportamento alimentar.[21,28]

É sabido que a restrição energética provoca um efeito compensatório na ingestão alimentar. No entanto, após uma sessão de exercício, esse efeito compensatório parece não ocorrer, podendo o exercício ter, ainda, um efeito supressor do apetite e da ingestão alimentar, acompanhado de mudanças na liberação dos hormônios ligados ao comportamento alimentar.[28] Para verificar o comportamento alimentar pós-exercício, além de medir as concentrações sanguíneas de hormônios, normalmente os pesquisadores oferecem um *buffet* com alimentos variados aos voluntários, que podem se servir à vontade (*ad libitum*). Adicionalmente, são computadas as calorias consumidas para verificar o efeito do exercício na ingestão alimentar pós-exercício em relação ao gasto energético do exercício (isto é, energia consumida menos a despendida), resultando na energia ingerida relativa; além disso, os pesquisadores também utilizam uma escala analógica visual para verificar a percepção de fome, apetite e saciedade.

A escala analógica visual (EAV) é composta por uma linha horizontal de 100 ou 150 milímetros, na qual uma das extremidades representa o máximo da percepção (como a fome) e na outra extremidade o mínimo de percepção. Os participantes são orientados a marcar uma linha vertical no ponto em que a sua sensação de fome se apresenta. O ponto marcado é medido com auxílio de uma régua, da extremidade esquerda (pontuação mínima 0 mm) para a direita (pontuação máxima 100/150 mm), para determinação dos escores. Essa escala tem apresentado alta reprodutibilidade e demonstrado alta capacidade de predizer a fome e a saciedade em indivíduos adultos jovens.[15]

Diversos estudos têm demonstrado que, após uma sessão de exercício aeróbio, a energia ingerida relativa é menor quando comparada à situação sem exercício, acompanhada de queda da concentração de grelina e do aumento da concentração de PYY_{3-36}

na corrente sanguínea. Além disso, essas respostas estão acompanhadas de diminuição na percepção de fome e apetite pós-exercício, obtida via EAV.[9,11,28]

Atualmente, existe grande diversidade de estudos analisando, de forma aguda, o efeito do exercício no comportamento alimentar, mas não foi encontrado nenhum que tenha analisado o efeito EIAI. No entanto, existem evidências de que sessões de exercício de maior intensidade (75%-80% $\dot{V}O_2$pico) comparadas a outras com menores intensidades (35%-60% $\dot{V}O_2$pico) possam ter maiores efeitos na supressão da fome pós-exercício,[26,29] embora nem sempre isso seja observado.[41,50]

Imbeault et al.,[26] por exemplo, avaliaram os efeitos agudos do exercício realizado em duas intensidades sobre a ingestão alimentar. Para isso, 12 homens foram submetidos a 3 sessões em ordem aleatória, sendo uma sessão controle (sem exercício), uma de exercício de baixa intensidade (35% $\dot{V}O_2$máx) e uma com exercício de alta intensidade (75% $\dot{V}O_2$máx); as sessões foram isocalóricas (2050 kJ). Imediatamente após o exercício, os participantes responderam à escala de fome e de saciedade e, após 15 minutos, puderam se servir *ad libitum* no *buffet*. As escalas foram repetidas após a alimentação. Não houve diferença na percepção de fome e saciedade. Houve diminuição significativa da ingestão após o exercício mais intenso, sendo a energia total ingerida relativa nas diferentes situações: controle (6.593 kJ), exercício de baixa intensidade (5.719 kJ) e de alta intensidade (4.796 kJ).

Por sua vez, Pormeleau et al.[41] submeteram 13 mulheres fisicamente ativas a três situações: uma controle e duas sessões de exercício isocalóricas (350 kcal), diferindo a intensidade (40% e 70% do $\dot{V}O_2$pico). Nesse estudo, a avaliação do comportamento alimentar foi feita até 9 horas pós-exercício. O *buffet ad libitum* aconteceu depois de uma hora do término do exercício e, após esse momento, os participantes ficaram livres e puderam levar uma bolsa com alimentos. Retornaram ao laboratório após 5h30 e puderam se alimentar no *buffet* novamente; mais uma vez saíram do laboratório e levaram a bolsa com alimentos. Houve diminuição significativa da energia ingerida relativa no lanche após o exercício de baixa (530 ± 233 kcal) e alta intensidade (565 ± 307 kcal) comparados à situação controle (751 ± 230 kcal), embora não tenha sido identificada diferença significante entre as duas situações de exercício. No segundo momento, quando os voluntários retornaram ao laboratório e puderam se servir novamente do *buffet*, não houve diferença entre os grupos na energia total ingerida.

Embora existam evidências de que exercícios mais intensos gerem respostas de maior magnitude na supressão da fome e do apetite, a partir dos resultados presentes na literatura não foi possível sustentar essa afirmação.

Até o presente momento não se sabe quais fatores podem determinar a magnitude da resposta do apetite e da ingestão alimentar em virtude da intensidade do exercício. Existe, no entanto, a hipótese de que o estoque de glicogênio pós-exercício possa ser um dos responsáveis.[25] Essa hipótese está baseada na teoria glicostática proposta primeiramente por Flatt,[14] na qual a disponibilidade de glicogênio seria determinante para o comportamento alimentar pós-exercício, uma vez que a capacidade de estoque desse substrato é limitada (400-800g) e em situações de depleção sua reposição seria de alta prioridade. Portanto, de acordo com essa teoria, o exercício que tiver menor dependência do glicogênio para manutenção da atividade terá um efeito compensatório menor, embora ainda não haja evidências claras sobre essa associação, sobretudo porque poucos estudos objetivando avaliar o efeito da intensidade utilizaram marcadores da utilização ou depleção dos estoques de glicogênio. No estudo de Imbeaut et al.,[26] por exemplo, essa associação não foi confirmada, pois, durante o exercício mais intenso, o quociente respiratório (QR), que é um indicador da utilização de ácidos graxos e carboidratos, foi maior quando comparado ao exercício de menor intensidade. Esse fato, segundo a teoria glicostática, ocasionaria maior efeito compensatório após o exercício de maior intensidade.

Com relação aos mecanismos que poderiam ser os responsáveis pela supressão do apetite pós-exercício, estudos realizados em animais demonstraram que o exercício intenso ativa o eixo hipotálamo-adrenal-pituitário, pelo aumento do hormônio adrenocorticotropina e corticosterona.[18] A ativação desse sistema depende do hormônio liberador da corticotropina (CRF), que é um peptídeo anorético.[34] Kawaguchi et al.[27] submeteram ratos a um protocolo de corrida (*running wheel*) durante 4 semanas e observaram a diminuição na ingestão alimentar e na massa corporal, concomitantemente ao aumento significativo na expressão gênica de CRF no dorso medial do hipotálamo. Além disso, quando os ratos receberam uma injeção de antagonista de CRF no hipotálamo, o efeito do exercício na ingestão alimentar e no peso corporal foi atenuado, sugerindo que o CRF tem um papel importante na anorexia induzida pelo exercício.[27,43]

Portanto, como se pode observar, ainda se sabe pouco sobre quais e como as respostas ao exercício agudo podem desencadear alterações no comportamento alimentar, tampouco como a manipulação das variáveis, como intensidade, podem alterar essas respostas. Além disso, nenhum dos estudos supracitados utilizou EIAI.

3.3 Considerações finais

Com base nos estudos disponíveis na literatura, constata-se que o exercício intermitente de alta intensidade é eficaz para a melhora da composição corporal, embora nem sempre ocorra redução da massa corporal. Em alguns casos, o EIAI tem sido apontado como mais efetivo que o exercício moderado contínuo, porém, os mecanismos que explicariam esse fato não estão totalmente elucidados. É válido lembrar, no entanto, que os efeitos no EPOC e no comportamento alimentar têm sido apontados como os responsáveis. Em parte, algumas das lacunas existentes se devem a limitações nos estudos realizados e também ao pequeno número de investigações comparando EIAI como exercícios de menor intensidade.

Desse modo, para melhor compreensão do efeito do EIAI sobre a massa e a composição corporais, futuros estudos devem:

- avaliar com métodos precisos a composição corporal, incluindo a fragmentação entre as gorduras subcutânea e visceral;
- praticar um controle alimentar mais rígido durante a condução da pesquisa;
- ao comparar métodos de treinamento (por exemplo, exercício contínuo moderado e EIAI), preocupar-se em equalizar os dois tipos de exercício por alguma variável, como gasto calórico, distância percorrida ou trabalho total realizado.

Todas essas precauções serão muito úteis para poder acessar, com maior precisão, os efeitos do exercício *per se* na composição corporal, já que grande parte dos estudos tem negligenciado esses fatores.

Em relação aos mecanismos potenciais que poderiam desencadear maiores efeitos na composição corporal, por causa da realização de um programa de treinamento envolvendo EIAI, o efeito desse tipo de exercício no comportamento alimentar carece de investigação, pois nenhum estudo ainda foi conduzido utilizando o EIAI. Como foi mostrado na presente exposição, o EPOC parece não ser o principal responsável por um possível efeito maior do EIAI na composição corporal, já que a magnitude do EPOC não gera valores elevados de gasto calórico.

Referências

1. Arner P, Spalding KL. Fat cell turnover in humans. Biochem Biophys Res Commun. 2010;396(1):101.

2. Bahr R, Grønnerød O, Sejersted OM. Effect of supramaximal exercise on excess postexercise O_2 consumption. Med Sci Sports Exerc. 1992;24(1):66-71.

3. Bamba V, Rader DJ. Obesity and atherogenic dyslipidemia. Gastroenterology. 2007;132(6):2181-90.

4. Boden G, She P, Mozzoli M, Cheung P, Gumireddy K, Reddy P, et al. Free fatty acids produce insulin resistance and activate the proinflammatory nuclear factor-κB pathway in rat liver. Diabetes. 2005;54(12):3458-65.

5. Børsheim E, Bahr R. Effect of exercise intensity, duration and mode on post-exercise oxygen consumption. Sports Med. 2003; 33(14):1037-60.

6. Boudou P, Sobngw E, Mauvais-Jarvis F, Vexiau P, Gautier JF. Absence of exercise-induced variations in adiponectin levels despite decreased abdominal adiposity and improved insulin sensitivity in type 2 diabetic men. Eur J Endocrinol. 2003;149(5):421-4.

7. Boutcher SH. High-intensity intermittent exercise and fat loss. J Obes. 2011;2011:1-10.

8. Brockman L, Berg K, Latin R. Oxygen uptake during recovery from intense intermittent running and prolonged walking. J Sports Med Phys Fitness. 1993;33(4):330-6.

9. Broom DR, Batterham RL, King JA, Stensel DJ. Influence of resistance and aerobic exercise on hunger, circulating levels of acylated ghrelin and peptide YY in healthy males. Am J Physiol Regul Integr Comp Physiol. 2009;296(1):R29-35.

10. Burgomaster KA, Hughes SC, Heigenhauser GJF, Bradwell SN, Gibala MJ. Six sessions of sprint interval training increases muscle oxidative potential and cycle endurance capacity in humans. J Appl Physiol. 2005;98(6):1985-90.

11. Cheng MH, Bushnell D, Cannon DT, Kern M. Appetite regulation via exercise prior or subsequent to high-fat meal consumption. Appetite. 2009;52(1):193-8.

12. Dunn SL. Effects of exercise and dietary intervention on metabolic syndrome markers of inactive premenopausal women [tese de doutorado]. Sydney: University of New South Wales; 2009.

13. Fernandez AC, Mello MT, Tufik S, Castro PM, Fisberg M. Influência do treinamento aeróbio e anaeróbio na massa de gordura corporal de adolescentes obesos. Rev Bras Med Esporte. 2004;10(3):152-8.

14. Flatt JP. The difference in the storage capacities for carbohydrate and for fat, and its implications in the regulation of body weight. Ann NY Acad Sci. 1987;499:104-23.

15. Flint A, Raben A, Blundell JE, Astrup A. Reproducibility, power and validity of visual analogue scales in assessment of appetite sensations in single test meal studies. Int J Obes Relat Metab Disord. 2000;24(1):38-48.

16. Foster-Schubert KE, Alfano CM, Duggan CR, Xiao L, Campbell KL, Kong A, et al. Effect of diet and exercise, alone or combined, on weight and body composition in overweight-to-obese postmenopausal women. Obesity. 2012;20(8):1628-38.

17. Gaesser GA, Brooks GA. Metabolic basis of excess post-exercise oxygen consumption: a review. Med Sci Sports Exerc. 1984;16(1): 29-43.

18. Galbo H. The hormonal response to exercise. Diabetes Metab Rev. 1986;1(4):385-408.

19. Gonzalez AB, Hartge P, Cerhan JR, Flint AJ, Hannan L, MacInnis RJ, et al. Body-mass index and mortality among 1.46 million white adults. N Engl J Med. 2010; 363(23):2211-9.

20. Gore CJ, Withers RT. The effect of exercise intensity and duration on the oxygen deficit and excess post-exercise oxygen consumption. Eur J Appl Physiol Occup Physiol. 1990;60(3):169-74.

21. Hagobian TA, Braun B. Physical activity and hormonal regulation of appetite: sex differences and weight control. Exerc Sport Sci Rev. 2010;38(1):25-30.

22. Helgerud J, Høydal K, Wang E, Karlsen T, Berg P, Bjerkaas M, et al. Aerobic high-intensity intervals improve $\dot{V}O_2$max more than moderate training. Med Sci Sports Exerc. 2007;39(4)665-71.

23. Heydari M, Freund J, Boutcher SH. The effect of high-intensity intermittent exercise on body composition of overweight young males. J Obes. 2012;2012:1-8.

24. Hill AV, Lupton H. Muscular exercise, lactic acid and the supply and the utilization of oxygen. Q J Med. 1923;16(62):135-71.

25. Hopkins M, Jeukendrup A, King NA, Blundell JE. The relationship between substrate metabolism, exercise and appetite control: does glycogen availability influence the motivation to eat, energy intake or food choice? Sports Med. 2011;41(6):507-21.

26. Imbeault P, Saint-Pierre S, Alméras N, Tremblay A. Acute effects of exercise on energy intake and feeding behaviour. Br J Nutr. 1997;77(4):511-21.

27. Kawaguchi M, Scott KA, Moran TH, Bi S. Dorsomedial hypothalamic corticotropin-releasing factor mediation of exercise-induced anorexia. Am J Physiol Regul Integr Comp Physiol. 2005;288(6):R1800-5.

28. King JA, Miyashita M, Wasse LK, Stensel DJ. Influence of prolonged treadmill running on appetite, energy intake and circulating concentrations of acylated ghrelin. Appetite. 2010;54(3):492-8.

29. Kissileff HR, Xavier P, Segal K, Foelsh PA. Acute effects of exercise on food intake in obese and nonobese women. Am J Clin Nutr. 1990;52(2):240-5.

30. Laforgia J, Withers RT, Shipp NJ, Gore CJ. Comparison of energy expenditure elevations after submaximal and supramaximal running. J Appl Physiol. 1997;82(2):661-6.

31. Lim S, Shin H, Song J, Kwak SH, Kang SM, Won Yoon J, et al. Increasing prevalence of metabolic syndrome in korea: the korean national health and nutrition examination survey for 1998-2007. Diabetes Care. 2001;34(6):1323-8.

32. Margaria R, Edwards HT, Dill DB. The possible mechanisms of contracting and paying the oxygen debt and the role of lactic acid in muscular contraction. Am J Physiol. 1933;106(3):689-715.

33. Meshkani R, Adeli K. Hepatic insulin resistance, metabolic syndrome and cardiovascular disease. Clin Biochem. 2009;42(13-14):1331-46.

34. Morley JE, Levine AS. Corticotropin releasing factor, grooming and ingestive behavior. Life Sci. 1982;31(14):1459-64.

35. Murphy KG, Bloom SR. Gut hormones and the regulation of energy homeostasis. Nature. 2006;444(7121):854-9.

36. Neary MT, Batterham RL. Peptide YY: food for thought. Physiol Behav. 2009;97(5):616-9.

37. Patterson M, Bloom SR, Gardiner JV. Ghrelin and appetite control in humans – potential application in the treatment of obesity. Peptides. 2001;32(11):2290-4.

38. Perry CGR, Heigenhauser GJF, Bonen A, Spriet LL. High-intensity aerobic interval training increases fat and carbohydrate metabolic capacities in human skeletal muscle. Appl Physiol Nutr Metab. 2008;(33)6:1112-23.

39. Persell SD. Prevalence of resistant hypertension in the United States, 2003-2008. Hypertension. 2011;57(6):1076-80.

40. Pilz S, März W. Free fatty acids as a cardiovascular risk factor. Clin Chem Lab Med. 2008;46(4):429-34.

41. Pomerleau M, Imbeault P, Parker T, Doucet E. Effects of exercise intensity on food intake and appetite in women. Am J Clin Nutr. 2004;80(5):1230-6.

42. Prawe S. A comparison of the effects of post exercise basal metabolic rate among continuous aerobic, intermittent aerobic, and resistance exercise: implications for weight control [tese de doutorado]. Florida: The Florida State University College of Human Sciences; 2006.

43. Rivest S, Richard D. Involvement of corticotropin-releasing factor in the anorexia induced by exercise. Brain Res Bull. 1990;25(1):169-72.

44. Steinberg HO, Paradisi G, Hook G, Crowder K, Cronin J, Baron AD. Free fatty acid elevation impairs insulin-mediaded vasodilation and nitric oxide production. Diabetes. 2000;49(7):1231-8.

45. Thorogood A, Mottillo S, Shimony A, Filion KB, Joseph L, Genest J, et al. Isolated aerobic exercise and weight loss: a systematic review and meta-analysis of randomized controlled trials. Am J Med. 2011;124(8):747-55.

46. Tjønna AE, Lee SJ, Rognmo Ø, Stølen TO, Bye A, Haram PM, et al. Aerobic interval training versus continuous moderate exercise as a treatment for the metabolic syndrome: a pilot study. Circulation. 2008;118(4):346-54.

47. Trapp EG, Chisholm DJ, Freund J, Boutcher SH. The effects of high-intensity intermittent exercise training on fat loss and fasting insulin levels of young women. Int J Obes. 2008;32(4):684-91.

48. Treuth MS, Hunter GR, Williams M. Effects of exercise intensity on 24 h energy expenditure and substrate oxidation. Med Sci Sports Exerc. 1996;28(9):1138-43.

49. Ueda S, Yoshikawa T, Katsura Y, Usui T, Fujimoto S. Comparable effects of moderate intensity exercise on changes in anorectic gut hormone levels and energy intake to high intensity exercise. J Endocrinol. 2009;203(3):357-64.

50. Whyte LJ, Gill JM, Cathcart AJ. Effect of 2 weeks of sprint interval training on health-related outcomes in sedentary overweight/obese men. Metabolism. 2010;59(10): 1421-8.

4

Benefícios do exercício intermitente de alta intensidade nas doenças cardiovasculares

Leandro Campos de Brito
Anderson Caetano Paulo
Gabriel Grizzo Cucato

Nas últimas décadas, especialmente em razão dos grandes avanços industriais e tecnológicos, que ocorreram tanto em países desenvolvidos como naqueles em desenvolvimento, mudanças comportamentais drásticas têm sido observadas. Fatores como o aumento na ingestão excessiva de alimentos ricos em sal e gorduras saturadas, aumento da inatividade física e estresse social auxiliaram o aumento dos riscos de desenvolvimento de doenças cardiovasculares na população mundial.[13]

São consideradas doenças cardiovasculares aquelas que afetam o *sistema circulatório*, sendo o *coração* o principal órgão acometido. Existem vários tipos de doenças cardiovasculares, dentre as mais comuns podem-se citar a doença arterial coronariana, a insuficiência cardíaca e a arritmia cardíaca, que basicamente afetam o funcionamento do coração, e também a doença arterial encefálica, que afeta o sistema circulatório do encéfalo. Levantamentos nacionais e internacionais sobre mortalidade causada por doenças cardiovasculares são extremamente alarmantes, uma vez que atualmente este é um dos principais problemas de saúde pública no Brasil[22] e no mundo.[5] Em 2007, vale lembrar, ocorreram 308.466 óbitos por essa razão no Brasil.[14]

Diante disso, instituições nacionais e internacionais têm recomendado a mudança de estilo de vida como forma de combater e prevenir o aparecimento das doenças cardiovasculares.[2,22] Dentre essas mudanças, o exercício físico tem sido utilizado como terapia não medicamentosa no tratamento de diversas doenças. De fato, diversos estudos na literatura têm demonstrado os benefícios do exercício físico, que podem ser observados de forma aguda, ou seja, com apenas uma sessão de exercício, e também de forma crônica, ou seja, após um período de intervenção.[6,17]

Dentre as diversas formas de prescrição do exercício físico com o objetivo de melhorar a saúde, os exercícios físicos aeróbios, realizados com intensidade leve a moderada e de forma contínua, são os mais recomendados pelas diretrizes internacionais de medicina do esporte, uma vez que diversos estudos relatam os benefícios desse tipo de exercício sobre o sistema cardiovascular.[2] Contudo, apesar dos resultados importantes descritos na literatura sobre o impacto do exercício aeróbio contínuo nas doenças cardiovasculares, recentemente alguns autores têm utilizado exercícios intermitentes de alta intensidade (EIAI) como uma nova forma de prescrição de exercícios físicos para essa população.[4,11,20,23,32] A escolha dessa prescrição é justificada pelo fato de que, nesse tipo de exercício, o paciente realizaria o exercício físico em intensidade elevada, no qual o coração sofreria um estresse metabólico e funcional maior do que nas atividades contínuas, porém, de curta duração. Assim, essa prática promoveria alterações benéficas mais expressivas na estrutura e na função do coração.[28] De fato, estudos que utilizaram esse tipo de prescrição de exercício físico para a população cardiopata têm demonstrado resultados muito satisfatórios em diversos atributos da aptidão física relacionada à saúde, sendo que em alguns casos os resultados são superiores ao método contínuo em intensidade moderada.[32] No entanto, apesar dos benefícios, esses estudos não apontaram os possíveis riscos que o EIAI poderia proporcionar a esse tipo de paciente, como, por exemplo, desencadear a ocorrência de eventos cardiovasculares adversos, como o aumento da pressão arterial de forma exacerbada, o aumento no risco de eventos isquêmicos ou arrítmicos, os quais aumentariam o risco de morte súbita.

Dessa forma, ainda se tem muita dúvida sobre o real efeito desse tipo de exercício físico em relação à função cardiovascular quando comparados aos exercícios moderados contínuos. Os objetivos deste capítulo serão, portanto, revisar os benefícios agudos e crônicos do EIAI em indivíduos com doenças cardiovasculares e buscar quais devem ser os cuidados ao se aplicar esse tipo de treinamento a esse tipo de população.

4.1 Exercícios de alta intensidade para portadores de doenças cardiovasculares

Há alguns anos, pacientes que eram acometidos por doenças cardiovasculares apresentavam grande perda da capacidade funcional. No momento em que recebiam a alta hospitalar, encontravam-se fisicamente mal condicionados e sem condições para retornar às suas atividades habituais, e o exercício físico era contraindicado nessa fase de reabilitação. Contudo, atualmente o exercício físico é um dos principais constituintes da reabilitação cardiovascular. Para isso, nas últimas duas décadas, diversos tipos de treinamento físico foram desenvolvidos e estudados com o propósito de melhorar a condição física e a qualidade de vida desses pacientes e, consequentemente, o prognóstico da doença. Para a indicação do tipo de exercício físico, no entanto, o paciente inicialmente deve passar por uma bateria de exames para avaliação de sua condição física e do tipo de doença cardiovascular, para que se possa avaliar o prognóstico da doença. Diante disso, a capacidade funcional do coração pode ser avaliada e dividida de acordo com quatro graus distintos:

- *Grau I*: não há limitação da atividade física. A atividade física normal não provoca sintomas de fadiga acentuada, nem palpitações, dispneia, angina de peito ou sinais e sintomas de baixo fluxo cerebral.
- *Grau II*: existe leve limitação da atividade física, pois eles sentem-se bem em repouso, porém os grandes esforços provocam fadiga, dispneia, palpitações ou angina de peito.
- *Grau III*: há uma nítida limitação da atividade física. Esses pacientes sentem-se bem em repouso, embora acusem fadiga, dispneia, palpitações ou angina de peito, quando efetuam pequenos esforços.
- *Grau IV*: a doença cardíaca impossibilita a realização de qualquer atividade física. Esses pacientes, mesmo em repouso, apresentam dispneia, palpitações, fadiga ou angina de peito.

Na reabilitação cardiovascular, geralmente os pacientes admitidos apresentam grau I e II, uma vez que pacientes no grau III e IV são considerados graves e necessitam de suporte hospitalar. Assim, imaginando que o paciente está apto em uma análise de capacidade funcional, o próximo passo será reconhecer o tipo de doença cardíaca. Dentre elas, as mais comuns são: cardiopatia isquêmica aguda (infarto agudo do miocárdio e angina instável) ou crônica (angina estável); as miopatias (hipertróficas, dilatadas restritivas ou chagásicas); as valvulopatias (insuficiência mitral, estenose mitral, insuficiência aórtica, estenose aórtica, prolapso valvar mitral, pacientes portadores de prótese cardíaca); entre outras.

É sabido que a capacidade de responder ao esforço físico é determinada pela complexa interação entre os sistemas cardiovascular, respiratório, metabólico e muscular, somada à modulação pelo sistema nervoso autônomo. Nesse sentido, a Sociedade Brasileira de Cardiologia, na última diretriz de reabilitação cardíaca, aponta que qualquer desequilíbrio nessa interação pode provocar algum tipo de comprometimento do indivíduo, o que pode culminar com a diminuição e/ou perda da capacidade funcional, que, por sua vez, pode ser dependente de alterações centrais e/ou periféricas. As alterações centrais são decorrentes da incapacidade desses pacientes em aumentar adequadamente o volume sistólico e a frequência cardíaca, resultando em menor fração de ejeção e débito cardíaco. Já as alterações periféricas resultam na diminuição da capacidade oxidativa do músculo esquelético, da perfusão muscular e da presença de disfunção endotelial, favorecendo o aparecimento de acidose metabólica.[16]

Em geral, o exercício físico não provoca eventos cardiovasculares em indivíduos saudáveis. Considerando a idade, o risco de morte súbita cardíaca ou infarto agudo do miocárdio é menor em jovens, uma vez que a prevalência de doenças cardiovasculares aumenta com a idade.[3] Nesse sentido, o risco de ocorrer um evento cardíaco é muito baixo nos indivíduos saudáveis quando realizam atividades de moderada intensidade.[3] Contudo, há aumento agudo e transitório no risco de morte súbita cardíaca e/ou infarto do miocárdio em indivíduos que realizam exercícios vigorosos, mesmo sendo saudáveis.[9,11,15,21,24,26] O risco absoluto de morte súbita cardíaca durante uma atividade física vigorosa é considerado baixo, estimando-se um evento por ano a cada 15-18 mil pessoas.[21,25] Entretanto, sabe-se que o risco de eventos cardiovasculares durante o exercício aumenta com a presença de doenças cardíacas e são desproporcionalmente maiores em indivíduos sedentários quando executam um exercício que não estão familiarizados ou repetem a atividade física de maneira esporádica.[3]

Dessa forma, sabendo-se desses possíveis riscos durante a realização de atividades vigorosas, as recomendações nacionais[16] e internacionais[2] apontam que o exercício mais recomendado para pacientes com doenças cardiovasculares é o exercício físico aeróbio, com intensidade moderada. A prescrição para esse tipo de atividade toma como base os parâmetros de frequência cardíaca máxima (FCmáx) (40%-80% FCmáx), FC abaixo do limiar de isquemia ou arritmia. Entretanto, nas últimas duas décadas, alguns autores têm defendido que, ao realizar o exercício de maneira intervalada, em que se alternam momentos de alta intensidade (> 90% FCmáx) com pausas ativas ou passivas, o paciente poderá obter resultados mais expressivos e mais rápidos do que se o realizasse de maneira contínua.[28] Esses resultados podem ser observados em vários aspectos cardiofuncionais (força contrátil do coração, liberação e recaptação do Ca^{+2} no cardiomiócito; hipertrofia excêntrica, $\dot{V}O_2$máx, melhora da função coronariana, função endotelial).[4] Dentre os vários tipos de doenças cardiovasculares, os estudos que utilizaram o EIAI foram realizados em duas das mais prevalentes doenças cardiovasculares: a doença arterial coronariana e a insuficiência cardíaca.

4.1.1 Exercício intervalado de alta intensidade na doença arterial coronariana

A doença arterial coronariana (DAC) é um distúrbio no qual ocorre a formação e o acúmulo exacerbado de placas de ateroma na parede do vaso de uma artéria coronária, obstruindo o fluxo sanguíneo. Essas placas ateroscleróticas desenvolvem-se especialmente nos grandes ramos das duas artérias coronárias principais. Elas circundam e fornecem aporte sanguíneo ao coração, em um processo denominado como aterosclerose que, aos poucos, vai reduzindo a luz arterial. Essa comorbidade apresenta alta prevalência nos países desenvolvidos e cresce cada vez mais nos países em desenvolvimento,[19] como é o caso do Brasil.[18] Além disso, está relacionada com altos índices de mortalidade – nos Estados Unidos, por exemplo, uma a cada seis mortes são atribuídas à DAC.[19] Dentre os diversos fatores de risco, tanto para o surgimento da doença quanto para a ocorrência de um evento como esse, estão os baixos níveis de atividade física.[19]

Nesse sentido, o exercício físico, sobretudo o aeróbio, realizado de maneira contínua, tem sido recomendado como forma de prevenção primária (prevenção de aparecimento da doença) e secundária (prevenção de um evento cardíaco já com a doença estabelecida).[2] Além disso, há cerca de uma década, alguns autores têm investigado os efeitos do EIAI (esforço de 85% a 95% da FCmáx, seguido de recuperação, que pode ser passiva ou ativa, de 50% a 60% da FCmáx), em pacientes com DAC.

Encorajados por alguns resultados encontrados em pacientes com insuficiência cardíaca que realizaram o mesmo tipo de treinamento,[32] esses autores defendem que o EIAI proporcionaria benefícios mais expressivos do que o exercício realizado de maneira contínua,[4,10,20,27] como é recomendado atualmente.

Uma das variáveis que mais se destaca após um período de treinamento realizado com EIAI é o $\dot{V}O_2$máx. Quase todos os estudos que utilizaram o EIAI em pacientes com DAC observaram aumentos mais expressivos dessa variável após o período de treinamento em comparação ao exercício aeróbio contínuo.[4,10,20] Vale lembrar que o único estudo que não observou esta melhora não aplicou a equalização do trabalho pelo gasto energético total.[27] A equalização do trabalho se faz de suma importância, pois a sua ausência dificulta a atribuição dos resultados a um método de treinamento, sendo que um grupo pode ter treinado mais do que o outro, ou seja, ter um volume de treinamento diferente, e essa é uma variável importante quando pensamos em benefícios cardiovasculares.

Apesar de poucos estudos terem sido realizados até o presente momento, os mecanismos fisiológicos subjacentes ao efeito do EIAI em pacientes com DAC têm sido atribuídos ao aumento da função sistólica e diastólica.[4] Nesse estudo, Amundsen e colaboradores[4] observaram melhoras no relaxamento precoce diastólico. Essas respostas correspondem a uma pré-carga mais eficiente, permitindo uma maior distensibilidade ao miocárdio, que facilitaria o enchimento das câmaras cardíacas.[1] A chegada de maior quantidade de sangue ao coração proporciona maior volume sistólico, ou seja, mais sangue ofertado ao sistema. Nesse sentido, melhoras na fração de ejeção do ventrículo esquerdo e do volume sistólico pico de pacientes com DAC também podem ocorrer depois de um período de treinamento utilizando EIAI,[10] corroborando os achados descritos previamente sobre a melhora da contratilidade cardíaca.

Além disso, um ponto importante a ser relatado é o fato de que nos estudos em que utilizaram o EIAI em pacientes com DAC não foi observado nenhum evento cardiovascular durante os períodos de treinamento. No entanto, apesar dos resultados serem promissores em relação à segurança de sua execução, ainda se tem muita cautela em prescrever EIAI em pacientes com DAC, uma vez que a maioria dos estudos foram compostos por pacientes de determinados países, pré-selecionados em hospitais e aptos a realizar exercícios físicos. É preciso esclarecer, portanto, que a generalização dos resultados das pesquisas ainda não pode ser feita. Nesse sentido, ainda existem lacunas na literatura sobre o comportamento cardiovascular durante ou logo após uma sessão de EIAI, especialmente em pacientes cardiopatas.

Assim, pode-se concluir que o EIAI parece ser mais eficaz em aumentar o $\dot{V}O_2$máx e melhorar a função contrátil do miocárdio dos pacientes com DAC quando comparado aos exercícios físicos aeróbios de intensidade moderada e realizados de modo contínuo. No entanto, o número pequeno de estudos realizados até o presente momento não sustenta o apontamento de benefícios evidentes e superiores aos obtidos pelo método tradicional, muito menos garantem a segurança dos pacientes ao utilizar essa metodologia de treinamento. Desse modo, um maior número de estudos é necessário, especialmente sobre o que ocorre durante e logo após a sessão de EIAI para que sejam afastados os riscos e fazer prevalecer sempre os benefícios do exercício.

4.1.2 Exercício intervalado de alta intensidade na insuficiência cardíaca

A insuficiência cardíaca é uma síndrome multifatorial, resultante de um complexo distúrbio na função e na estrutura do coração. Sua capacidade de ejetar e receber o sangue ficam prejudicadas e o bombeamento realizado pelo órgão é ineficaz para atender as demandas necessárias do corpo. Diante desses fatores, o coração tende a trabalhar mais para alcançar as demandas necessárias e, em longo prazo, esse coração começa a perder suas funções. O trabalho cardíaco, em alguns casos, torna-se insuficiente até mesmo quando o indivíduo está em repouso.

Resultados de diversos estudos na literatura têm observado que o exercício físico, realizado de forma contínua, com intensidade leve a moderada, promove benefícios cardiovasculares e melhora na qualidade de vida de pacientes com insuficiência cardíaca, sobretudo nas classes funcionais II e III da New York Heart Association. Entretanto, mais recentemente, alguns pesquisadores têm realizado uma prescrição alternativa para esses pacientes, propondo-lhes a realização de exercícios intermitentes com alto grau de intensidade. A pergunta que vem aos leitores seria: se o exercício de intensidade moderada, realizado de forma contínua, já se mostrou eficaz no controle da doença, por que utilizar um exercício de mais alta intensidade, que poderia promover aumento no risco cardiovascular, em uma população que já apresenta alto risco para eventos cardíacos?

Dessa forma, evidências na literatura têm observado que há relação positiva entre a intensidade e a diminuição do risco de eventos cardio-

vasculares, ou seja, quanto maior a intensidade, maior será a redução do risco cardiovascular. Um estudo clássico[31] sobre essa temática acompanhou, por 16 anos, indivíduos saudáveis que realizavam atividades físicas intensas por pelo menos uma vez por semana. Os autores observaram que esses indivíduos tiveram uma redução significativa do risco de morte por doença cardiovascular quando comparados àqueles que não realizavam essa atividade. Esses dados sugerem, portanto, que a intensidade pode ser uma variável importante para se encontrar benefícios cardiovasculares.

Outro fator importante que levou alguns pesquisadores a escolher o EIAI para pacientes com insuficiência cardíaca foi o fato de que ele resultou em adaptações cardiovasculares de relevância clínica quando foi utilizado em atletas, como aumento do $\dot{V}O_2$máx, bradicardia de repouso, aumento da fração de ejeção e hipertrofia ventricular esquerda fisiológica.[8] Dessa forma, inicialmente buscou-se investigar se essas adaptações cardiovasculares poderiam também ser observadas em indivíduos saudáveis realizando o EIAI. Na década de 1980, um estudo conduzido por Cox, Bennett e Dudley[7] propôs um programa de corrida intervalada a um grupo de indivíduos, com tiros de 5 minutos entre 90% a 95% da FCmáx. Comparou-se os resultados deste grupo com o de outro que realizou exercício contínuo com intensidade moderada (40 min a 70% $\dot{V}O_2$máx). Os resultados observados mostraram que os indivíduos que realizaram EIAI apresentaram, em comparação ao exercício aeróbio contínuo, melhoras mais expressivas nas adaptações morfológicas no coração, como o aumento da função do ventrículo esquerdo, maior fração de ejeção, entre outros. Além disso, o EIAI promoveu maior aumento no $\dot{V}O_2$máx quando comparado ao contínuo, demonstrando assim que esta melhora poderia ser dependente da intensidade.

Diante desses fatores, conclui-se que o EIAI, além de melhorar a capacidade funcional do coração, pode melhorar o $\dot{V}O_2$máx, que é um dos melhores parâmetros para se avaliar o risco de eventos cardiovasculares. Assim, por que não usar o EIAI em pacientes com insuficiência cardíaca, já que ele tem sido mais eficaz em melhorar todos os parâmetros cardiovasculareses citados anteriormente?

A partir disso, estudos mais recentes, liderados especialmente por grupos de pesquisadores de países nórdicos, têm desenvolvido pesquisas com a utilização do EIAI na insuficiência cardíaca. Inicialmente, para se verificar se esse tipo de exercício poderia ser benéfico para essa população, buscou-se primeiro avaliar as respostas em modelos animais induzidos por insuficiência cardíaca. Wisløff et al.[29] submeteram ratos com insuficiência cardíaca induzida a um programa de EIAI, e os resultados foram muito satisfatórios, uma vez que houve aumento significante do $\dot{V}O_2$máx e melhora da função global do coração. Com base nos resultados em animais, os pesquisadores buscaram avaliar se as respostas observadas nesses modelos poderiam ser observadas também em humanos. Diante disso, um estudo clássico, realizado por Wisløff et al.,[32] buscou avaliar, em pacientes com insuficiência cardíaca, o efeito do EIAI (90% a 95% da FCmáx) e compará-lo a um grupo que realizou exercício de intensidade moderada e contínua, a fim de medir alguns parâmetros cardiovasculares. Mais uma vez, os autores

observaram que o EIAI apresentou melhora do $\dot{V}O_2$máx e, além disso, foi superior se comparado ao exercício contínuo de intensidade moderada. Vale ressaltar que, nesse estudo, ambos os treinamentos foram equiparados pelo gasto energético, ou seja, somente a intensidade foi diferente entre eles. Ainda nessa mesma pesquisa, o EIAI apresentou superioridade quando comparado ao exercício físico em intensidade moderada e contínua, melhora da função ventricular esquerda e na função diastólica, bem como da estrutura do coração, demonstrando que o EIAI em pacientes com insuficiência cardíaca proporcionou resultados mais satisfatórios.

Dessa forma, diante das evidências atuais, o EIAI parece ser uma estratégia alternativa na melhora do $\dot{V}O_2$máx e da função cardíaca global. Entretanto, ainda há muitas dúvidas se o exercício físico mais intenso pode ser considerado melhor que o exercício físico contínuo moderado. É válido lembrar que poucos estudos sobre o assunto foram realizados e que os resultados não podem ser generalizados para uma população geral com insuficiência cardíaca. Além disso, ainda há muitas dúvidas sobre a segurança e as complicações em realizar exercícios de alta intensidade, uma vez que em todos os estudos os pacientes eram pré-selecionados, não apresentavam qualquer complicação mais grave e contavam com acompanhamento médico em todas as sessões de exercício físico. Assim, novas pesquisas devem ser realizadas, especialmente do tipo translacional, para se investigar os riscos e os benefícios desse tipo de exercício na melhora da qualidade de vida e na diminuição da mortalidade de pacientes com insuficiência cardíaca.

4.2 Mecanismos fisiológicos do exercício intermitente

Diversos estudos demonstraram que o EIAI melhorou a capacidade contrátil do coração, aumentando sua capacidade de extensão durante a diástole cardíaca e sua capacidade de produzir força durante a sístole, independente das influências neuro-hormonais. Entretanto, a magnitude dessa melhora está, aparentemente, relacionada à intensidade do exercício, ou seja, quanto maior for a intensidade, maiores serão as adaptações funcionais do miocárdio.[11]

Outro mecanismo que explicaria a melhora da função cardiovascular com o EIAI é a regulação da concentração de Ca+2 nos cardiomiócitos, uma vez que a otimização da função destes, por meio do mecanismo de liberação e recaptação do retículo sarcoplasmático desses tecidos, promove o aumento da eficiência na diástole cardíaca. Isso facilita a entrada de sangue no coração e proporciona maior força e rapidez contrátil no momento da sístole, elevando o volume de ejeção.[28] Esses seriam os principais possíveis mecanismos pelos quais o exercício físico melhoraria a função cardíaca, tanto sistólica quanto diastólica, no que diz respeito à contratilidade cardíaca, como demonstrado em alguns estudos experimentais com modelo animal.[11,23,30]

Além da melhora no fluxo de Ca^{+2}, um crescimento equilibrado dos cardiomiócitos e de todo o coração, como uma hipertrofia excêntrica, também pode contribuir para melhorar a função da bomba contrátil. Outros estudos também demonstraram que o EIAI produz uma resposta hipertrófica maior dos cardiomiócitos, porque leva a uma resposta substancialmente maior do que o exercício moderado.[11,12,30]

4.3 Considerações finais

Apesar das evidências apresentadas a favor do EIAI na melhora da função e estrutura do coração, ainda não há consenso entre as principais diretrizes mundiais e nacionais em relação à sua prescrição. Os estudos com EIAI ainda são recentes e a maioria deles são de grupos de pesquisadores de países nórdicos, que afirmam, com base em duas mil horas de treinamento sem eventos deletérios,[28] que esse tipo de treinamento é seguro para pacientes com insuficiência cardíaca. Em contrapartida, uma limitação à aplicação do EIAI é o controle da intensidade pela FCmáx. Sabe-se que a frequência cardíaca atingida por cardiopatas num teste de esforço máximo pode estar subestimada, fazendo que o paciente não ultrapasse o segundo limiar de lactato. Assim, controlar a intensidade do exercício por esse parâmetro não garante a aplicação do EIAI, como abordado nos outros capítulos deste livro.

Analisando os resultados dos estudos, fica claro que a intensidade pode ser um fator importante para potencializar a melhora da função cardíaca, porém, ainda existem muitas dúvidas em relação à sua segurança. Assim, futuros estudos devem examinar a segurança e a aplicabilidade do EIAI em pacientes com doenças cardiovasculares durante a realização do exercício físico. Além disso, deve-se buscar uma maior padronização de protocolos para que possam ser replicados em outros centros de reabilitação cardiovascular. O EIAI, portanto, parece ser uma nova ferramenta no auxílio da prescrição de treinamento em pacientes com doenças cardiovasculares. Seus resultados são bastante promissores e, em um futuro próximo, poderá ser recomendado pelas principais diretrizes de medicina do esporte.

Referências

1. Aires MM. Fisiologia. Rio de Janeiro: Guanabara Koogan; 2008.

2. American College of Sports Medicine. ACSM's guidelines for exercise testing and prescription. Philadelphia: Lippincott Williams & Wilkins; 2010.

3. American College of Sports Medicine, American Heart Association. Joint position stand: Exercise and acute cardiovascular events: placing the risks into perspective. Med Sci Sports Exerc. 2007;39:886-97.

4. Amundsen BH, Rognmo Ø, Hatlen-Rebhan G, Slordahl SA. High-intensity aerobic exercise improves diastolic function in coronary artery disease. Scand Cardiovasc J. 2008;42:110-7.

5. Berger JS, Jordan CO, Lloyd-Jones D, Blumenthal RS. Screening for cardiovascular risk in asymptomatic patients. J Am Coll Cardiol. 2010;55:1169-77.

6. Cornelissen VA, Fagard RH. Effects of endurance training on blood pressure, blood pressure-regulating mechanisms, and cardiovascular risk factors. Hypertension. 2005;46:667-75.

7. Cox ML, Bennett JB, Dudley GA. Exercise training-induced alterations of cardiac morphology. J Appl Physiol. 1986;61:926-31.

8. Gibala MJ, McGee SL. Metabolic adaptations to short-term high-intensity interval training: a little pain for a lot of gain? Exerc Sport Sci Rev. 2008;36:58-63.

9. Giri S, Thompson PD, Kiernan FJ, Clive J, Fram DB, Mitchel JF, et al. Clinical and angiographic characteristics of exertion-related acute myocardial infarction. JAMA Intern Med. 1999;282:1731-6.

10. Helgerud J, Karlsen T, Kim WY, Hoydal KL, Støylen A, Pedersen H, et al. Interval and strength training in CAD patients. Int J Sports Med. 2011;32:54-9.

11. Kemi OJ, Haram PM, Loennechen JP, Osnes JB, Skomedal T, Wisløff U, et al. Moderate vs. high exercise intensity: differential effects on aerobic fitness, cardiomyocyte contractility, and endothelial function. Cardiovasc Res. 2005;67:161-72.

12. Kemi OJ, Haram PM, Wisløff U, Ellingsen O. Aerobic fitness is associated with cardiomyocyte contractile capacity and endothelial function in exercise training and detraining. Circulation. 2004;109:2897-904.

13. Leosdottir M, Nilsson PM, Nilsson JA, Berglund G. Cardiovascular event risk in relation to dietary fat intake in middle-aged individuals: data from The Malmo Diet and Cancer Study. Eur J Cardiovasc Prev Rehabil. 2007;14:701-6.

14. Malta DC, Moura LSF, Rocha FM, FM. F. Doenças crônicas não transmissíveis: mortalidade e fatores de risco no Brasil, 1990 a 2006. Saúde Brasil 2008. Brasília: Ministério da Saúde; 2009.p.337-62.

15. Mittleman MA, Maclure M, Tofler GH, Sherwood JB, Goldberg RJ, Muller JE. Triggering of acute myocardial infarction by heavy physical exertion. Protection against triggering by regular exertion. Determinants of Myocardial Infarction Onset Study Investigators. N Engl J Med. 1993;329:1677-83.

16. Moraes RS. Diretriz de reabilitação cardíaca. Arq Bras Cardiol. 2005;84:431-40.

17. Nobrega AC. The subacute effects of exercise: concept, characteristics, and clinical implications. Exerc Sport Sci Rev. 2005;33:84-7.

18. Polanczyk CA, Ribeiro JP. Coronary artery disease in Brazil: contemporary management and future perspectives. Heart. 2009;95:870-6.

19. Roger VL, Go AS, Lloyd-Jones DM, Adams RJ, Berry JD, Brown TM, et al. Heart disease and stroke statistics – 2011 update: a report from the American Heart Association. Circulation. 2011;123:e18-209.

20. Rognmo Ø, Hetland E, Helgerud J, Hoff J, Slørdahl SA. High intensity aerobic interval exercise is superior to moderate intensity exercise for increasing aerobic capacity in patients with coronary artery disease. Eur J Cardiovasc Prev Rehabil. 2004;11:216-22.

21. Siscovick DS, Weiss NS, Fletcher RH, Lasky T. The incidence of primary cardiac arrest during vigorous exercise. N Engl J Med. 1984;311:874-7.

22. Sociedade Brasileira de Hipertensão – SBH. VI Diretrizes Brasileiras de Hipertensão. Rev Bras Hipertens. 2010;13:1-68.

23. Stølen TO, Hoydal MA, Kemi OJ, Catalucci D, Ceci M, Aasum E, et al. Interval training normalizes cardiomyocyte function, diastolic Ca2+ control, and SR Ca2+ release synchronicity in a mouse model of diabetic cardiomyopathy. Circ Res. 2009;105:527-36.

24. Thompson PD, Funk EJ, Carleton RA, Sturner WQ. Incidence of death during jogging in Rhode Island from 1975 through 1980. JAMA Intern Med. 1982;247:2535-8.

25. Thompson PD, Stern MP, Williams P, Duncan K, Haskell WL, Wood PD. Death during jogging or running. A study of 18 cases. JAMA Intern Med. 1979;242:1265-7.

26. Vuori I. The cardiovascular risks of physical activity. Acta Med Scand Suppl. 1986;711:205-14.

27. Warburton DE, McKenzie DC, Haykowsky MJ, Taylor A, Shoemaker P, Ignaszewski AP, et al. Effectiveness of high-intensity interval training for the rehabilitation of patients with coronary artery disease. Am J Cardiol. 2005;95:1080-4.

28. Wisløff U, Ellingsen O, Kemi OJ. High-intensity interval training to maximize cardiac benefits of exercise training? Exerc Sport Sci Rev. 2009;37:139-46.

29. Wisløff U, Loennechen JP, Currie S, Smith GL, Ellingsen O. Aerobic exercise reduces cardiomyocyte hypertrophy and increases contractility, Ca2+ sensitivity and SERCA-2 in rat after myocardial infarction. Cardiovasc Res. 2002;54:162-74.

30. Wisløff U, Loennechen JP, Falck G, Beisvag V, Currie S, Smith G, et al. Increased contractility and calcium sensitivity in cardiac myocytes isolated from endurance trained rats. Cardiovasc Res. 2001;50: 495-508.

31. Wisløff U, Nilsen TI, Droyvold WB, Morkved S, Slordahl SA, Vatten LJ. A single weekly bout of exercise may reduce cardiovascular mortality: how little pain for cardiac gain? 'The HUNT study, Norway'. Eur J Cardiovasc Prev Rehabil. 2006;13:798-804.

32. Wisløff U, Støylen A, Loennechen JP, Bruvold M, Rognmo Ø, Haram PM, et al. Superior cardiovascular effect of aerobic interval training versus moderate continuous training in heart failure patients: a randomized study. Circulation. 2007;115:3086-94.

5
Aplicações do exercício intermitente na síndrome metabólica

Fabrício Boscolo Del Vecchio
Leony Morgana Galliano
Victor Silveira Coswig

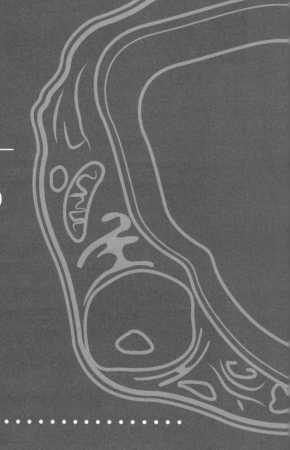

5.1 Síndrome metabólica: conceitos e definições

A partir da década de 1980, uma série de pesquisas começou a ser produzida com a finalidade de compreender e caracterizar a síndrome metabólica (SM), também conhecida como *Síndrome X, Síndrome de Resistência à Insulina* e *Síndrome Plurimetabólica*.[35] Apesar de sua etiologia não ser clara, sabe-se que a SM é de origem multifatorial complexa e que tem a resistência à insulina (RI) como mecanismo fisiopatológico primordial.[35,59]

O relato sobre agrupamento entre fatores de risco cardiovasculares ocorreu pela primeira vez em 1920, por Kylin[91], por meio da chamada *tríade*, composta por alterações nos componentes:

- I – hipertensão arterial sistêmica (HAS);
- II – gota;
- III – hiperglicemia.

Após avanços no conhecimento do metabolismo e fisiopatologia, houve alterações na nomenclatura e definição.[133] Em 1988, Gerald Reaven[125] a nomeou como *Síndrome X* e apresentou seus efeitos no incremento de fatores de risco para doenças cardíacas isquêmicas e diabetes melito (DM), além de defini-la pela presença de hiperglicemia, HAS e dislipidemia.[35,125] No ano seguinte, Kaplan[87] apresentou evidências de que a obesidade, sobretudo a gordura visceral, deveria ser adicionada aos seus componentes.[133]

Ainda hoje existem controvérsias sobre qual seria a nomenclatura adequada, já que por síndrome se entende um conjunto de sinais e sintomas de uma patologia em comum, e os fatores que compõem a SM podem refletir processos de doenças isoladas.[35,59,87] Kahn et al.[86] acreditam que o uso dos termos *risco metabólico* ou *risco cardiometabólico* seriam mais adequados para descrever as características atribuídas à SM. No entanto, considerando sua grave repercussão em nível epidemiológico, ressalta-se que as discussões relevantes sobre a SM não devem estar voltadas à nomenclatura, mas sim direcionadas à prevenção, diagnóstico precoce e controle de seus componentes.

Apesar de não haver definição padronizada, hoje em dia a SM é comumente conceituada pela associação de fatores de riscos metabólicos precursores, especialmente de diabetes melito tipo 2 (DM2) e doenças cardiovasculares (DCV). Estes fatores são: hipertensão arterial, obesidade abdominal, dislipidemias (níveis elevados de triglicerídeos (TG) e baixos níveis de colesterol HDL), concomitantemente à presença de RI, em indivíduos com ou sem DM.

5.2 Critérios, prevalência e fatores de risco

5.2.1 Critérios para diagnóstico

A respeito de suas principais características, observa-se que existe dificuldade entre as organizações e associações científicas no estabelecimento de critérios padronizados acerca do diagnóstico

da SM.[2,66,140] Critérios diferentes podem ser estabelecidos, considerando as características da população estudada.

Para a Organização Mundial da Saúde (OMS) e a American Diabetes Association (ADA) são portadores de SM indivíduos que apresentam intolerância à glicose, tolerância à glicose com RI ou DM e mais duas das características seguintes: uso de anti-hipertensivo e/ou HAS, acúmulo de gordura na região abdominal, TG elevados, baixo HDL e microalbuminúria.[2] Porém, os critérios comumente usados são os estabelecidos pelo National Cholesterol Evaluation Program (NCEP/ATP III), que admite diagnóstico de SM àqueles que apresentarem pelo menos três das seguintes alterações: obesidade central, HAS, glicemia de jejum, níveis elevados de TG e HDL baixo.[117]

Segundo a International Diabetes Federation (IDF), a SM é caracterizada pela presença de obesidade central (com classificações diferentes de acordo com os grupos étnicos).[79] Em indivíduos com índice de massa corporal (IMC) superior a 30 kg/m², não é necessária a verificação da circunferência da cintura, além do diagnóstico de alterações em mais dois fatores, entre eles: TG elevados, HAS, glicose de jejum elevada e baixo HDL.

A American Association of Clinical Endocrinologists (AACE) traz como recomendação para o diagnóstico de SM uma mescla das indicações da NCEP/ATP III e OMS.[4] No entanto, essa associação não estabelece números de fatores de risco que devem estar presentes para defini-la, deixando a critério clínico. Ademais, são considerados componentes importantes: sedentarismo, idade avançada, síndrome de ovários policísticos, histórico familiar de DM tipo 2, hipertensão e DCV.

A indicação do European Group for Study of Insulin Resistence (EGIR) aponta diagnóstico de SM quando é constatada RI somada a dois fatores entre os seguintes: obesidade abdominal, pressão arterial elevada, alto níveis de triglicérideos, alterações na glicose de jejum ou intolerância à glicose.[11]

Os pontos de corte atribuídos variam entre as classificações. Alguns são menos exigentes do que normalmente é visto no diagnóstico de alterações individuais dos componentes. Isso ocorre em razão do impacto da associação desses fatores no aumento do risco de DCV.[2,66,121,140] Na Tabela 5.1, são apresentados os critérios adotados pelas principais organizações internacionais.

Tabela 5.1 – Critérios para diagnóstico da SM de acordo com diferentes associações

Organização Mundial da Saúde – OMS[119]	
* Síndrome metabólica diagnosticada na presença de resistência à insulina + 2 componentes	
Circunferência abdominal	> 85 cm (mulheres) > 90 cm (homens)
Índice de massa corporal	> 30 kg/m²
Pressão arterial	≥ 140/90 mmHg ou estar em tratamento para HAS
Resistência à insulina	Diagnóstico de DM2, alterações na glicose em jejum ou TOTG
Triglicerídeos	≥ 150 mg/dl
Colesterol HDL	< 35 mg/dl (homens) < 39 mg/dl (mulheres)
Microalbuminúria	> 20 µg/min
National Cholesterol Education Program – NCEP/ATP III[116]	
* Síndrome metabólica diagnosticada na presença de três componentes ou mais	
Circunferência abdominal	> 102 cm (homens) > 88 cm (mulheres)
Pressão arterial	≥ 130/85 mmHg
Glicemia	≥ 100 mg/dl
Triglicerídeos	≥ 150 mg/dl
Colesterol HDL	< 40 mg/dl (homens) < 50 mg/dl (mulheres)
International Diabetes Federation – IDF[79]	
* Circunferência abdominal alterada + 2 componentes	
Circunferência abdominal	> 94 cm (homens europeus) > 90 cm (homens asiáticos) > 80 cm (mulheres)
Pressão arterial	≥ 130/85 mmHg ou estar em tratamento para HAS
Glicemia	≥ 100 mg/dl ou diagnóstico prévio de DM
Triglicerídeos	≥ 150 mg/dl ou estar em tratamento para dislipidemia
Colesterol HDL	< 40 mg/dl (homens) ou estar em tratamento para dislipidemia < 50 mg/dl (mulheres) ou estar em tratamento para dislipidemia

Continua

Continuação

European Group for the Study of Insulin Resistance – EGIR/IRS[11]

* Síndrome metabólica diagnosticada na presença de hiperinsulinemia + 2 componentes

Circunferência abdominal	> 94 cm (homens) > 80 cm (mulheres)
Pressão arterial	≥ 140/90 mmHg
Glicemia em jejum	≥ 6,1 mmol/l
Triglicerídeos	> 2 mmol/l
Colesterol HDL	< 1 mmol/l

Estar em tratamento para dislipidemia

American Association of Clinical Endocrinologists – AACE[4]

* Número de componentes não especificados, ficando a critério clínico

Índice de massa corporal	≥ 25 kg/m²
Pressão arterial	≥ 130/85 mmHg
Glicemia em jejum	Entre 110 mg/dl e 126 mg/dl
Triglicerídeos	≥ 150 mg/dl
Colesterol HDL	< 40 mg/dl (homens) < 50 mg/dl (mulheres)
Outros fatores de risco indicados	Histórico familiar de DM2, diagnóstico de HAS ou doenças, síndrome dos ovários policísticos, idade avançada, estilo de vida inativo

American Heart Association/National Heart, Lung, and Blood Institute – AHA/NHLBI[66]

* Síndrome metabólica diagnosticada na presença de dois componentes ou mais

Circunferência abdominal	> 102 cm (homens) > 88 cm (mulheres)
Pressão arterial	≥ 130/85 mmHg
Glicemia em jejum	≥ 100 mg/dl
Triglicerídeos	≥ 150 mg/dl
Colesterol HDL	< 40 mg/dl (homens) < 50 mg/dl (mulheres)

Com o intuito de estabelecer um critério padronizado para o diagnóstico de SM, uma nova normatização foi constituída em 2009 com a participação de diversas organizações de saúde, sendo elas: IDF, NHLBI, World Heart Federation, International Atherosclerosis Society, American Heart Association (AHA). A principal mudança pode ser observada em relação à circunferência abdominal, com flexibilidade na definição de risco aumentado, dado que o critério indica que deve ser considerada a característica da população em questão.[1] O detalhamento desse critério é apresentado na Tabela 5.2.

Tabela 5.2 – Novo critério utilizado para diagnóstico de SM

IDF/NHLBI/World Hearth Federation/International Atherosclerosis Society/AHA[2]	
* Síndrome Metabólica diagnosticada na presença de três componentes ou mais	
Circunferência abdominal	Analisada pelos padrões da população estudada
Pressão arterial	≥ 130/85 mmHg
Glicemia em jejum	≥ 100 mg/dl ou estar em tratamento anti-hiperglicemiante
Triglicerídeos	≥ 150 mg/dl ou estar em tratamento para dislipidemias
Colesterol HDL	< 40 mg/dl (homens) ou estar em tratamento para dislipidemias < 50 mg/dl (mulheres) ou estar em tratamento para dislipidemias

5.2.2 Prevalências

Diversos estudos vêm sendo conduzidos nos últimos anos com a finalidade de estimar a prevalência da SM. Uma ampla gama de resultados tem sido relatada com alta variabilidade. Isso ocorre em razão dos diferentes critérios diagnósticos adotados e também pelas características distintas entre os grupos em estudo. A prevalência mundial da SM é incerta e existem poucos estudos com amostragem adequada para estimativas nacionais. Os resultados mais concretos são os da população estadunidense, na qual a prevalência gira em torno de 23%, com aumento para as faixas etárias acima de 40 anos, segundo critérios da OMS.[49] Porém, fazendo uso do critério estabelecido pela International Diabetes Federation (IDF), a prevalência sobe para 34,5% na mesma população.[49] Comparando os resultados encontrados entre os anos de 1988 e 1994, com pesquisas realizadas entre 1999 e 2000, verificou-se o aumento na prevalência da SM de 50 milhões para 64 milhões, e importante incremento entre a população acima de 20 anos, especialmente do sexo feminino.[49] Dados de 2003 a 2006 estimaram prevalência de SM em 34% dos estadunidenses, segundo os critérios do National Cholesterol Education Program (NCEP).[43]

Considerando o critério diagnóstico sugerido pela OMS, um estudo realizado na Finlândia apresentou prevalência de SM em 15% dos homens e 10% das mulheres; mas, em Portugal, a estimativa foi de 24%.[82,132] Na Europa, o maior estudo conduzido foi o DECODE, o qual avaliou dados de 9.140 indivíduos, com idades entre 30 e 89 anos, e concluiu que a prevalência de SM é de 15,7% nos homens e 14,2% nas mulheres.[77] Já ao analisar oito grupos de pesquisas europeus, considerando apenas os resultados de indivíduos com idade entre 40 e 55 anos, as estimativas variaram entre 7% e 36%, entre o sexo masculino, e de 5% a 22%, no feminino, sendo mais frequente o diagnóstico utilizando critérios da OMS diante dos critérios do European Group for Study of Insulin Resistence (EGIR).[12]

O estudo do Cardiovascular Risk Factor Multiple Evaluation in Latin America (CARMELA), conduzido entre os anos de 2003 e 2005, incluiu 11.500 residentes de sete cidades da América Latina, com o intuito de investigar os fatores de riscos cardiovasculares e prevalências para esta população.[44] A prevalência de SM foi atribuída a 21% dos participantes; percentuais superiores foram encontrados entre mexicanos (27%) e menores valores entre equatorianos (14%). Um estudo de revisão sistemática atribuiu prevalência pouco superior na América Latina (24,9%), sendo ligeiramente mais observada entre mulheres (25,3%) do que em homens (23,2%).[105] Especificamente no Brasil, as prevalências variaram de 15% até 61,5%, dependendo do critério utilizado, faixas etárias e características gerais da população estudada.[21,48,63,115]

5.2.3 Fatores de risco para a síndrome metabólica

Para além do entendimento das prevalências, vale estar atento ao aumento dos principais fatores de risco cardiovasculares que, além de serem altamente associados, são intimamente ligados à SM.

Primeiramente, o excesso de peso/obesidade era apontado como um dos fatores preditores da SM. No entanto, diversas pesquisas indicam que nem todo obeso apresenta alterações metabólicas,[130,136,156] ao passo que indivíduos com índice de massa corporal dentro dos padrões considerados saudáveis podem desenvolvê-la,[47] levando ao questionamento de que poderia ser a localização da gordura que resultaria na resistência insulínica, e não o excesso de peso por si só. Além de ser clara a relação entre distribuição de gordura e risco cardiovascular, sabe-se que o acúmulo de tecido adiposo abdominal gera o aumento no tamanho e na quantidade de células adiposas viscerais que, além de serem mais ativas, liberam adipocinas (hormônio secretado pelos adipócitos). As adipocinas estão relacionadas aos processos que contribuem para o desenvolvimento de quadros inflamatórios, RI, hipertensão arterial, dislipidemias e, por conseguinte, a SM.[72] A avaliação desse componente ocorre por meio da medida da circunferência abdominal, localizada no ponto mais estreito do tronco entre as costelas e a crista ilíaca. O critério utilizado para o diagnóstico de SM varia de 90 a 102 cm para os homens e de 80 a 88 cm entre as mulheres.[11,66,116,119]

Outro fator de risco que merece destaque é a HAS que, apesar de ser assintomática, é responsável por complicações cardiovasculares graves. No Brasil, estima-se a prevalência de 35% de HAS em adultos, considerando ainda que este número provavelmente esteja subestimado em virtude da carência de programas de rastreamento e diagnóstico precoce em nível populacional.[139] Além de histórico familiar de doenças cardíacas e faixas etárias acima de 40 anos, a HAS decorre de uma série de fatores de risco modificáveis, tais como: excesso de peso, inatividade física, tabagismo, etilismo e ingestão elevada de sódio.[139] Considerando que o estilo de vida predominante na atualidade vem colaborando para o incremento da HAS, que é preditora de aumento na RI, elevação nos níveis de TG, colesterol total e diminuição de colesterol HDL, pode-se projetar elevação rápida da prevalência da SM.[99]

A RI aparece como componente central da SM. Caracteriza-se pela condição em que o organismo não consegue utilizar a insulina de maneira apropriada, ocasionando disfunções lipídicas que geram maior risco cardiovascular.[99] Além disso, a RI exerce função vasodilatadora, ocasionando aumento na pressão sanguínea, e é avaliada por meio dos exames laboratoriais de glicose em jejum e teste oral de tolerância à glicose (TOTG). Os critérios estabelecidos para caracterizar o fator de risco para SM variam de ≥ 100 a 126 mg/dl para glicose em jejum, e níveis maiores do que 7 mmol para o TOTG.

As dislipidemias, também conhecidas por hiperlipidemias, são alterações no metabolismo lipídico. Elas podem ser decorrentes de fatores genéticos e são classificadas como primárias – ocasionadas por doenças, estilo de vida, uso de medicamentos – e secundárias.[28] O colesterol (expresso por LDL, HDL ou colesterol total) e os TG são os principais lipídeos sanguíneos. Quando o LDL se encontra em níveis sanguíneos elevados, contribui no acúmulo de tecido adiposo nas artérias, gerando seu enrijecimento, e resultando em aumento da pressão sanguínea e surgimento de placas de ateroma (gordura). O colesterol é considerado fator de risco para SM se o indivíduo apresentar níveis de HDL iguais ou superiores a 150 mg/dl.

A microalbuminúria é contemplada somente no critério da OMS de diagnóstico de SM[119]. Esse componente é avaliado mediante a quantidade de albumina excretada na urina, sendo que níveis acima de 20µg/min são marcadores de risco para o aumento da RI.[108] Ainda existem poucos estudos relatando esta relação, porém, há evidências de que a microalbuminúria pode ser um indicativo de aumento de risco cardiovascular.[112]

5.3 Resultados de intervenções com medicamentos, dietas e exercícios

Como as prevalências relatadas de SM são altas, assim como os danos à saúde pública e individual, medidas preventivas e de controle devem ser prioridade do ponto de vista terapêutico, visando especialmente à prevenção em nível cardiovascular. O indicado é que pacientes com diagnóstico isolado e risco cardiovascular aumentado busquem, inicialmente, medidas não farmacológicas, por meio de modificações no estilo de vida. Entretanto, o uso de medicamentos pode ser necessário para o manejo dos fatores de risco associados. Em todas as intervenções, o tratamento da SM é voltado para o controle dos mecanismos que a compõe, mesmo que de modo individualizado.

5.3.1 Intervenções baseadas em uso de medicamentos e dieta

Medicamentos

Considerando a SM como um todo e o elevado risco cardiovascular que ela representa, a aspirina é um anti-inflamatório não esteroide comumente recomendado, de uso diário em doses baixas, visando à redução do risco de infarto.[143] O efeito protetor, para indivíduos com sintomas de SM, é amplamente relatado na literatura científica.[42,76] Na prevenção secundária, o uso de aspirina reduz a mortalidade em 17% a 30%.[143]

Tratando-se especificamente de dislipidemias, os ensaios clínicos randomizados (ECR) tendem a utilizar estatinas como forma de intervenção. O uso de estatinas está associado ao aumento de colesterol HDL e a reduções de eventos cardiovasculares, LDL, colesterol total, TG e biomarcadores inflamatórios em pessoas com SM.[38,95,118,128,147] Outro agente farmacológico usado para o controle das dislipidemias são os fibratos, cuja ação reduz os níveis de TG de 30% a 60%, resultando em diminuição de risco cardiovascular, sobretudo em pacientes com alto risco.[104] Além disso, é relatada a melhora na sensibilidade à insulina.[89,113]

A metformina desponta como o medicamento de ação anti-hiperglicemiante mais estudado, agindo essencialmente no controle da RI. Diversos estudos têm demonstrado seus efeitos na prevenção ou no retardo do aparecimento de DM2.[88,123] Além da metformina, intervenções medicamentosas utilizando troglitazone e acarbose se mostraram superiores no controle glicêmico ao serem comparadas aos grupos placebos.[24,30]

O uso de medicamento objetivando o controle da HAS deve ser prescrito com cautela, pois algumas substâncias podem desencadear o desenvolvimento de outras doenças, como é o caso dos betabloqueadores que aumentam a incidência de DM.[106] A indicação de drogas bloqueadoras do sistema renina-angiotensina ou bloqueadores de canais de cálcio são ideais para sujeitos hipertensivos e com SM, pois são metabolicamente neutros para os sistemas glicolítico e lipídico.[54] Existem indicativos de que a associação de bloqueadores do sistema renina-angiotensina e bloqueadores de canais de cálcio trazem mais benefícios no controle da HAS do que seu uso isolado, quando se consideram pessoas com SM.[101,102,157]

As reduções de massa corporal e de perímetro abdominal são indicadas como procedimentos benéficos no manejo da SM. Entre os medicamentos utilizados para combater esses marcadores, encontram-se os supressores de apetite, especialmente a sibutramina, e os inibidores de absorção de nu-

trientes, sendo o orlistato comumente utilizado.[69,161] A associação dos dois medicamentos citados foi avaliada no período de três meses, mostrando-se efetiva na perda de 5% de massa corpórea em 75% dos participantes do estudo.[70] Resultados semelhantes foram encontrados no estudo de James et al.,[83] no qual os pacientes fizeram uso de sibutramina por seis meses e 77% dos casos obtiveram diminuição de 5% da massa corporal. Reitera-se que o uso de sibutramina e orlistato deve ser recomendado somente a obesos e após a falha de medidas terapêuticas não farmacológicas, prescrição de dieta e exercício físico adequados, considerando que as reações adversas ao uso de sibutramina e orlistato são amplamente relatadas.[70,74,83,138] Como síntese, o resumo das principais recomendações medicamentosas para tratamento/controle dos componentes da SM está disposto na Tabela 5.3.

Tabela 5.3 – Recomendações medicamentosas para tratamento dos componentes da SM, baseados em evidências

Componente da SM	Medicamento (s) indicado (s)
Dislipidemias	Estatinas Fibratos Testosterona
Resistência à insulina	Metformina Troglitazone Acarbose
Hipertensão arterial	Bloqueadores do sistema renina-angiotensina Bloqueadores de canais de cálcio
Perímetro da cintura aumentada	Sibutramina Orlistato

Dieta

A relação dos fatores nutricionais com cada um dos componentes da SM tem sido amplamente estudada como meio não farmacológico de prevenção e controle do elevado risco cardiovascular. Um estudo conduzido na Itália, com 180 portadores

de SM, comparou os efeitos da dieta mediterrânea (rica em grãos integrais, frutas, vegetais, legumes, nozes, azeite de oliva e peixe) com um grupo controle, que recebeu orientações gerais sobre a dieta recomendada pela American Hearth Association, visando especialmente à redução do consumo de gordura total.[45] Após dois anos de intervenção, o grupo da dieta mediterrânea obteve diminuição de massa corporal, circunferência abdominal, pressão arterial, colesterol total, TG, glicose e insulina, além de atingir redução significativa em relação ao grupo controle no número de componentes da SM.[45]

O estudo *Premier* analisou se uma intervenção no estilo de vida pode aumentar a RI e diminuir HAS. Os sujeitos foram divididos em três grupos:

- controle;
- grupo de redução de massa corporal (com base na diminuição do consumo de sódio e do aumento da atividade física);
- grupo que recebeu as mesmas orientações para redução de peso, além do modelo Dietary Approaches to Stop Hypertension (DASH).

Essa dieta é rica em fibras e laticínios com baixo teor de gordura total, saturada e colesterol. Houve melhores resultados nos grupos em relação à perda de massa corporal e à queda nos níveis glicêmicos, além de aumento considerável da sensibilidade à insulina em padrões superiores. Ainda pautada na dieta DASH, outra intervenção gerou resultados superiores nos componentes da SM quando comparada ao grupo controle e de dieta hipocalórica.[8] Em uma população nipo-brasileira, a prescrição de dieta individualizada, rica em frutas, legumes, verduras, além da redução do consumo de ácidos graxos saturados, gerou melhora no perfil metabólico, antropométrico e nutricional.[36]

Quanto ao perfil glicêmico, as recomendações dietéticas têm como base os cuidados com o índice glicêmico dos alimentos, definido pela qualidade e quantidade de carboidratos presentes.[51] Em ensaios clínicos randomizados, a associação de consumo de fibras, frutas, verduras e redução de massa corporal trouxe efeitos positivos no metabolismo glicolítico e na RI, levando a prevenção ou controle da DM.[94,96,123] Visando à melhora no perfil lipídico, foi demonstrado que os principais cuidados devem estar voltados à redução do consumo de carboidratos, ácidos graxos saturados, colesterol, e ao aumento da ingestão de fibras, peixes, frutas, vegetais e cereais integrais. Por meio dessas ações pode-se obter redução de TG, colesterol total e colesterol LDL e aumento de colesterol HDL.[46,100,114]

Diversos estudos de intervenção nutricional objetivam a perda de massa ou a modificação da composição corporal. Para tanto, adota-se, usualmente, a estratégia de recomendação de dietas com redução de carboidratos ou com baixo teor de gordura. Para a diminuição da obesidade visceral, a restrição de carboidratos é a estratégia mais efetiva; porém, os benefícios superiores em dislipidemias e na manutenção da dieta são encontrados nos grupos com redução na ingestão de gordura.[37,50,131,144] Um estudo de revisão sistemática, considerando ensaios com base em modificações nutricionais em indivíduos com SM, constatou que dietas hipo ou normocalóricas, associadas à prática de exercício físico, apresentam resultados superiores na mudança de perfil de risco para doenças cardiovasculares.[93]

5.3.2 Intervenções baseadas em prática de exercícios físicos

Considerando as intervenções baseadas em prática de exercício físico, Seligman et al.[135] conduziram um estudo com 75 portadores de SM, aleatoriamente divididos em três grupos:

- intervenção de dez mil passos diários, contabilizados por pedômetro;
- prática de exercício físico supervisionado, durante três dias da semana, com intensi-

dade vigorosa e aconselhamento para caminhada rápida nos dias restantes;

- aconselhamento para prática de caminhada diária com duração de uma hora.

Todos os grupos receberam orientações nutricionais. Após 12 semanas de intervenção foram observados resultados expressivos na modificação do perfil lipídico, redução de pressão arterial, albumina e glicose em todos os grupos, porém com magnitude superior no grupo com exercícios com intensidade vigorosa. Após um ano de acompanhamento, 64% dos participantes deixaram de ter SM.[144] No entanto, vale dizer que não houve descrição estratificada dos grupos, o que pode prejudicar o entendimento de quais seriam as melhores estratégias na organização de exercícios físicos para o tratamento da SM.

Resultados semelhantes foram encontrados em um estudo multicêntrico italiano, no qual 691 portadores de DM2 e SM foram designados ao grupo controle, que recebeu aconselhamento para prática de atividade física regular, ou grupo intervenção, que consistia em prática de exercício físico progressivo aeróbio e de força, duas vezes por semana e com alta intensidade. Após 12 meses, o grupo intervenção apresentou ganhos de aptidão física, além de redução da pressão arterial, circunferência abdominal, glicemia, RI e hemoglobina glicada (HbA_{1c} – determina risco para DM2). Os autores ressaltaram que a oferta de programas de exercício físico de alta intensidade e supervisionados pode ser uma boa estratégia para promoção de mudanças no estilo de vida de pacientes com o perfil apresentado.[10]

Com o intuito de investigar os efeitos do exercício físico após redução de massa corporal e melhoria no perfil metabólico de 102 indivíduos com SM, Thomas et al.[148] ofereceram um programa de exercício físico supervisionado associado a aconselhamentos nutricionais, no período de 4 a 6 meses, visando à redução de 10% da massa corporal. Na segunda fase do estudo, esses indivíduos foram randomizados em dois grupos: grupo *sem exercício físico*, que continuou recebendo acompanhamento nutricional, e grupo *treinamento físico*, que realizou prática de exercício físico supervisionado em, no mínimo, três vezes por semana. Esta segunda fase tinha por objetivo auxiliar os sujeitos a recuperarem, parcialmente, a massa corporal de forma saudável e controlada. Durante a fase inicial, todos os marcadores da SM sofreram alterações importantes; porém, na segunda fase, os ganhos foram mantidos apenas no grupo *treinamento físico*. Esse estudo é considerado o primeiro a demonstrar que benefícios metabólicos podem ser mantidos no período de recuperação parcial de massa corporal.[148]

O *Studies of a Targeted Risk Reduction Intervention through Defined Exercise* (STRRIDE-AT/RT) foi a primeira investigação que objetivou comparar treinamento resistido isolado (TR), exercícios físicos aeróbios (EA) e combinação de ambos (TR-EA), em relação aos efeitos nos componentes da SM. O grupo TR realizava oito tipos de exercícios de força, com 8 a 12 repetições três vezes por semana, abrangendo os principais grupos musculares, e o EA praticava 120 minutos na semana a 75% do consumo máximo de oxigênio. Após oito meses de intervenção, os grupos EA e TR-EA apresentaram redução da massa corporal, TG e circunferência abdominal, ao passo que melhores índices de pressão arterial foram observados apenas no grupo TR-EA. Quanto ao grupo TR, não foram encontradas modificações em nenhum componente da SM.[14]

Também avaliando a combinação de prática de exercícios aeróbios e resistidos, já se registraram efeitos benéficos nos componentes lipídicos, glicêmicos e pressóricos.[85] Nesse mesmo contexto, Mecca et al.[107] relataram redução de 24% na prevalência de SM, sobretudo por meio da redução da circunferência abdominal.

Considerando isoladamente os fatores que compõem a SM mediante programas de mudança no estilo de vida com base em exercício físico e acompanhamento nutricional, resultados importantes foram encontrados no perfil glicêmico,[126,134] circunferência abdominal,[5] dislipidemia[40,122] e pressão arterial.[33,65]

Como o conceito de SM é relativamente recente e engloba um conjunto de alterações metabólicas distintas e complexas, ainda é escasso o número de ensaios clínicos randomizados que analisem os efeitos da prática de exercício físico supervisionado em indivíduos com todos os fatores simultaneamente. Contudo, revisões sistemáticas e metanálises apontam resultados positivos de intervenções baseadas em exercício físico, predominantemente aeróbios contínuos, na redução de glicemia em jejum, circunferência abdominal, pressão arterial, dislipidemia, diminuindo significativamente o risco cardiovascular e a presença de SM.[150] Ressalta-se que a combinação de exercício físico com restrição na ingestão calórica promove melhorias significantemente superiores em todos os componentes da SM.[19, 27]

A partir dos dados expostos, pode-se dizer que tanto a prática regular de exercícios físicos aeróbios como o treinamento de força proporcionam modificações positivas em relação aos componentes da SM. Resultados com maior magnitude são obtidos a partir da associação entre dois tipos de estímulos, especialmente daqueles realizados em intensidades elevadas.[14,85,107]

Mesmo que a prática de exercícios aeróbios de intensidade moderada seja recomendada com frequência para promover modificações metabólicas e fisiológicas, observa-se o crescimento de estudos baseados no conceito *time efficiency*. A utilização de exercícios curtos com intensidade alta demonstra ganhos expressivos de condicionamento físico e gera modificação da composição corporal, a partir da diminuição da circunferência abdominal e do percentual de gordura, mudanças intimamente ligadas ao perfil glicêmico e à resistência à insulina.[141,146,149]

5.4 Possibilidades e vantagens do exercício intermitente no controle da SM

As recomendações de atividade física para a manutenção da saúde têm como base os exercícios contínuos de intensidade moderada ou vigorosa, que proporcionam respostas satisfatórias nos aspectos:

- I – cardiovasculares, a partir do aumento da densidade capilar dos músculos em atividade e do volume sanguíneo, bem como da redução da frequência cardíaca para intensidade absoluta similar;
- II – musculares, em decorrência de maior estoque de glicogênio, aumento da atividade da bomba Na^+/K^+ e elevação da atividade de enzimas mitocondriais;
- III – metabólicas, relacionadas ao incremento do número e tamanho das mitocôndrias, que está associado à melhora no controle respiratório e promovem menor concentração de lactato ([LAC]) para uma mesma intensidade absoluta.[90]

Há, ainda, melhora na eficiência cardíaca e pulmonar, redução da pressão arterial, aprimoramento na capacidade oxidativa de carboidratos e ácidos graxos livres (AGL), assim como elevação da aptidão física, que são citados como benefícios à saúde advindos desta configuração de exercício.[55,92] De forma complementar, estes benefícios estão diretamente associados ao aumento da potência aeróbia ($\dot{V}O_2$máx) e à redução e prevenção de fatores de risco cardiovasculares, como obesidade, DM2, HAS e dislipidemias associadas à SM.[110]

Em contrapartida, evidenciou-se que apenas o controle intenso da dieta seria eficiente para melhorar o controle glicêmico em portadores de DM2 e que a adição de exercícios moderados (30 min, 5 vezes por semana) não promoveria benefícios adicionais.[6] Os autores afirmaram que a intensidade pode ter sido insuficiente, ou que o tipo de exercício pode não ter sido correto, já que a associação de estímulos anaeróbios e aeróbios está relacionada ao melhor controle metabólico, quando comparada a atividades aeróbias isoladas. Além disso, parece improvável que indivíduos que falham em cumprir recomendações de 30 minutos diários de exercício moderado dobrarão essa quantidade para seguir a progressão necessária para atingir a redução substancial das causas de mortalidade e risco de doenças cardiovasculares.[71] Considere-se ainda que melhoras na sensibilidade insulínica estão relacionadas à prática de exercício intermitente de alta intensidade (EIAI) e de baixo volume[9], caracterizados por séries de esforços de curta ou média duração (6 segundos a 5 minutos) em intensidade acima do limiar anaeróbio, seguidos de períodos em baixa intensidade ou recuperação passiva.[92] Nesse contexto, os EIAI têm sido sugeridos como alternativa para diminuir a demanda temporal, aumentar a motivação e a aderência aos programas de exercícios.[9]

Embora não haja textos especificamente voltados à classificação e à conceituação do que é o EIAI, alguns trabalhos destacam que ele pode ser definido como exercícios de curta a moderada duração (10 segundos a 5 minutos), completados em intensidades superiores ao limiar anaeróbio/ máxima fase estável do lactato[92] e que as pausas podem ser passivas ou ativas. Já Gibala e McGee[57] pontuam que o EIAI é um exercício com esforços repetidos, frequentemente realizados na maior intensidade possível (*all-out*) ou próxima àquela do $\dot{V}O_2$máx (> 90% do $\dot{V}O_2$pico).

Dentre os exercícios aeróbios, aqueles com até 1 minuto são considerados como de curta duração, e esforços entre 1 e 8 minutos são classificados como longos.[16] Na perspectiva *anaeróbia*, há duas classificações propostas por Billat:[17] taxa de trabalho fixa e sempre superior ao $\dot{V}O_2$máx ou carga fixa, com o trabalho feito na maior intensidade possível, denominado *all-out*.

Além disso, há denominações diferenciadas, como *Sprint Interval Training*, adotada por pesquisadores que empregam o protocolo de Wingate, interceptado por pausas de 2[25] a 4 minutos.[57] Por fim, também se passou a adotar o termo *Speed Endurance Training*[78], o qual é subdividido em três categorias:

- *Speed training* (100% da velocidade máxima, com 2 a 10 segundos de duração, recuperações de 50 a 100 segundos, e realização de 5 a 20 repetições);
- *Speed endurance production* (70% a 100% da velocidade máxima, com 10 a 40 segundos de duração, recuperações com duração maior que cinco vezes o tempo de esforço e realização de 3 a 12 repetições);
- *Speed endurance maintenance* (50% a 100% da velocidade máxima, com 5 a 90 segundos de duração, recuperações com duração de uma a três vezes o tempo de esforço e realização de 2 a 25 repetições).

Para efeitos didáticos, serão explicitadas as várias intensidades empregadas nos protocolos de treino voltados ao manejo de diferentes agravos relacionados à SM, as quais serão sempre explicitadas, para que o leitor tenha a noção mais exata possível dos exercícios executados.

5.5 Eficiência temporal e prazer envolvido com a prática do exercício intermitente de alta intensidade

Dentre as características dos exercícios contínuos de intensidade moderada, a demanda de tempo parece ser um fator limitante da adesão à prática de exercícios regulares.[3,9,22,56,60,71,75] Dessa forma, o alto volume proposto em uma sessão de treino é considerado barreira, já que a falta de tempo tem sido frequentemente identificada como motivo relevante para justificar a baixa adesão ao estilo de vida ativo[109]. Assim, exercícios contínuos indicados em diferentes *guidelines*[39,55] promovem benefícios à saúde das pessoas que aderem; porém, apresentam pouca efetividade na promoção de atividade física em âmbito populacional.[3]

Além da demanda temporal, a duração prolongada parece ser um limitador da prática de exercícios para obesos com baixa aptidão física, pela inabilidade desses indivíduos manterem o esforço por 30 ou 40 minutos de modo contínuo e com intensidade moderada.[158]

Ainda, mesmo os estímulos moderados (60% $\dot{V}O_2$máx) apresentam melhor resposta para a oxidação lipídica quando executados em dois blocos diferentes (2 × 30 min), se comparados ao mesmo estímulo realizado de maneira contínua (1 × 60 min). É possível que a pausa existente neste protocolo (20 minutos) crie um desequilíbrio entre a demanda e o suprimento lipídico, o que causa rápida elevação da concentração de AGL e maior contribuição da gordura como substrato energético durante a recuperação.[61] A mesma evidência já foi observada ao se compararem 30 minutos de atividades executadas de maneira contínua com séries de esforços separados a cada 10 minutos pelo mesmo tempo de intervalo entre eles.[62]

Contrastando com esses dados, os exercícios intermitentes de alta intensidade parecem ser uma estratégia interessante para obter os mesmos ganhos, ou maiores, com substancial redução de tempo e volume da sessão.[9,71,75] Quanto à eficiência, evidências epidemiológicas indicam que apenas uma sessão semanal de exercício de alta intensidade pode reduzir significativamente o risco de doença cardiovascular em homens e mulheres.[159] Além disso, dados sugerem que a aderência a programas de treinamento é maior quando são executados com maior intensidade e menor frequência, comparado a programas com alta frequência e baixa intensidade.[56]

É válido destacar ainda que, ao considerar a demanda temporal de maneira mais ampla, deve-se entender que o treinamento aeróbio convencional pode levar anos para promover ganhos que condicionem indivíduos sedentários ($\dot{V}O_2$máx < 45 ml/kg/min), ou ativos ($\dot{V}O_2$máx de 45 para 55 ml/kg/min) ao nível de atletas treinados ($\dot{V}O_2$máx > 60 ml/kg/min). Como alternativa, Hickson, Bomze e Holloszy[73] evidenciaram melhora de 44% no $\dot{V}O_2$máx de 8 indivíduos em apenas 10 semanas de EIAI, nas quais os sujeitos alternaram 40 minutos de atividade em cicloergômetro com intensidade no $\dot{V}O_2$máx em um dia, com 40 minutos de corridas intermitentes de alta intensidade no dia seguinte, durante seis dias da semana.

Além da perspectiva temporal, o prazer envolvido também está fortemente relacionado à aderência à prática regular de exercícios físicos[9,13] e, apesar de frequentemente classificados como inseguros, impraticáveis ou intoleráveis para diversos indivíduos[56], existe crescente apreciação acerca do potencial de exercícios intermitentes de alta intensidade para melhoras na saúde e na aptidão física em diversas populações[71], inclusive em condições de doenças.[56,81] Corroborando com isso, Irving et al.[81] identificaram que mulheres sedentárias, com baixa aptidão física, obesas e portadoras de SM, demonstraram aderência a programas de exercícios de alta intensidade (> limiar de lactato [LL]).

O estudo de Bartlett et al.,[13] por exemplo, comparou um protocolo de corrida contínua (50 minutos a 70% $\dot{V}O_2$máx) e intervalada de alta intensidade (6 séries de 3 minutos a 90% $\dot{V}O_2$máx com intervalos de 3 minutos a 50% $\dot{V}O_2$máx). Nele foi evidenciado que, associado ao menor tempo em exercício, o protocolo intervalado promoveu maior satisfação aos praticantes, mesmo com a percepção subjetiva de esforço (PSE) sendo superior ao exercício contínuo. Em outro protocolo intervalado (10 × 60 segundos a 90% FCmáx com recuperação passiva de 60 segundos), aplicado em pacientes com falha cardíaca, identificou-se PSE entre quatro e oito pontos em uma escala até dez. Além disso, associado ao fato de a alta intensidade ter sido tolerada, estes exercícios foram preferidos e considerados motivadores ao serem comparados aos tradicionais, contínuos e de intensidades moderadas (estado-estável), o que sugere utilidade clínica deste tipo de esforço.[53] Além disso, ao considerar o treinamento de crianças, os exercícios intermitentes apresentaram vantagens motivacionais, como afirmam Ratel, Duché e Williams[124] ao considerarem que nesta faixa etária (6 a 12 anos) existe grande cooperação e motivação para execução de exercícios máximos de curta duração.

Em outra perspectiva, após uma intervenção de 12 sessões (45 min) durante 4 semanas, Biddle et al.[15] concluíram que jogos reduzidos parecem ser um método interessante para atingir melhoras na saúde e na aptidão cardiovascular, bem como para a redução dos riscos de DM, de maneira descontraída. Dessa forma, atividades relacionadas a práticas esportivas são sugeridas para melhorar o quanto possível a atratividade dos exercícios como alternativa às tradicionais recomendações, o que associa o conceito de jogo e exercício em grupo[15,18] aos esforços intermitentes dos jogos em espaços reduzidos.[15,18,137]

5.6 Respostas orgânicas imediatas/agudas relacionadas ao exercício intermitente de alta intensidade

Apesar de existirem dados consistentes sobre os efeitos decorrentes do treinamento de alta intensidade, as informações sobre respostas agudas são relativamente limitadas.[25] De acordo com Boutcher,[22] entende-se por agudas as alterações imediatas e pós-esforço na frequência cardíaca (FC) e nos hormônios, no nível glicêmico, nas concentrações de LAC e na reatividade metabólica, sendo que, a partir dessas variáveis, podem ser feitas inferências relacionadas aos fatores de risco associados à SM. Por exemplo, parece existir uma correlação entre obesidade, RI, disfunção no ventrículo esquerdo e falha cardíaca, além de disfunção diastólica e SM.[120] Neste contexto, Ha et al.[68] compararam grupos de indivíduos hipertensos com e sem SM (não diabéticos) com base em um teste incremental em cicloergômetro (25 w a cada 3 min) e concluíram que a SM influencia as funções sistólica e diastólica durante exercício dinâmico, visto que a reserva contrátil, similar entre os grupos na situação de repouso, mostrou-se reduzida nos portadores da síndrome durante exercício. Da mesma forma, marcadores de disfunções diastólicas, já evidenciados em repouso, mostraram um aumento a cada estágio do protocolo de exercício, o que denota que esta disfunção é mantida durante o esforço.

5.6.1 Respostas cardiovasculares

Quanto ao componente cardiovascular, respostas agudas apontam que o estímulo único de 30 segundos *all-out*, apesar de apresentar uma demanda de aproximadamente 90% da FCmáx e do $\dot{V}O_2$pico, não é suficiente para estressar o sistema central relacionado ao $\dot{V}O_2$ (melhora da capacidade máxima de ejeção cardíaca), por ser curto demais.[25] Além disso, vale lembrar que apenas 30 segundos de esforço em cicloergômetro têm contribuição de 17% do sistema ATP-CP, 45% do sistema glicolítico e 38% do metabolismo oxidativo.[142] Assim, infere-se que a melhora no desempenho físico, advinda do treinamento nestas características, seja correspondente a ganhos periféricos, pois, para atender ao sistema aeróbio central, é necessário maior quantidade de esforços e/ou estímulos mais longos, superiores a um minuto.[25] Com isso, mediante a soma dos estímulos, ainda considerando 30 segundos de atividade *all-out*, a demanda aeróbia é aumentada gradativamente a cada esforço subsequente, sendo que na terceira série de 30 segundos, com recuperação de 4 minutos entre cada uma, a contribuição aeróbia chega a 70%.[154]

Ainda considerando a demanda energética dos estímulos, Cristmass, Dawson e Arthur,[31] ao compararem o protocolo submáximo contínuo (90 minutos a 60% do $\dot{V}O_2$pico) com o protocolo intermitente de alta intensidade (90 minutos, 12 segundos a 120% do $\dot{V}O_2$pico e 18 segundos em

repouso), identificaram oxidação de gordura três vezes maior a partir do primeiro e predominante oxidação glicolítica no segundo protocolo para $\dot{V}O_2$, além de gasto energético semelhantes. A mesma proporção energética foi encontrada com base na comparação de 40 minutos de exercício intermitente curto (6 s *versus* 9 s) e longo (24 s *versus* 36 s), com intensidade de esforço determinada a partir da razão de troca respiratória (entre 0,96 e 0,99 da $VCO_2/\dot{V}O_2$), considerando que o protocolo de maior volume apresentou maior oxidação lipídica.[32]

Dessa forma, por apresentar maior solicitação aeróbia, corridas de 32 minutos parecem ser mais eficientes na solicitação do sistema cardiovascular, por induzirem maior FCmáx e maior $\dot{V}O_2$, se executadas de maneira contínua (12 km/h), quando comparadas à mesma quantidade de tempo de uma corrida intervalada (4 min a 12 km/h *versus* 4 min a 8 km/h), independentemente do tipo de recuperação aplicada, ativa com 4 minutos a 8 km/h ou passiva.[103] Embora isso possa parecer vantajoso para o exercício contínuo, não o é. Registra-se que a intolerância ao exercício e a possibilidade de desistência durante a sessão de treino aumentam consideravelmente ao se adotar tal estratégia. Ao se realizar exercícios contínuos em cicloergômetro na potência máxima (100% a 102% da $p\dot{V}O_2$máx), registram-se durações de 4 a 6 minutos. Em contrapartida, ao se interceptar esforços e pausas de 15 segundos cada, o exercício pode ser mantido por até 1 hora.[16]

5.6.2 Resposta glicêmica e insulínica

A hiperglicemia pós-refeição é considerada o principal fator agravante das complicações de saúde relacionadas ao DM2, incluindo as doenças cardiovasculares. Gillen, Little e Punthakee[58] ao monitorarem o comportamento do nível glicêmico de indivíduos com DM2 durante 24 horas após sessão de 10 minutos de EIAI (10×60 segundos a 90% da FCmáx por 60 segundos de recuperação) e compararem com um grupo que não se exercitou, evidenciaram valores menores do tempo em hiperglicemia (> 10 mmol/l), do pico glicêmico pós-refeição, na glicemia entre 60 e 120 minutos pós-refeição e na soma das três horas abaixo da curva glicêmica. Assim, o referido protocolo, com duração total de 20 minutos, constitui-se como uma estratégia prática e temporalmente eficiente para o controle glicêmico nessa população. Apesar das recomendações de 2,5 h/sem. de exercícios aeróbios para prevenir a progressão da DM2, e de 4-7 h/sem. para a manutenção de massa corporal saudável,[39] tem sido sugerido que sessões curtas de 10 a 20 minutos de EIAI podem manter a sensibilidade insulínica do dia. Nesse caso, a característica intermitente, que tem mostrado efetividade na redução da concentração de insulina de jejum, pode auxiliar indivíduos pouco condicionados a cumprirem suas metas diárias.[20]

Em contrapartida, Richards, Johnson e Kuzma[127] reportaram não haver resposta significativa de aumento da RI 72 horas após sessão única de EIAI (4×30 segundos *all-out* por 4 minutos de recuperação) e concluíram, com base nesses dados, que o aumento evidenciado a partir de 6 sessões do mesmo protocolo durante 14 dias foi decorrente do impacto crônico do treinamento, e não do efeito agudo da última sessão.

5.6.3 Obesidade

De maneira aguda, a mobilização da gordura visceral abdominal está mais associada a exercícios de maior intensidade, que induzem à secreção de hormônios lipolíticos, aumentam o gasto energético pós-exercício, elevam a oxidação da gordura, além de favorecerem maior balanço energético negativo[80,160] e estimularem secreção de hormônio do crescimento, o GH.[81] Tsekouras, Magkos e Kellas[155] evidenciaram que a secreção de lipoproteínas de muito baixa densidade (VLDL) e TG apresenta uma redução significativa em 48 horas pós-treino. Nesse mesmo estudo, os autores afirmam que existe um aumento na disponibilidade de AGL no plasma sanguíneo em 24 horas pós-treino. Tais alterações são favoráveis para o metabolismo lipídico, que está associado à redução de fatores risco de doença coronariana e à aterosclerose.

Quadro 5.1 – Síntese dos efeitos orgânicos agudos/imediatos do EIAI em variáveis relacionadas à síndrome metabólica

Estudo	Características do grupo	Tipo de treino	Intensidade do treino	Desfecho
Weltman, Weltman e Winfield[158]	Adultos obesos e não obesos	EIAI = 3 × de 10 min × 10 min EE = 30 min	EIAI = entre LL e $\dot{V}O_2$pico EE = entre LL e $\dot{V}O_2$pico	Resultados sugerem que ambos os protocolos podem promover aumento na secreção de GH medido 24 horas pós-treino.
Ha et al.[68]	Hipertensos com SM* Hipertensos sem SM*	Protocolo progressivo 25 w a cada 3 min	–	SM é independentemente associada à disfunção sistólica do ventrículo esquerdo em pacientes hipertensos.
Buchheit et al.[25]	Homens, adultos ciclistas	6 séries 30 s × 2 min	*All-out*	O protocolo apresentou alta taxa de desoxigenação e reoxigenação muscular, o que é tido como fator importante para promover adaptações musculoesqueléticas a partir do treinamento de *sprints*.
Richards, Johnson e Kuzma[127]	Homens, adultos saudáveis	4 séries de 30 s × 4 min	*All-out*	A RI é afetada de maneira crônica, visto que não há efeito evidenciado 72 horas após sessão única.
Cristmass et al.[32]	Homens, adultos saudáveis	40 min de exercício intervalado: Curto: 6 s × 9 s Longo: 24 s × 36 s	Razão de troca respiratória (de 0,96 a 0,99)	O protocolo curto promoveu maiores taxas de oxidação de gordura e de oxidação de carboidratos. Essa diferença ocorreu em razão dos fatores metabólicos relacionados a fibras musculares oxidativas.
Cristmass, Dawson e Arthur.[31]	Homens, adultos saudáveis	90 min contínuo 90 min 12 s × 18 s	60% $\dot{V}O_2$pico 120% $\dot{V}O_2$pico	Existe diferença na utilização dos substratos entre os diferentes protocolos. O EIAI promoveu maior oxidação glicolítica e oxidação de gordura três vezes menor que o protocolo contínuo.
Mandroukas, Heller e Metaxas[103]	Homens, adultos saudáveis	32 min contínuos 32 min (4 min × 4 min) Recuperação ativa × passiva	12 km/h 12 km/h × 8 km/h	O protocolo contínuo mostrou-se mais eficiente na solicitação do componente cardiovascular por induzir maior FCmáx e maior $\dot{V}O_2$.
Gillen, Little e Punthakee[58]	Portadores de DM2	10 séries de 60 s × 60 s	90% FCmáx	Redução no tempo em hiperglicemia, menor pico glicêmico pós-refeição, redução na glicemia 60-120 min pós-refeição e redução do tempo abaixo da curva glicêmica.
Gosselin et al.[60]	Adultos jovens fisicamente ativos	EE = 20min EIAI (s) = 30 × 30 / 60 × 30 / 90 × 30 / 60 × 60	70% $\dot{V}O_2$máx 90% $\dot{V}O_2$máx	As demandas fisiológicas são maiores no EIAI do que no EE, e as respostas do EIAI dependem da razão esforço-pausa aplicada.
Goto et al.[61]	Homens saudáveis	1 × 30 min 3 × 10 min	60% $\dot{V}O_2$máx	A característica intermitente contribui para maior taxa de oxidação de gordura durante o exercício.
Goto et al.[62]	Homens saudáveis	1 × 60 min 2 × 30 min × 20 min	60% $\dot{V}O_2$máx	Os resultados indicam que a repetição dos esforços promove aumento do metabolismo de gordura.

SM: síndrome metabólica; DM2: diabetes melito tipo 2; EE: exercício de intensidade e duração que promova estado-estável; EIAI: *high intensity intermitent training* (exercício intermitente de alta intensidade); FCres: frequência cardíaca de reserva; TM: trabalho máximo; MC: massa corporal; MG: massa gorda; RI: resistência insulínica; GH: hormônio do crescimento. *: ambos os grupos sem DM2.

5.7 Respostas orgânicas crônicas relacionadas ao exercício intermitente de alta intensidade

De acordo com Boutcher,[22] respostas crônicas estão relacionadas a modificações na aptidão aeróbia e anaeróbia, adaptações musculares, redução dos níveis de insulina de jejum e RI. Apesar de a maior parte dos estudos que investigaram o EIAI de maneira crônica ter como referências os períodos curtos (2 a 6 semanas), existem evidências dos efeitos após 15[151,152] e, até mesmo, 32 semanas.[67]

5.7.1 Respostas cardiovasculares

Considerando o risco cardiovascular aumentado de indivíduos com SM, é importante ressaltar que elevações na aptidão cardiorrespiratória estão associadas à redução de risco cardiometabólico, considerando que a intensidade é fator determinante na indução de ganhos nessa variável. Dito isto, ressalta-se que o treinamento de alta intensidade (3 dias por semana acima do LL e 2 dias por semana abaixo do LL) pode promover ganhos maiores na aptidão cardiorrespiratória do que os induzidos por intensidades menores, 5 dias por semana abaixo do LL (melhora de 14% *versus* 9% $\dot{V}O_2$pico), após intervenção de 16 semanas, estando ambos os protocolos associados à redução da pressão arterial de repouso.[80] Alterações na morfologia cardíaca, como o aumento do ventrículo esquerdo, a hipertrofia do músculo cardíaco e o incremento da capacidade contrátil durante a sístole, são comumente identificadas como mecanismos responsáveis pela melhora na função cardiovascular. Já a redução da FC está diretamente relacionada ao aumento da atividade parassimpática e à redução da estimulação simpática ao nodo sinoatrial, o que proporciona redução dos riscos de doenças crônicas e de mortalidade.[153]

Além disso, estímulos de *sprints* promovem adaptações orgânicas positivas, as quais são induzidas para possibilitar a manutenção do desempenho em alta intensidade. Dentre elas, são evidenciadas a distensibilidade arterial, o aprimoramento da função endotelial, a melhora na capacidade oxidativa muscular e o aumento dos estoques de glicogênio a partir de duas semanas de treinamento.[25] Assim, Freyssin et al.[52] observaram resultados consideravelmente superiores em pacientes com falha cardíaca crônica a partir do EIAI (3 séries, com intervalos de 5 minutos entre elas, de 12 *sprints* de 30 segundos a 80% da potência máxima *versus* 60 segundos de recuperação passiva) quando comparado ao exercício contínuo (45 min na velocidade do limiar ventilatório1). Neste contexto, o grupo EIAI apresentou ganhos no $\dot{V}O_2$pico (27%), no teste de duração de exercício (47%), na captação de O_2 durante exercício máximo (18%) e no $\dot{V}O_2$ consumido na velocidade do limiar ventilatório1 (22%), mudanças que não foram registradas no protocolo de treino contínuo.

Ainda considerando a função cardíaca, intensidades supramáximas ($> 240\%$ $\dot{V}O_2$máx) implicaram um aumento do volume de ejeção pelo ventrículo esquerdo, aumento do $\dot{V}O_2$máx e redução da FCrep.[152] Este protocolo, de 4-7 séries de *sprints* de 30 segundos *all-out* seguidos de 4 minutos de recuperação passiva, mostrou-se adequado para o aprimoramento do componente aeróbio central de mulheres com sobrepeso/obesas sedentárias, após 4 semanas de práticas. Os autores concluem ainda que exercícios intensos podem promover ganhos cardiovasculares importantes na manutenção da saúde e na redução dos riscos de mortalidade por doenças crônicas relacionadas à obesidade e ao sedentarismo, com aproximadamente metade do período descrito para exercícios de maior volume, contínuos e de menor intensidade. Corroborando com esses achados, Trapp et al.[151] encontraram um aumento superior da capacidade aeróbia absoluta a partir do EIAI quando comparado ao exercício contínuo moderado (23% *versus* 19% $\dot{V}O_2$pico, respectivamente), mesmo o volume aeróbio sendo maior no segundo grupo (36 min *versus* 120 min/sem.), o que denota resposta relevante em nível periférico, destacadamente ajustes na atividade, densidade e biogênese mitocondrial.

Já Gutin, Barbeau e Owens[67] associaram aulas sobre estilo de vida saudável a exercícios físicos por oito meses e encontraram melhor desempenho no $\dot{V}O_2$máx de adolescentes obesos a partir do protocolo de maior intensidade (75% a 80% $\dot{V}O_2$pico). Além disso, esta melhor resposta do componente aeróbio foi positivamente correlacionada ao tempo gasto em atividades vigorosas. O mesmo não aconteceu quando comparada ao grupo que executou exercícios em intensidade moderada (50% a 60% $\dot{V}O_2$pico). Em outra investigação, Astorino et al.[7] aplicaram o protocolo que faz uso do teste de Wingate (30 segundos *all-out* × 4 minutos de recuperação passiva) durante 6 sessões (4× nos dias 1 e 2; 5× nos dias 3 e 4; 6× nos dias 5 e 6) em jovens ativos e identificaram incremento no $\dot{V}O_2$máx e na potência de ejeção cardíaca, ambas a partir de melhora na função cardíaca e captação de O_2.

5.7.2 Resposta glicêmica e insulínica

Em relação à resposta glicêmica, Andrews et al.[6] afirmam não haver diferença entre tratamento com dieta e combinação de dieta e atividade física, após monitorarem homens adultos com DM2 por 12 meses. Os autores supõem que o protocolo de exercícios utilizado (exercícios moderados 5 dias/sem.) possivelmente tinha intensidade insufi-

ciente e concluíram que a associação entre exercícios aeróbios e anaeróbios está melhor relacionada ao controle metabólico do que apenas a execução de esforços aeróbios contínuos. Esses achados vão ao encontro dos produzidos por Trapp et al.,[151] quando apontam a ocorrência de redução de 31% na insulina de jejum após 15 semanas de EIAI, ao passo que os exercícios moderados apresentaram um resultado mais modesto (9%). Os autores ainda afirmam que, a partir desses resultados, o EIAI é sugerido como uma forma eficiente de exercícios para a normalização de disfunções endócrinas e, a longo prazo, a redução da concentração de insulina pode aumentar a oxidação de gordura e reduzir a massa corporal de modo significativo.

Os efeitos do exercício aeróbio sobre a ação da insulina parecem ser independentes da resposta na composição corporal, ao passo que a melhora na RI parece estar relacionada a esforços de alta intensidade. Isso ocorre porque o músculo esquelético apresenta grande atuação na captação de glicose. Assim, apenas alguns minutos de exercício intervalado de alta intensidade (6 sessões de 15 minutos em duas semanas, nas quais eram executadas 4-6 séries de Wingate) podem melhorar substancialmente a ação insulínica e a homeostase da glicose em adultos jovens sedentários, em razão do alto volume de massa muscular envolvida e pela alta taxa de quebra e ressíntese de glicogênio derivada da alta intensidade.[9] Complementarmente, Little et al.[98] aplicaram 6 sessões de EIAI (10 × 60 segundos a 90% FCmáx × 60 segundos recuperação) no período de duas semanas em adultos portadores de DM2 e evidenciaram redução da média da glicemia 24 horas após o treino (7,6 *versus* 6,6 mmol/l), aumento da capacidade mitocondrial muscular e GLUT4 (principal transportador da glicose no músculo esquelético) em aproximadamente 369%. Esses resultados evidenciam que o treinamento intenso de baixo volume pode rapidamente melhorar o controle glicêmico e induzir adaptações musculares associadas à saúde metabólica em pacientes com DM2.

Não obstante, pacientes com obesidade, HAS, doença cardiovascular, DM2 e RI apresentaram níveis baixos de adiponectina (proteína do tecido adiposo, com concentração circulante reduzida em obesos, mas aumentada com a perda de peso). O aumento da concentração dessa proteína no plasma está associado à melhora da tolerância à glicose e da sensibilidade à insulina. Nesse contexto, Moghadasi et al.[111] mostraram que 12 semanas de treinamento intenso (80% $\dot{V}O_2$máx durante 45 min) resultaram em uma elevação de adiponectina e redução na RI a partir do aumento da expressão do RNAm em adultos obesos.

Reforçando o conceito de eficiência temporal, Metcalfe et al.[109] avaliaram respostas orgânicas decorrentes de versão reduzida do EIAI (RE-EIAI) para identificar a dose mínima necessária para obtenção de benefícios à saúde. Nessa investigação, 3 sessões por semana de apenas 10 minutos foram executadas durante 6 semanas (2 × 10-20 segundos *all-out*, com intervalos de aproximadamente 3 minutos) e foram suficientes para promover aumento da sensibilidade à insulina (28%) e $\dot{V}O_2$pico (15%). Esses resultados indicam que o RE-EIAI parece ser capaz de melhorar a saúde metabólica e a capacidade aeróbia de maneira temporalmente eficiente e se constitui como alternativa aos protocolos convencionais para tratamento de DM2.

Em suma, e associado à hipótese descrita por Earnest,[41] a DM2 é especialmente caracterizada por comprometimento nos níveis e na tolerância de glicose que são decorrentes de deficiências na função mitocondrial, de fatores genéticos e da expressão dos transportadores de glicose do tipo 4

(GLUT4). Este último é considerado um sinalizador-chave para a regulação da insulina, e sua deficiência é vista como causa da RI. Quanto ao GLUT4, já se observou que 6 sessões de treinos (8 a 12 esforços durante 1 minuto a 100% da potência pico, intercalados por períodos de 75 segundos de recuperação), ao longo de duas semanas, foram suficientes para elevação do conteúdo proteico de GLUT4.[97] Vale dizer, ainda, que apenas uma semana de esforços de 30 segundos *all-out* em uma bicicleta ergométrica, alternados por 4 minutos de recuperação, já proporciona aumento da quantidade de GLUT4 muscular e, após uma semana de destreinamento, esta quantidade se mantém 20% superior à situação de *baseline*.[26]

5.7.3 Obesidade

De maneira crônica, evidenciou-se que o EIAI influencia o balanço lipídico que favorece a redução da gordura corporal.[160] Confirmando essa afirmação, após 15 semanas foi obtida maior redução da gordura subcutânea decorrente do EIAI (esforços curtos = 10 a 15 tiros de 10 a 15 segundos a 60% do trabalho máximo em 10 segundos e estímulos longos = 5 a 6 tiros de 60 a 90 segundos a 70% do trabalho máximo em 90 segundos; com recuperação até a FC atingir de 120 a 130 bpm) pelo favorecimento dos processos de oxidação lipídica, quando comparada aos efeitos de protocolo contínuo de 30 a 45 minutos entre 60% e 85% da FC de reserva.[152] Resultado semelhante foi encontrado por Trapp et al.[151] com mulheres jovens inativas e saudáveis após 15 semanas de treinamento. Quando comparado ao grupo que executou exercício contínuo e moderado (60% $\dot{V}O_2$pico durante 20/40 min), o grupo que fez EIAI (60 × 8 s *all-out* × 12 s 20/30 rpm) apresentou reduções significativamente maiores na gordura corporal total, na gordura subcutânea da coxa e na gordura abdominal, que podem estar associadas à supressão de apetite e/ou aumento da utilização lipídica.

Além disso, os resultados encontrados por Irving, Davis e Brock[80] indicam que o exercício intenso é mais eficiente que o moderado para alterar a composição corporal de mulheres obesas portadoras de SM, confirmado pela maior redução da gordura subcutânea abdominal (intenso = -47 cm² *versus* moderado = -11 cm) e da gordura visceral abdominal (intenso = -24 cm² *versus* moderado= -7 cm²), quando comparados aos dados de base. Em contrapartida, talvez esta resposta esteja exclusivamente associada à característica intermitente do esforço e a intensidades máximas ou supramáximas, já que Gutin, Barbeau e Owens[67] afirmam não haver efeito claro da intensidade na melhora da composição corporal e adiposidade visceral de jovens obesos que executaram exercícios contínuos em diferentes intensidades (75% a 80% $\dot{V}O_2$pico e 50% a 60% $\dot{V}O_2$pico).

Após dois meses de EIAI, alternando 60% e 90% do $\dot{V}O_2$máx a cada 4 minutos durante 32 minutos, foram evidenciadas reduções de $\approx 28\%$ nas taxas de VLDL e TG, tanto nas concentrações em jejum como na taxa de secreção hepática. Entende-se a relevância desses achados pela influência na redução dos riscos relacionados às altas concentrações de gordura no fígado (esteatose hepática) e hipertrigliceridemias.[155]

Em outra perspectiva, a adiposidade abdominal é associada à redução na secreção do hormônio do crescimento (GH). Com base nisso, após 16 semanas de treinamento de alta (3 dias por semana acima do LL e 2 dias por semana abaixo do LL) e moderada intensidades (5 dias por semana abaixo do LL), Irving et al.[81] identificaram uma elevação da secreção noturna de GH (65% *versus* 49%, respectivamente) e alterações favoráveis na composição corporal por meio do exercício, independentemente da intensidade. Estes dados suportam a ideia da aplicação de exercícios para potencializar a secreção do referido hormônio e reduzir os riscos à saúde em adultos obesos portadores de SM. Resultado semelhante foi constatado com base em exercício contínuo (30 minutos entre LL e $\dot{V}O_2$pico) e intervalado (3 × 10 minutos entre LL e $\dot{V}O_2$pico × 10 minutos), sugerindo que tanto exercícios contínuos quanto intermitentes são efetivos no aumento da secreção de GH 24 horas após o treino.[158]

Nesse sentido, Boutcher[22] relata que os mecanismos para perda de gordura induzida pelo EIAI incluem aumento da oxidação de gordura durante e, especialmente, pós-exercício, redução da sensação de fome, aumento da capacidade de oxidação de AGL no músculo esquelético pela demanda de remoção de LAC e íons de hidrogênio (H+) e de ressíntese de glicogênio, níveis elevados de GH e melhora na sensibilidade insulínica.

Quadro 5.2 – Síntese dos efeitos orgânicos crônicos do EIAI em variáveis relacionadas à síndrome metabólica

Estudo	Características do grupo	Tipo de treino	Intensidade do treino	Desfecho
Gutin, Barbeau e Owens[67]	Adolescentes obesos	Alta intensidade Baixa intensidade 8 meses	75% a 80% $\dot{V}O_2$pico 50% a 60% $\dot{V}O_2$pico	Melhor desempenho no $\dot{V}O_2$máx, especialmente a partir do protocolo de maior intensidade, e redução da gordura visceral e total, independente da intensidade.
Irving, Weltman e Patrie[81]	Adultos com SM	3 dias por semana EIAI + 2 dias por semana EE 5 dias por semana EE 16 semanas	3 dias por semana acima do LL 2 dias por semana abaixo do LL 5 dias por semana abaixo do LL	Constatou-se um aumento superior da secreção noturna de GH a partir do EIAI. Além disso, alterações favoráveis na composição corporal foram identificadas, independentemente da intensidade.
Tremblay, Simoneau e Bouchard[152]	Adultos jovens	EIAI curto = 10 a 15 *sprints* de 10 s a 15 s × recuperação até atingir 120 bpm a 130 bpm EIAI longo = 5 a 6 *sprints* de 60 s a 90 s × recuperação até atingir 120 bpm a 130 bpm 15 semanas EE = 30 a 45 min durante 20 semanas	60% do TM em 10 s 70% do TM em 90 s 60% a 85% da FCres	Protocolos intermitentes promoveram maior redução da gordura subcutânea por meio do favorecimento dos processos de oxidação lipídica.
Babraj et al.[9]	Adultos jovens sedentários	6 sessões de 4-6 séries de Wingate (30 s × 4 min) 2 semanas	*All-out*	A ação insulínica e a homeostase da glicemia foram melhoradas em razão do alto volume de massa muscular envolvida e pela alta taxa de quebra e ressíntese de glicogênio derivadas da alta intensidade.
Moghadasi, Mohebbi e Rahmani-Nia[111]	Adultos com sobrepeso e obesos	45 min contínuos por 12 semanas	80% $\dot{V}O_2$máx	A alta intensidade mostrou elevação dos níveis de adiponectina e redução da RI, relacionados ao aumento da expressão do RNAm em adultos obesos.
Metcalfe et al.[109]	Adultos saudáveis e sedentários	Semanas 2-3 – 2 séries de 10 s × 3 min e 40 s Semanas 4-9 – 2 séries de 15 s × 3 min e 30 s Semanas 10-18 – 2 séries de 20 s × 3 min e 20 s Total de 18 semanas	*All-out*	O protocolo de EIAI reduzido foi suficiente para promover o aumento da sensibilidade à insulina e do $\dot{V}O_2$pico.
Andrews et al.[6]	Homens adultos com DM2	30 min de caminhada 5 dias por semana durante 12 meses	Moderada	Não houve diferença na resposta glicêmica a partir do protocolo de exercícios em razão da intensidade ser insuficiente para promover tal adaptação.
Little et al.[98]	Homens adultos com DM2	6 sessões de 10 séries de 60 s × 60 s durante 2 semanas	90% FCmáx	O treinamento intenso é eficiente para melhorar o controle glicêmico em pacientes com DM2, considerando a redução da glicemia 24 h pós-treino, aumento da capacidade mitocondrial e GLUT4.

Continua

Continuação

Tsekouras, Magkos e Kellas[155]	Homens adultos sedentários	3 dias por semana, 32 min = 4 min × 4 min durante 2 meses	4 min a 60% e 4 min a 90% do $\dot{V}O_2$máx	Foi evidenciada uma redução nas taxas de VLDL e TG tanto em jejum quanto na taxa de secreção hepática. Essas adaptações podem diminuir o risco de esteatose hepática e hipertrigliceridemias.
Astorino et al.[7]	Jovens ativos	6 sessões de séries de Wingate (30 s × 4 min), durante 2 semanas 4 × nos dias 1 e 2 / 5 × nos dias 3 e 4 / 6 × nos dias 5 e 6	All-out	Incremento no $\dot{V}O_2$máx e na potência de ejeção cardíaca a partir da melhora na função cardíaca e na captação de O_2.
Trilk et al.[153]	Mulheres com sobrepeso/obesas e sedentárias	4-7 séries de 30 s all-out × 4 min, durante 4 semanas	Acima de 240% do $\dot{V}O_2$máx	Aumento do volume de ejeção pelo ventrículo esquerdo, aumento do $\dot{V}O_2$máx e redução da FCrep.
Trapp et al.[151]	Mulheres jovens e sedentárias	EIAI = 60 séries de 8 s × 12 s EE = 20 min a 40 min 15 semanas	All-out 60% $\dot{V}O_2$pico	Aumento na capacidade aeróbia absoluta e redução da insulina de jejum, na gordura corporal total, gordura subcutânea da coxa e gordura abdominal a partir do EIAI.
Irving, Davis e Brock[80]	Mulheres obesas com SM	3 dias por semana EIAI e 2 dias por semana EE 5 dias por semana. EE 16 semanas	3 dias por semana acima do LL 2 dias por semana abaixo do LL 5 dias por semana abaixo do LL	Maior ganho de potência aeróbia e maior redução da gordura abdominal total, da gordura subcutânea abdominal e da gordura visceral abdominal a partir do protocolo intenso.
Freyssin, Verkindt e Prieur[52]	Pacientes com falha cardíaca crônica	EIAI = 3 séries, com intervalo de 5 min entre elas, de 12 sprints de 30 s × 60 s EE = 45min 8 semanas	80% $\dot{V}O_2$máx Limiar ventilatório 1	O EIAI promoveu ganhos no $\dot{V}O_2$pico, no teste de duração de exercício, na captação de O_2 durante exercício máximo e no $\dot{V}O_2$ consumido na velocidade do limiar ventilatório 1. O mesmo não foi constado com o protocolo contínuo.
Tabata et al.[145]	Homens adultos jovens universitários	7-8 séries 20 s × 10 s 6 semanas	170% $\dot{V}O_2$máx	O EIAI prescrito de maneira adequada pode promover adaptações nos sistemas aeróbio e anaeróbio, provavelmente, pela alta intensidade imposta em ambos os sistemas.
Hood et al.[75]	Adultos jovens sedentários	10 × 1 min × 1 min 2 semanas	80%-95% FCres	O protocolo proposto induziu rapidamente adaptações na biogênese mitocondrial musculoesquelética, aumento de GLUT4 e melhora na sensibilidade à insulina, e representa alternativa temporalmente eficiente para redução de riscos metabólicos à saúde.

SM: síndrome metabólica; DM2: diabetes melito tipo 2; EE: exercício de intensidade e duração que promova estado-estável; EIAI: *high intensity intermittent training* (exercício intermitente de alta intensidade); FCmáx: frequência cardíaca máxima; FCres: frequência cardíaca de reserva; FCrep: frequência cardíaca de repouso; TM: trabalho máximo; MC: massa corporal; MG: massa gorda; RI: resistência insulínica; LL: limiar de lactato; $\dot{V}O_2$máx: consumo máximo de oxigênio; TG: triglicerídeos; VLDL: lipoproteína de muito baixa densidade; GH: hormônio do crescimento.

5.8 Indicações do EIAI para os componentes da SM

Neste momento será considerada a aplicabilidade prática do EIAI em cada um dos componentes da SM, a qual é sintetizada no Quadro 5.3. Inicialmente, destaca-se que doenças crônicas associadas, incluindo DM e DCV, ocorrem quando se tem o risco aumentado pelo excesso de peso, relacionado a distúrbios no metabolismo lipídico.[84]

Os efeitos do EIAI na redução da gordura subcutânea e abdominal são promissores no tratamento do sobrepeso e, consequentemente, na redução da circunferência da cintura, que é um marcador de risco cardíaco.[22] Pode-se inferir, ainda, que esses protocolos parecem ser eficientes no tratamento a partir da melhora na capacidade oxidativa e na ação da insulina, lembrando que a redução na HAS e na circunferência da cintura podem prevenir e auxiliar no tratamento da DM2 e da SM.[7]

Em relação à HAS, as recomendações não farmacológicas para seu tratamento envolvem dieta e exercício aeróbio de intensidade moderada pela redução da pressão sistólica e diastólica e melhora na função arterial.[34] Porém, protocolos de alta intensidade com menor demanda temporal e maior grau motivacional podem promover essas adaptações por meio de alterações na morfologia cardíaca, na função cardiovascular e na capacidade cardiorrespiratória.[52,153]

Vista como componente central da SM, a RI parece ser fator patofisiológico relevante da DM2, além de estar relacionada aos maiores problemas de saúde pública atual, incluindo obesidade e DCV.[110] As recomendações para a promoção da saúde englobam exercícios de alto volume e intensidade moderada, visando atingir aumento de desempenho físico, aumento da capacidade oxidativa e melhora do mecanismo de transporte da glicose.[118] No entanto, exercícios intermitentes de alta intensidade têm mostrado resultados satisfatórios com maior eficiência temporal.[56]

Indicações para portadores de DM devem atender aos seguintes benefícios decorrentes da prática de exercícios físicos:

- I – auxílio na manutenção da massa corporal magra;
- II – melhora da função cardiovascular, da sensibilidade insulínica, do perfil lipídico e controle glicêmico e da HAS.[29]

Portanto, entende-se que, com base nos protocolos intermitentes anteriormente citados, o EIAI parece ser uma ferramenta eficiente e segura para atender a essas demandas físicas,[41,98,151] contrastando com as recomendações tradicionais de esforços contínuos com duração de 20 a 60 minutos e intensidade entre 50% e 80% do $\dot{V}O_2$ de reserva.[29]

Quanto ao risco cardiovascular, os exercícios físicos têm um papel importante para a função cardíaca, sobretudo pelo aumento do limiar ventilatório, que apresenta relevância clínica para melhorar a capacidade de suportar exercícios submáximos e a percepção de qualidade de vida. Além disso, também induzem à regressão de marcadores de disfunção no ventrículo esquerdo, diminuem a resistência vascular, reduzem a disfunção endotelial e aumentam a capacidade oxidativa dos músculos periféricos/apendiculares.[52]

Tabela 5.4 – Síntese dos efeitos do EIAI nas variáveis da SM

Variável de interesse e respectiva referência	Principais desfechos observados
Composição corporal	
Irving et al.[81]	↓Circunferência da cintura; ↓MC; ↓IMC; ↓MG; ↓GA; ↓GVA
Gutin et al.[67]	↓GVA; ↓Adiposidade total
Irving et al.[80]	↓Circunferência da cintura; ↓GA; ↓Gordura abdominal subcutânea; ↓GVA
Moghadasi et al.[111]	↓GA; ↓GVA; ↓Gordura subcutânea; ↓MC
Cardiovascular	
Tsekouras et al.[155]	↑VO_2pico (18%)
Metcalfe etl al.[109]	H = ↑VO_2pico (15%); M= ↑VO_2pico (12%)
Babraj et al.[9]	↑VO_2pico (6%)
Gutin et al.[67]	↑VO_2máx-170; ↑VO_2máx
Freyssin et al.[52]	↑VO_2pico (27%); ↑VO_2-LV1 (22%); ↑Captação de O_2
Astorino et al.[7]	↑VO_2máx; ↑VCO_2máx; ↑Captação de O_2
Irving, Weltman J, Patrie[81]	↑VO_2pico
Irving, Davis e Brock[80]	↑VO_2pico
Moghadasi et al.[111]	↑VO_2máx
Trilk et al.[153]	↑VO_2máx; ↑Função circulatória; ↓FC; ↓Volume de ejeção
Tabata et al.[145]	↑VOmáx; ↑Capacidade anaeróbia
Metabólico	
Tsekouras et al.[155]	↓VLDL-TG (28%)
Metcalfe etl al.[109]	H= ↑SI (28%)
Babraj et al.[9]	↓AGL (17%); ↑SI (23%) / Área abaixo da curva – ↓GLI (12%); ↓Insulina (37%); ↓AGL (26%)
Weltman et al.[158]	↑GH
Irving et al.[81]	↑GH (65%)
Little et al.[98]	↓GLI 24 h pós-treino (13%); ↓GLI pós-prandial (30%); ↑GLUT4 (369%)
Gillen et al.[58]	↓Tempo em hiperglicemia; ↓Pico glicêmico pós-prandial; ↓Glicemia 60-120 min pós-prandial
Moghadasi et al.[111]	↑Expressão do RNAm de adiponectina (57%); ↓GLI-jejum; ↓Insulina; ↓RI
Rubin et al.[129]	↑GH
Hood et al.[75]	↑GLUT4 (260%); ↓Insulina-jejum (16%); ↑SI (35%)

MC: massa corporal; MG: massa gorda; RI: resistência insulínica; VO_2máx: consumo máximo de oxigênio; VCO_2máx: consumo máximo de gás carbônico; TG: triglicerídeos; VLDL: lipoproteína de muito baixa densidade; GH: hormônio do crescimento; SI: sensibilidade à insulina; H: homens; M: mulheres; GLI: glicose; AGL: ácido graxos livres; VO_2máx -170: consumo máximo de oxigênio a 170 bpm; VO_2-LV1: consumo de oxigênio na intensidade do limiar ventilatório 1; IMC: índice de massa corporal; GVA: gordura visceral abdominal; GA: gordura abdominal.

5.9 Aplicações práticas

Registra-se que os exercícios intermitentes de alta intensidade se mostram úteis no tratamento de fatores de risco associados e que caracterizam a SM. Além da eficiência temporal, da motivação e maior aderência ao processo de treinamento, o sucesso dos resultados em prazos menores que os promovidos em exercícios contínuos tornam o EIAI uma ferramenta interessante a ser adicionada na prescrição de exercício para esta população.

Especificamente quanto ao processo de treinamento, sugere-se que sedentários portadores de SM adicionem gradativamente exercícios intensos à rotina de treinos, em diferentes estágios, a saber:

- Protocolos intermitentes longos e submáximos, como os de Bartlett et al.,[13] com 6×3 min a $90\%\dot{V}O_2$máx com intervalos de 3 min a $50\%\dot{V}O_2$máx, e de Mandroukas, Heller e Metaxas[100] com 4 min a 12 km/h *versus* 4 min a 8 km/h, podem servir como introdução aos novos estímulos, ainda que coexistindo com os exercícios moderados, longos e contínuos.
- À medida que a aptidão física aumenta, os esforços intermitentes mais curtos e próximos da intensidade máxima, como os de Little et al.,[98] com 10×60 s a 90% FCmáx

$\times$ 60 s de recuperação, podem potencializar os resultados e apresentar redução da demanda temporal das sessões.

- Seguindo a progressão, indivíduos portadores desta síndrome e já treinados podem alternar os protocolos anteriormente mencionados com sessões de intensidade supramáxima, como descritas por Trapp et al.,[151] com 60×8 s *all-out* $\times$ 12 s 20/30 rpm, Metcalfe et al.,[109] com $2 \times 10/20$ s *all-out* por 3 min 20 s de recuperação, e Richards, Johnson e Kuzma[127], com 4×30 s *all-out* por 4 min de recuperação.

Em suma, com o aumento da prevalência da SM, exercícios intermitentes de alta intensidade parecem ser uma alternativa interessante para a prevenção e o tratamento dos fatores de risco que a compõem. Dessa forma, são apresentados diferentes protocolos de treinamento com potencial motivacional e eficiência temporal que podem aumentar a aderência aos programas de exercícios que objetivam reduzir os fatores de risco de doenças crônicas, estando estes isolados ou agrupados. Portanto, sugere-se que esses exercícios sejam considerados na prescrição e nas recomendações de atividades para promoção da saúde deste grupo populacional.

Referências

1. Alberti K, Eckel R, Grundy S, Zimmet P, Cleeman J, Donato K, et al. Harmonizing the metabolic syndrome. A joint interim statement of the International Diabetes Federation Task Force on Epidemiology and Prevention; National Heart, Lung, and Blood Institute; American Heart Association; World Heart Federation; International Atherosclerosis Society; and International Association for the Study of Obesity. Circulation. 2009;120:1640-45.

2. Alberti K, Zimmet P. Definition, diagnosis and classification of diabetes mellitus and its complications. Part 1: diagnosis and classification of diabetes mellitus: provisional report of a WHO consultation. Diabet Med. 1998;15:539-53.

3. Allender S, Foster C, Boxer A. Occupational and non-occupational physical activity and the social determinants of physical activity: results from the Health Survey for England. J Phys Act Health. 2008;5:104-16.

4. American Association of Clinical Endocrinologists, American College of Endocrinology. Guidelines for glycemic control. Endocr Pract. 2003;9(suppl.1):7-19.

5. American College of Sports Medicine. ACSM stand position on the appropriate intervention strategies for weight loss and prevention of weight regain for adults. Med Sci Sports Exerc. 2001;33:2145-56.

6. Andrews RC, Cooper AR, Montgomery AA, Norcross AJ, Peters TJ, Sharp DJ, et al. Diet or diet plus physical activity versus usual care in patients with newly diagnosed type 2 diabetes: the Early ACTID randomised controlled trial. Lancet. 2011;378:129-39.

7. Astorino T, Allen R, Roberson D, Jurancich M. Effect of high-intensity interval training on cardiovascular function, VO2max, and muscular force. J Strength Cond Res. 2012;1:138-45.

8. Azadbakht L, Mirmiran P, Esmaillzadeh A, Azizi T, Azizi F. Beneficial effects of a dietary approaches to stop hypertension eating plan on features of the metabolic syndrome. Diab Care. 2005;28:2823-31.

9. Babraj J, Vollaard N, Keast C, Guppy FM, Cottrell G, Timmons JA. Extremely short duration high intensity interval training substantially improves insulin action in young healthy males. BMC Endocr Disor. 2009;9:3.

10. Balducci S, Zanuso S, Nicolucci A, De Feo P, Cavallo S, Cardelli P, et al. Effect of an intensive exercise intervention strategy on modifiable cardiovascular risk factors in subjects with type 2 diabetes mellitus: a randomized controlled trial: the Italian Diabetes and Exercise Study (IDES). Arch Intern Med. 2010;8:1794-803.

11. Balkau B, Charles MA. Comment on the provisional report from the WHO Consultation. European Group of the Study of Insulin Resistance (EGIR). Diabet Med.1999;16(5):442-3.

12. Balkau B, Charles MA, Drivsholm T, Borch-Johnsen K, Wareham N, Yudkin J, et al. Frequency of the WHO metabolic syndrome in European cohorts, and an alternative definition of an insulin resistance syndrome. Diabetes Metab. 2002;28:364-76.

13. Bartlett JD, Close GL, MacLaren DPM, Gregson W, Drust B, Morton JP. High-intensity interval running is perceived to be more enjoyable than moderate-intensity continuous exercise: implications for exercise adherence. J Sports Sci. 2011;29:547-53.

14. Bateman L, Slentz C, Willis L, Shields A, Piner L, Bales C, et al. Comparison of aerobic versus resistence exercise training effects on metabolic syndrome (from the Studies of a Target Risk Reduction Intervention Though Defined Exercise - STRRIDE - AT/RT). Am J Cardiol. 2011;108:838-44.

15. Biddle MG, Vincent G, McCambridge A, Britton G, Dewes O, Elley CR, et al. Randomised controlled trial of informal team sports for cardiorespiratory fitness and health benefit in Pacific adults. J Prim Health Care. 2011;3:269-77.

16. Billat L. Interval training for performance: a scientific and empirical practice special recommendations for middle- and long-distance running. Part I: Aerobic interval training. Sports Med. 2001a;31:13-31.

17. Billat L. Interval training for performance: a scientific and empirical practice special recommendations for middle- and long-distance running. Part II: Anaerobic interval training. Sports Med. 2001b;31:75-90.

18. Bishop D, Girard O, Villanueva A. Repeated-sprint ability. Sports Med. 2011;9:741-52.

19. Bo S, Ciccone G, Guidi S, Gambino R, Durazzo M, Gentile L, et al. Diet or exercise: what is more effective in preventing or reducing metabolic alterations? Eur J Endocrinol. 2008;159:685-91.

20. Bollinger L, Lafontaine T. Exercise programming for insulin resistance. Strength Cond J. 2011;5:44-7.

21. Bopp M, Barbiero S. Prevalência de síndrome metabólica em pacientes de um ambulatório do instituto de cardiologia do Rio Grande do Sul (RS). Arq Bras Cardiol. 2009;93:473-7.

22. Boutcher SH. High-intensity intermittent exercise and fat loss. J Obes. 2011:1-10.

23. Brasil. Ministério da Saúde. Hipertensão arterial sistêmica para o Sistema Único de Saúde. Brasília: Ministério da Saúde; 2006. (Cadernos de Atenção Básica, n.15) (Série A. Normas e Manuais Técnicos).

24. Buchanan T, Xiang A, Peters R, Kjos S, Marroquin A, Goico J, et al. Preservation of b cell function and prevention of type 2 diabetes by pharmacological treatment of insulin resistance in high risk Hispanic women. Diabetes. 2002;51:2796-803.

25. Buchheit M, Abbiss C, Peiffer J, Laursen P. Performance and physiological responses during a sprint interval training session: relationships with muscle oxygenation and pulmonary oxygen uptake kinetics. J Appl Physiol. 2012;112:767-79.

26. Burgomaster K, Cermak N, Phillips S, Benton C, Bonen A, Gibala M. Divergent response of metabolite transport proteins in human skeletal muscle after sprint interval-training and detraining. Am J Physiol Regul Integr Comp Physiol. 2007;292:1970-6.

27. Camhi S, Stefanick M, Katzmarzyk P, Young D. Metabolic syndrome and changes in body fat from a low-fat diet and/or exercise randomized controlled trial. Obesity (Silver Spring). 2010;18:548-54.

28. Cardoso A, Nogueira M, Hayashida M, Souza L, Cesarino E. Clinical and socioeconomic aspects of dyslipidemia in patients with cardiovascular diseases. Physis. 2011;21:417-36.

29. Castro A, Mansur H, Junior J. Diabetes mellitus: abordagem interdisciplinar – A educação em saúde como tratamento. Juiz de Fora: UFJF; 2011. p. 98-110.

30. Chiasson J, Josse R, Gomis R, Hanefeld M, Karasik A, Laasko M. Acarbose for the prevention of type 2 diabetes mellitus: the STOP-NIDDM randomized trial. Lancet. 2002;359:2072-7.

31. Christmass M, Dawson B, Arthur P. Effect of work and recovery duration on skeletal muscle oxygenation and fuel use during sustained intermittent exercise. J Appl Physiol. 1999a;8:436-47.

32. Christmass M, Dawson B, Passeretto P, Arthur P. A comparison of skeletal muscle oxygenation and fuel use in sustained continuous and intermittent exercise. J Appl Physiol. 1999b;8:423-35.

33. Ciolac E, Morgado C, Bortoloto L, Doria E, Bernik M, Lotufo P. Exercício intervalado é melhor que exercício contínuo para diminuir pressão arterial 24 horas pós-exercício em hipertensos. Rev Soc Cardiol Est São Paulo. 2003;13:48.

34. Collier SR, Frechette V, Sandberg K, Schafer P, Ji H, Smulyan H, et al. Sex differences in resting hemodynamics and arterial stiffness following 4 weeks of resistance versus aerobic exercise training in individuals with pre-hypertension to stage 1 hypertension. Biol Sex Differ. 2011;2:9.

35. Damiani D, Kuba V, Cominato L, Damiani D, Dichtchekenian V, Filho H. Síndrome metabólica em crianças e adolescentes: dúvidas na terminologia, mas não nos riscos cardiometabólicos. Arq Bras Endocrinol Metab. 2011;55:576-82.

36. Damião R, Sartorelli D, Hirai A, Bevilacqua M, Salvo V, Ferreira S, et al. Impact of a lifestyle intervention program on metabolic, anthropometrical and dietary profile of Japanese-Brazilians with and without metabolic syndrome. Arq Bras Endocrinol Metabol. 2011;55:134-45.

37. Dansinger M, Gleason J, Griffith J, Selker H, Schaefer E. Comparison of the Atkins, Ornish, Weight Watchers, and Zone diets for weight loss and heart disease risk reduction: a randomized trial. JAMA. 2005;293:43-53.

38. Devaraj S, Chan E, Jialal I. Direct Demonstration of an Antiinflammatory Effect of Simvastatin in Subjects with the Metabolic Syndrome. J Clin Endocrinol Metab. 2006;91:4489-96.

39. Donelly JE, Blair SN, Jakicic JM, Manore MM, Rankin JW, Smith B. ACSM position stand: appropriate physical activity intervention strategies for weight loss and prevention of weight regain for adults. Med Sci Sports Exerc. 2009;41:459-71.

40. Durstine J, Haskell W. Effects of exercise on plasma lipids and lipoproteins. Exerc Sport Sci Rev. 1994;22:477-521.

41. Earnest C. Exercise interval training: An improved stimulus for improving the physiology of pre-diabetes. Med Hypotheses. 2008;71:752-61.

42. Eidelman R, Herbert P, Weisman S, Henneken S. An update on aspirin in the primary prevention of cardiovascular disease. Arch Intern Med. 2003;163:2006-10.

43. Ervin R. Prevalence of metabolic syndrome among adults 20 years of age and over, by sex, age, race and ethnicity, and body mass index: United States, 2003-2006. Natl Health Stat Report. 2009;5:1-7.

44. Escobedo J, Schargrodsky H, Champagne B, Silva H, Boissonnet C, Vinueza R, et al. Prevalence of the Metabolic Syndrome in Latin America and its association with sub-clinical carotid atherosclerosis: the CARMELA cross sectional study. Cardiov Diabetology. 2009;8:52.

45. Esposito K, Marfella R, Ciotola M, Di Palo C, Giugliano F, Giugliano G, et al. Effect of a Mediterranean-style diet on endothelial dysfunction and markers of a vascular inflammation in the metabolic syndrome – A randomized trial. JAMA. 2004;292:1440-6.

46. Estruch R, Martinez-Gonzalez M, Corella D, Salas-Salvadó J, Rutz-Gutiérrez V, Covas M. Effects of a Mediterranean-style diet on cardiovascular risk factors. A Randomized Trial. Ann Intern Med. 2006;145:1-11.

47. Ferreira S, Lerário D, Gimeno S, Sanudo A, Franco L, Japanese Brazilian Diabetes Study Group. Prevalence and 7-year incidence of type II diabetes mellitus in a Japanese-Brazilian population: an alarming public health problem. Diabetologia. 2002;45:1635-38.

48. Fett C, Fett W, Marchini J, Ribeiro R. Lifestyle and risk factors associated to body fat increase in women. Ciência & Saúde Col. 2010;15:131-40.

49. Ford E, Giles W, Mokdad A. Increasing prevalence of the metabolic syndrome among U.S. adults. Diab Care. 2004;27:2444-9.

50. Foster G, Wyatt H, Hill J, McGuckin B, Brill C, Mohammed B, et al. A randomized trial of a low-carbohydrate diet for obesity. N Engl J Med. 2003;348:2082-90.

51. Foster-Powell K, Holt S. International table of glycemic index and glycemic load values: 2002. Am J Clin Nutr. 2002;76:5-56.

52. Freyssin C, Verkindt C, Prieur F. Cardiac rehabilitation in chronic heart failure: effect of a 8-week high-intensity interval training vs continuous training. Arch Phys Med Rehabil. 2012;8:1359-64.

53. Gaesser G, Angadi S. High-intensity interval training for health and fitness: can less be more? J Appl Physiol. 2011;6:1540-1.

54. Galvão R, Kohlmann O. Hipertensão arterial no paciente obeso. Rev Bras Hipertens. 2002;9:262-7.

55. Garber CE, Blissmer B, Deschenes MR, Franklin BA, Lamonte MJ, Lee IM, et al. American College of Sports Medicine position stand. Quantity and quality of exercise for developing and maintaining cardiorespiratory, musculoskeletal, and neuromotor fitness in apparently healthy adults: guidance for prescribing exercise. Med Sci Sports Exerc. 2001;43:1334-59.

56. Gibala M, Little J. Just HIT it! A time-efficient exercise strategy to improve muscle insulin sensitivity. J Physiol. 2010;18:3341-2.

57. Gibala M, McGee S. Metabolic adaptations to short-term high-intensity interval training: a little pain for a lot of gain? Sports Med. 2008;2:58-63.

58. Gillen J, Little J, Punthakee Z. Acute high-intensity interval exercise reduces the postprandial glucose response and prevalence of hyperglycemia in patients with type 2 diabetes. Diabetes Obes Metab. 2012;6:575-7.

59. Goldfarb B. ADA/EASD statement casts critical eye on metabolic syndrome. DOC News. 2005;2:1-5.

60. Gosselin L, Kozlowski K, Devinneyboymel L, Hambridge C. Metabolic response of different high intensity aerobic interval exercise protocols. J Strength Cond Res. 2012;26:2866-71.

61. Goto K, Ishii N, Mizuno A, Takamatsu K. Enhancement of fat metabolism by repeated bouts of moderate endurance exercise. J Appl Physiol. 2007;102:2158-64.

62. Goto K, Tanaka K, Ishii N, Uchida S, Takamatsu K. A single versus multiple bouts of moderate-intensity exercise for fat metabolism. Clin Physiol Funct Imaging. 2011;31:215-20.

63. Gronner M, Bosi P, Carvalho A, Casale G, Contrera D, Pereira M, et al. Prevalence of metabolic syndrome and its association with educational inequalities among Brazilian adults: a population-based study. Braz J Med Biol Res. 2011;44:713-9.

64. Grundy S, Brewer H, Cleeman J, Smith S, Lenfant C. Definition of metabolic syndrome. NHLBI/AHA conference proceedings. Circulation. 2004;109:433-8.

65. Guimarães G, Bortolotto L, Doria E, Ciolac E, Morgado C, Bernik M. Interval exercise decrease 24h blood pressure more than continuous exercise in hypertension patients. In: Final program and abstract book. XVth Scientific Meeting of the Inter-American Society of Hypertension; 2003. p. 63.

66. Grundy SM, Cleeman JI, Daniels SR, Donato KA, Eckel RH, Franklin BA, et al. Diagnosis and management of the metabolic syndrome: an American Heart Association/National Heart, Lung, and Blood Institute Scientific Statement. Circulation. 2005;112:2735-52.

67. Gutin B, Barbeau P, Owens S. Effects of exercise intensity on cardiovascular fitness, total body composition, and visceral adiposity of obese adolescents. J Clin Nutrition. 2002;7:818-26.

68. Ha TH, Seo HS, Choo WJ, Choi J, Suh J, Cho YH, et al. The effect of metabolic syndrome on myocardial contractile reserve during exercise in non-Diabetic Hypertensive Subjects. J Cardiovasc Ultrasound. 2011;19:176-82.

69. Halford J, Heal D, Blundell J. Effects in the rat of sibutramine on food intake and the behavioral satiety sequence. Br J Pharmacol. 1995;114:387.

70. Halpern A, Mancini M. Tratamento da obesidade no paciente portador de hipertensão arterial. Rev Bras Hipertens. 2000;7:166-71.

71. Hawley JA, Gibala MJ. What's new since Hippocrates? Preventing type 2 diabetes by physical exercise and diet. Diabetologia. 2012;55:535-9.

72. Hermsdorff H, Monteiro J. Visceral, subcutaneous or intramuscular fat: where is the problem? Arq Bras Endocrinol Metabol. 2004;48:803-11.

73. Hickson R, Bomze H, Holloszy J. Linear increase in aerobic power induced by a strenuous program of endurance exercise. J Appl Physiol. 1977;42:372-6.

74. Hollander P, Elbein S, Hirsch I, Kelley D, McGill J, Taylor T, et al. Role of orlistat in the treatment of obese patients with type 2 diabetes. Diabetes Care. 1998;21:1288-94.

75. Hood M, Little J, Tarnopolsky M, Myslik F, Gibala M. Low-volume interval training improves muscle oxidative capacity in sedentary adults. Med Sci Sports Exerc. 2011;10:1849-56.

76. Howard P. Nonsteroidal antiinflamatory drugs and cardiovascular risk. J Am Coll Cardiol. 2004;43:519-25.

77. Hu G, Qiao Q, Tuomilehto J, Balkau B, Borch-Johnsen K, Pyorala K. Prevalence of the metabolic syndrome and its relation to all-cause and cardiovascular mortality in nondiabetic European men and women. Arch Intern Med. 2004;164:1066-76.

78. Iaia F, Bangsbo J. Speed endurance training is a powerful stimulus for physiological adaptations and performance improvements of athletes. Scand J Med Sci Sports. 2010;20:11-23.

79. International Diabetes Federation [homepage na internet]. Bruxelas: IDF; [atualizado em 14 abr 2005; acesso em 02 jul 2014]. Disponível em: http://www.idf.org/webdata/docs/Metac_syndrome_def.pdf

80. Irving B, Davis C, Brock D. Effect of exercise training intensity on abdominal visceral fat and body composition. Med Sci Sports Exerc. 2008;11:1863-72.

81. Irving B, Weltman J, Patrie J. Effects of exercise training intensity on nocturnal growth hormone secretion in obese adults with the metabolic syndrome. J Clin Endocrinol Metab. 2009;6:1979-86.

82. Isomaa B, Almgren P, Tuomi T, Forsén B, Lahti K, Nissén M, et al. Cardiovascular morbidity and mortality associated with the metabolic syndrome. Diabetes Care. 2001;24:683-9.

83. James W, Astrup A, Finer N, Hilsted J, Kopelman P, Rossner S, et al. Effect of sibutramine on weight maintenance after weight loss: a randomised trial. STORM Study Group. Sibutramine Trial of Obesity Reduction and Maintenance. Lancet. 2000;356:2119-25.

84. Jeon K, Lee O, Kim H, Han S. Comparison of the dietary intake and clinical characteristics of obese and normal weight adults. Nutr Res Pract. 2011;4:329-36.

85. Jurca R, Lamonte M, Church T, Earnest C, Fitzgerald S, Barlow C, et al. Associations of muscle strength and aerobic fitness with metabolic syndrome in men. Med Sci Sports Exerc. 2004;36:1301-7.

86. Kahn R, Buse J, Ferrannini E, Stern M. The metabolic syndrome: timefor a critical appraisal: joint statement from the American Diabetes Association and the European Association for the Study of Diabetes. Diabetes Care. 2005;28:2289-304.

87. Kaplan N. The delay quartet: upper-body obesity, glucose intolerance, hypertriglyceridemia and hypertension. Arch Intern Med. 1989;149:1514-20.

88. Knowler W, Barrett-Connor E, Fowler S, Hamman R, Lachin J, Walker E. Diabetes Prevention Program Research Group. Reduction in the incidence of type 2 diabetes with lifestyle intervention or metformin. N Engl J Med. 2002;346:393-403.

89. Kobayashi M, Shigeta Y, Hirata Y, Omori Y, Sakamoto N, Nambu S, et al. Improvement of glucose tolerance in NIDDM by clofibrate: randomized double-blind study. Diabetes Care. 1988;11:495-9.

90. Kubukeli Z, Noakes T, Dennis S. Training techniques to improve endurance exercise performances. Sports Med. 2002;8:489-509.

91. Kylin E. Studium Über das Hypertonie--Hyperglikëmie-Hyperurikëmie Syndrom. Innere Medizin. 1923;44:105-27.

92. Laursen P, Jenkins D. The scientific basis for high-intensity interval training optimising training programmes and maximising performance in highly trained endurance athletes. Sports Med. 2002;32:53-73.

93. Leão L, Moraes M, Carvalho G, Koifman R. Nutritional interventions in metabolic syndrome: a systematic review. Arq Bras Cardiol. 2001;97:260-65.

94. Li G, Zhangi P, Wang J, Gregg E, Yang W, Gong Q. The long-term effect of lifestyle interventions to prevent diabetes in the China Da Qing Diabetes Prevention Study: a 20-years follow-up study. Lancet. 2008;371:1783-9.

95. Liao J. Role of statin pleiotropism in acute coronary syndromes and stroke. Int J Clin Pract Suppl. 2003;134:51-7.

96. Lindström J, Absetz P, Hemiö K, Peltomäki P, Peltonen M. Reducing the risk of type 2 diabetes with nutrition and physical activity-efficacy and implementation of lifestyle intervention in Finland. Public Health Nutr. 2010;13(6A):993-9.

97. Little J, Safdar A, Wilkin G, Tarnopolsky M, Gibala M. A practical model of low-volume high-intensity interval training induces mitochondrial biogenesis in human skeletal muscle: potential mechanisms. J Physiol. 2010;58:1011-22.

98. Little JP, Gillen JB, Percival ME, Safdar A, Tarnopolsky MA, Punthakee Z, et al. Low-volume high-intensity interval training reduces hyperglycemia and increases muscle mitochondrial capacity in patients with type 2 diabetes. J Appl Physiol. 2011;111:1554-60.

99. Lopes H. Hipertensão, obesidade, resistência à insulina e síndrome metabólica. Rev Bras Hipertens. 2005;12:154-58.

100. Ludwig D. The glycemic index: physiological mechanisms relating to obesity, diabetes, and cardiovascular disease. JAMA. 2002;287:2414-23.

101. Mananko E, Vorob'eva E, Kalashnikova T, Bushkova E, Krasnova N, Idrisova E, et al. The efficiency of combinations of Enalapril and long-acting Nifedipin and Moxonidine in patients with arterial hypertension and a metabolic syndrome. Klin Med (Mosk). 2008;86:56-61.

102. Mancia G, Parati G, Bilo G, Choi J, Kilama M, Ruilope L. Blood pressure control by the nifedipine GITS-telmisartan combination in patients at high cardiovascular risk: the TALENT study. J Hypertens. 2011;29:600-9.

103. Mandroukas A, Heller J, Metaxas T. Cardiorespiratory and metabolic alterations during exercise and passive recovery after three modes of exercise. J Strength Cond Res. 2011;6:1664-72.

104. Manninen V, Elo M, Frick M, Haapa K, Heinonen O, Heinsalmi P, et al. Lipid alterations and decline in the incidence of coronary heart disease in the Helsinki Heart Study. JAMA. 1988;260:641-51.

105. Márquez-Sandoval F, Macedo-Ojeda G, Viramontes-Hörner D, Fernández Ballart J, Salas Salvadó J, Vizmanos B. The prevalence of metabolic syndrome in Latin America: a systematic review. Public Health Nutr. 2011;10:1702-13.

106. Martins D, Araújo l. Diabetes mellitus: tratamento da hipertensão arterial. São Carlos: Associação Médica Brasileira e Conselho Federal de Medicina; 2004. (Projeto Diretrizes)

107. Mecca M, Moreto F, Burini F, Dalanesi R, McLellan K, Burini R. Ten-week lifestyle changing program reduces several indicators for metabolic syndrome in overweight adults. Diabetol Metab Syndr. 2012;19:1.

108. Meigs J, Agostino R, Nathan D, Rifai N, Wilson P. Longitudinal association of glycemia and microalbuminuria. Diabetes Care. 2002;25:977-83.

109. Metcalfe R, Babraj J, Fawkner S, Vollaard N. Towards the minimal amount of exercise for improving metabolic health: beneficial effects of reduced-exertion high-intensity interval training. Eur J Appl Physiol. 2011;7:2767-75.

110. Mitsuhashi T, Yamada C, Iida A. Long-term detraining increases the risk of metabolic syndrome in japonese men. Tokai J Exp Clin Med. 2011;4:95-9.

111. Moghadasi M, Mohebbi H, Rahmani-Nia F. High-intensity endurance training improves adiponectin mRNA and plasma concentrations. Eur J Appl Physiol. 2012;4:1207-14.

112. Murtaugh M, Jacobs DJ, Yu X, Gross M, Steffes M. Correlates of urinary albumin excretion in young adult blacks and whites: the coronary artery risk development in young adults study. Am J Epidemiol. 2003;158:676-86.

113. Mussoni L, Mannucci L, Sirtori C, Pazzucconi F, Bonfardeci G, Cimminiello C, et al. Effects of gemfibrozil on insulin sensitivity and on haemostatic variables in hypertriglyceridemic patients. Atherosclerosis. 2000; 148:397-406.

114. Nacif M, Abreu E, Damasceno N, Torres E. Intervenção nutricional em pacientes coronarianos. Nutrire. 2011;36:77-89.

115. Nakazone M, Pinheiro A, Braile M, Pinhel M, Sousa G, Júnior S, et al. Prevalência de síndrome metabólica em indivíduos brasileiros pelos critérios de NCEP-ATPIII e IDF. Rev Assoc Med Bras. 2007;53:407-13.

116. National Cholesterol Education Program. Expert panel on detection, evaluation, and treatment of high blood cholesterol in adults (Adult Treatment Panel III). Circulation. 2002;106(25):3143-421.

117. National Cholesterol Education Program, National Heart, Lung, and Blood Institute, National Institutes of Health National Institutes of Health. Third report of the National Cholesterol Education Program Expert Panel on Detection, Evaluation, and Treatment of High Blood Cholesterol in Adults (Adult Treatment Panel III). Executive Summary. Bethesda, MD: National Institutes of Health; 2001.

118. Ooi E, Watts G, Chan D, Chen M, Nestel P, Sviridov D, et al. Dose-dependent effect of rosuvastatin on VLDL-apolipoprotein C-III kinetics in the metabolic syndrome. Diabetes Care. 2008;31:1656-61.

119. Organização Mundial da Saúde. Definition, diagnosis and classification of diabetes mellitus and its complications: report of a WHO Consultation. Part 1: diagnosis and classification of diabetes mellitus. Geneva, Switzerland: World Health Organization; 1999.

120. Peterson L, Herrero P, Schechtman K, Racette S, Waggoner A, KisrievaWare Z, et al. Effect of obesity and insulin resistance on myocardial substrate metabolism and efficiency in young women. Circulation. 2004;109:2191-96.

121. Picon P, Zanatta C, Gerchman F, Zelmanovitz T, Gross J, Canani L. Análise dos critérios de definição da síndrome metabólica em pacientes com diabetes melito tipo 2. Arq Bras Endocrinol Metabol. 2006;50:264-70.

122. Prado E, Dantas E. Efeitos dos exercícios físicos aeróbio e de força nas lipoproteínas HDL, LDL e Lipoproteína (a). Arq Bras Cardiol. 2002;79:429-33.

123. Ramachandran A, Snehalatha C, Mary S, Mukesh B, Bhaskar A, Vijay V. The Indian Diabetes Prevention Programme shows that lifestyle modification and metformin prevent tyoe 2 diabetes in Asian Indian subjects with impaired glucose tolerance (IDPP-1). Diabetol Metab Syndr. 2006;49:289-97.

124. Ratel S, Duché P, Williams C. Muscle fatigue during high-intensity exercise in children. Sports Med. 2006;36:1032-58.

125. Reaven M. Role of insulin resistance in human disease. Diabetes. 1988;37:1595-607.

126. Rennie K, McCarthy N, Yazdgerdi S, Marmot M, Brunner E. Association of metabolic syndrome with both vigorous and moderate physical activity. Int J Epidemiol. 2003;32:600-6.

127. Richards J, Johnson T, Kuzma J. Short-term sprint interval training increases insulin sensitivity in healthy adults but does not affect the thermogenic response to β-adrenergic stimulation. J Physiol. 2010;15:2961-72.

128. Rosenson R, Tangney C. Antiatherothrombotic properties of statins: implications for cardiovascular event reduction. JAMA. 1998;279:1643-50.

129. Rubin M, Kraemer W, Kraemer R. Responses of growth hormone aggregates to different intermittent exercise intensities. Eur J Appl Physiol. 2003;8:166-70.

130. Ruderman N, Chisholm D, Pi-Sunyer X, Schneider S. The metabolically obese, normal-weight individual revisited. Diabetes. 1998;47:699-713.

131. Samaha F, Iqbal N, Seshadri P, Chicano K, Daily D, McGrory J, et al. A low carbohydrate as compared with a low-fat diet in severe obesity. N Engl J Med. 2003;348:2074-81.

132. Santos A, Lopes C, Barros H. Prevalence of metabolic syndrome in the city of Porto. Rev Port Cardiol. 2004;23:45-52.

133. Sarno F, Jaime P, Ferreira S, Monteiro C. Consumo de sódio e síndrome metabólica: uma revisão sistemática. Arq Bras Endocrinol Metab. 2009;53:608-16.

134. Schneider S, Morgado A. Effects of fitness and physical training on carbohydrate metabolism and associated cardiovascular risk

factors in patients with diabetes. Diabetes Reviews. 1995;3:378-407.

135. Seligman B, Polanczyk C, Santos A, Foppa M, Junges M, Bonzanini L, et al. Intensive practical lifestyle intervention improves endothelial function in metabolic syndrome independent of weight loss: a randomized controlled trial. Metabolis. 2011;60:1736-40.

136. Sims E. Are there who are obese, but metabolically healthy? Metabolism. 2001;50:1499-504.

137. Sjokvist J, Laurent M, Richardson M. Recovery from high-intensity training sessions in female soccer players. J Strength Cond Res. 2011;6:1726-35.

138. Sjöström L, Rissanen A, Andersen T, Boldrin M, Golay A, Koppeschaar H, et al. Randomised placebo-controlled trial of orlistat for weight loss and prevention of weight regain in obese patients. Lancet. 2000;352: 167-72.

139. Sociedade Brasileira de Cardiologia. IV Diretrizes brasileiras de hipertensão arterial. Arq Bras Cardiol. 2004;82:1-14.

140. Sociedade Brasileira de Cardiologia, Sociedade Brasileira de Hipertensão, Sociedade Brasileira de Endocrinologia e Metabologia, Sociedade Brasileira de Diabetes, Associação Brasileira para Estudos da Obesidade. I Diretriz Brasileira de Diagnóstico e Tratamento da Síndrome Metabólica. Arq Bras Cardiol. 2005;84.

141. Souza L, Virtuoso J. A efetividade de programas de exercício físico no controle do peso corporal. Rev Saúde Com. 2005;1:71-8.

142. Spencer M, Bishop D, Dawson B, Goodman C. Physiological and metabolic responses of repeated-sprint activities. Sports Med. 2005;12:1025-44.

143. Stein R, Alboim C, Campos C, Mello R, Rosito G, Polanczyk C. Variabilidade entre cardiologistas na abordagem aos pacientes em prevenção secundária da cardiopatia isquêmica. Arq Bras Cardiol. 2004;83:219-22.

144. Stern L, Iqbal N, Seshadri P, Chicano K, Daily D, McGrory J, et al. The effects of low-carbohydrate versus conventional weight loss diets in severely obese adults: one-year follow-up of a randomized trial. Ann Intern Med. 2004;140:778-85.

145. Tabata I, Nishimura K, Kouzaki K. Effects of moderate-intensity endurance and high intensity intermittent training on anaerobic capacity and VO2max. Med Sci Sports Exerc. 1996;10:1327-30.

146. Talanian J, Holloway G, Snook L, Heigenhauser, GJF, Bonen A, Spriet L. Exercise training increases sarcolemmal and mitochondrial fatty acid transport protein in human skeletal muscle. Am J Physiol Endocrinol Metab. 2012;180-8.

147. Tan K, Chow W, Tam S, Ai V, Lam C, Lam K. Atorvastatin lowers C-reactive protein and improves endothelial-dependent vaso-

dilatation in type 2 diabetes mellitus. J Clin Endocrinol Metab. 2002;87:563-8.

148. Thomas T, Warner S, Dellsperger K, Hinton P, Whaley-Connell A, Rector R, et al. Exercise and the metabolic syndrome with weight regain. J Appl Physiol. 2010;109:3-10.

149. Tjønna A, Lee S, Rognmo Ø, Stølen T, Bye A, Haram P, et al. Aerobic interval training versus continuous moderate exercise as a treatment for the metabolic syndrome: a pilot study. Circulation. 2008;118:346-54.

150. Torres-Leal F, Capitani M, Tirapegui J. The effect of physical exercise and caloric restriction on the components of metabolic syndrome. BJPS. 2009;45:379-99.

151. Trapp E, Chisholm D, Freund J, Boutcher S. The effects of high-intensity intermittent exercise training on fat loss and fasting insulin levels of young women. Int J Obes Relat Metab Disord. 2008;32:684-91.

152. Tremblay A, Simoneau JA, Bouchard C. Impact of exercise intensity on body fatness and skeletal muscle metabolism. Metabolism. 1994;43:814-8.

153. Trilk JL, Singhal A, Bigelman KA, Cureton KJ. Effect of sprint interval training on circulatory function during exercise in sedentary, overweight/obese women. Eur J Appl Physiol. 2011;111:1591-7.

154. Trump M, Heigenhauser G, Putnam C, Spriet L. Importance of muscle phosphocreatine during intermittent maximal cycling. J Appl Physiol. 1996;5:1574-80.

155. Tsekouras Y, Magkos F, Kellas Y. High-intensity interval aerobic training reduces hepatic very low-density lipoprotein-triglyceride secretion rate in men. J Physiol Endocr Metab. 2008;5:851-8.

156. Wajchenberg B. Subcutaneous and visceral adipose tissue: their relation to the metabolic syndrome. Rev Endocrine. 2000;21:697-738.

157. Weinberger M, Izzo JJ, Purkayastha D, Weitzman R, Black H. Comparative efficacy and safety of combination aliskiren/amlodipine and amlodipine monotherapy in African Americans with stage 2 hypertension and obesity or metabolic syndrome. J Am Soc Hypertens. 2001;5:489-97.

158. Weltman A, Weltman J, Winfield D. Effects of continuous versus intermittent exercise, obesity, and gender on growth hormone secretion. J Endocr Metab. 2008;12:4711-20.

159. Wisløff U, Nilsenb TIL, Drøyvoldb WB, Mørkvedb S, Slørdahla SA, Vattenb LJ. A single weekly bout of exercise may reduce cardiovascular mortality: how little pain for cardiac gain? 'The HUNT study, Norway'. Eur J Cardiov Prev R. 2006;13:798-804.

160. Yoshioka M, Doucet E, Pierre S. Impact of high-intensity exercise on energy expenditure, lipid oxidation and body fatness. Int J Obes Relat Metab Disord. 2001;3:332-39.

161. Zhi J, Melia A, Funk C, Viger-Chougnet A, Hopfgartner G, Lausecker B, et al. Metabolic profile of minimally absorbed orlistat in obese/overweight volunteers. J Clin Pharmacol. 1996;36:1006-11.

Treinamento intermitente de alta intensidade (TIAI) em pacientes com doença pulmonar obstrutiva crônica (DPOC)

Renata Nakata Teixeira
Celso Ricardo Fernandes de Carvalho

O treinamento físico é considerado essencial no processo de reabilitação pulmonar. O cansaço e a falta de ar decorrentes do esforço fazem o indivíduo com doença pulmonar obstrutiva crônica (DPOC) adotar um estilo de vida extremamente sedentário. Uma das principais consequências dessa inatividade física crônica é a perda muscular, especialmente a dos membros inferiores, que compromete de modo acentuado as atividades diárias desses pacientes, caracterizando um círculo vicioso de inatividade física.

Diferentes estratégias de treinamento têm sido propostas numa tentativa de se reduzir a limitação ao esforço apresentada por pacientes com DPOC. Benefícios como a melhora da capacidade física e maior tolerância ao esforço, incluindo atividades funcionais da vida diária, são evidentes nesses programas e parecem estar relacionados à intensidade na qual o exercício é realizado.[6] O primeiro estudo a demonstrar a importância da intensidade do exercício na magnitude das adaptações fisiológicas máximas e submáximas de pacientes com DPOC foi realizado na década de 1990 por Casaburi e colaboradores.[7] Além de se tornar referência na área, esse estudo serviu como subsídio para investigações sobre a utilização de estímulos com intensidades próximas às máximas.

Nesse sentido, considerando os benefícios decorrentes do treinamento de alta intensidade e a limitação em se manter longos períodos de exercício, o treinamento intermitente de alta intensidade (TIAI) tem sido sugerido como uma alternativa ao treinamento contínuo convencional em programas de reabilitação pulmonar.[3,25] Caracterizado por curtos períodos de alta intensidade (intensidade máxima ou supramáxima), alternados com períodos de pausa (passiva) ou de baixa intensidade (ativa), o TIAI permite que o ajuste de variáveis – como carga de trabalho, duração dos estímulos, duração total do esforço e diminuição da fase de recuperação – seja realizado de acordo com as limitações e necessidades do paciente.

O TIAI tem sido apontado como uma estratégia promissora na reabilitação de pacientes com DPOC, embora algumas questões relacionadas à intensidade, ao volume mínimo necessário para promover benefícios, à efetividade e aderência, assim como um melhor entendimento sobre os mecanismos que justifiquem a sua superioridade em relação ao treinamento contínuo requeiram maiores esclarecimentos. O objetivo deste capítulo é apresentar uma síntese dos estudos realizados nessa área para que o leitor tenha uma melhor compreensão acerca da aplicabilidade do exercício intermitente de alta intensidade na reabilitação de pacientes com DPOC.

6.1 Fisiopatologia e epidemiologia – DPOC

A doença pulmonar obstrutiva crônica (DPOC) é definida como uma enfermidade respiratória prevenível e tratável, que apresenta consequências extrapulmonares significativas. Caracteriza-se por uma redução crônica e progressiva do fluxo aéreo, secundária a uma resposta inflamatória anormal dos pulmões à inalação de partículas ou gases tóxicos. Além de evoluir de modo progressivo e irreversível, essa patologia é acompanhada de manifestações sistêmicas importantes.[13]

A DPOC representa uma das principais causas de morte e incapacidade física em todo o mundo. Atualmente, constitui a quarta causa mais frequente de mortalidade, sem tendência de diminuição ou estabilização desse comportamento epidemiológico.[15] A grande variabilidade nos dados de prevalência dessa doença pode ser atribuída aos diferentes métodos de levantamento e também aos critérios dos diagnósticos utilizados. A espirometria, teste que possibilita verificar a presença de obstrução das vias aéreas, é considerada o método padrão ouro para o diagnóstico da DPOC. Algumas das variáveis de função pulmonar obtidas nesse teste são associadas à presença de sintomas, tanto para a elaboração de uma estratégia de tratamento quanto para a determinação de sua gravidade (Quadro 6.1). Os sintomas mais frequentes apresentados por pacientes com DPOC são: falta de ar (dispneia), intolerância ao exercício e redução do estado geral de saúde.[2]

Quadro 6.1 – Classificação da gravidade da DPOC

Gravidade	Sintomas	Parâmetros espirométricos
Em risco	Tosse crônica e produção de expectoração	Função pulmonar é ainda normal
Leve	Leve limitação do fluxo aéreo Tosse crônica e produção de expectoração	$VEF_1 / CVF < 70\%$ $VEF_1 = 80\%$ do previsto
Moderada	Agravamento da limitação do fluxo aéreo Progressão dos sintomas, com falta de ar tipicamente desenvolvida ao esforço Presença de insuficiência respiratória	$30\% = VEF_1 < 80\%$ do previsto
Grave	Sinais clínicos de falência ventricular direita	$VEF_1 < 30\%$ do previsto

VEF_1: volume expiratório forçado no primeiro segundo; CVF: capacidade vital forçada.

Fonte: adaptado de GOLD[15].

6.2 Respostas e limitações ao exercício na DPOC

Durante muito tempo, a limitação ao exercício em pacientes com DPOC foi atribuída a um comportamento ventilatório inadequado.[26] Atualmente, sabe-se que a intolerância ao exercício físico apresentada por esses pacientes é multifatorial e está associada não apenas aos aspectos ventilatórios, mas também às deficiências musculares, cardiovasculares, hemodinâmicas e metabólicas.[27]

A ventilação exigida durante o esforço faz os pacientes com DPOC aumentarem a frequência respiratória. Esse aumento tem como consequência uma expiração prematura que resulta em maior aprisionamento de ar (hiperinsuflação dinâmica). A hiperinsuflação dinâmica é um importante mecanismo ventilatório-pulmonar que impõe uma sobrecarga aos músculos inspiratórios e reflete na diminuição da capacidade respiratória, podendo até mesmo incapacitar a realização de exercícios físicos.[28] O grau de hiperinsuflação dinâmica se correlaciona muito bem com o grau de intolerância ao exercício (tanto em exercícios máximos quanto nos submáximos), além de ser associado à maior sensação de dispneia.[24]

A disfunção muscular periférica também participa de modo importante na limitação ao exercício observada em pacientes com DPOC.[12] Alterações funcionais e estruturais, como a diminuição da massa muscular[4] e do número de capilares por fibra[18], o aumento no número de fibras tipo IIb[18] e a redução das enzimas oxidativas,[23] têm sido demonstradas. Em relação às alterações funcionais, chama-se a atenção para a redução da força e da resistência muscular,[4] aumento da concentração de lactato e também para a diminuição do pH.[4,29] Presume-se que essas alterações sejam responsáveis pela maior contribuição do sistema anaeróbio na geração de energia.[22]

6.3 Determinação da intensidade do treinamento

Para que seja gerada energia, todas as vias de ressíntese de ATP são estimuladas simultaneamente; o que determina qual delas terá maior contribuição é a intensidade e a duração do exercício, pois cada uma dessas vias possui características bioquímicas diferentes.[34] Os parâmetros fisiológicos clássicos que fundamentam a prescrição de exercícios para indivíduos saudáveis parecem não ser totalmente adequados na prescrição de exercício para pacientes com DPOC. A maioria desses pacientes não atinge a frequência cardíaca máxima (FCmáx) e/ou o consumo máximo de oxigênio ($\dot{V}O_2$máx) quando submetidos a um teste ergoespirométrico máximo. Dessa forma, é possível que a determinação da intensidade do exercício por meio de porcentagens da FCmáx ou do $\dot{V}O_2$máx subestime esses pacientes.[7] O mesmo parece ocorrer quando a intensidade é baseada no limiar anaeróbio (LA). Considerado um ponto de estresse metabólico, sua determinação depende diretamente da ventilação que, por sua vez, encontra-se alterada em pacientes com DPOC. Em virtude da dificuldade de se estabelecer um parâmetro fisiológico objetivo, o uso de escalas subjetivas de percepção de esforço e dispneia tem sido bem aceito, especialmente em altas intensidades de exercício.[16]

6.3.1 Treinamento físico em pacientes com DPOC

O treinamento físico é considerado essencial na reabilitação pulmonar.[9] Benefícios decorrentes de sua prática têm sido observados a curto e longo prazo.[35] No entanto, não existe consenso sobre a estratégia mais adequada para esses pacientes, assim como qual deve ser a duração, intensidade e frequência das sessões de treinamento. Os exercícios contínuos de baixa e/ou moderada intensidade são os mais estudados e, consequentemente, os mais recomendados. Na década de 1990, Casaburi e colaboradores demonstraram, pela primeira vez, que o treinamento em altas intensidades era capaz de promover maiores benefícios quando comparado àqueles realizados em intensidades baixas.[8] Em contrapartida, em virtude de limitações ventilatórias e musculares, grande parte dos pacientes com DPOC consegue manter altas intensidades apenas durante curtos períodos de tempo. Dessa forma, a utilização do TIAI na reabilitação desses pacientes tem sido considerada uma importante estratégia de treinamento.

Embora ainda não tenha sido demonstrada a superioridade do treinamento intermitente de alta intensidade em relação ao treinamento contínuo, supõe-se que a heterogeneidade dos protocolos e as pequenas amostras estudadas tenham impossibilitado conclusões mais efetivas.

6.3.2 Treinamento intermitente de alta intensidade (TIAI)

A efetividade do treinamento intermitente de alta intensidade na reabilitação de pacientes com DPOC tem sido amplamente considerada. Do ponto de vista prático, duas hipóteses que explicariam os benefícios deste treinamento são:

- induzir uma sobrecarga muscular semelhante à exigida em situações diárias (alternância de estímulos de alta e baixa intensidade) enfrentadas por esses pacientes;[11]
- possibilitar a realização de exercício em intensidade elevada durante um período de tempo suficiente para a obtenção de benefícios fisiológicos. Segundo Vogiatzis et al.,[39] os estímulos de alta intensidade desencadeados pelo TIAI garantem grande participação da musculatura periférica sem sobrecarregar a capacidade cardiorrespiratória.

Estudos clássicos mostram que as respostas metabólicas decorrentes desse treinamento estão associadas a um padrão estável de respostas cardiorrespiratórias e a uma baixa concentração de lactato no músculo.[1,30]

A maior parte dos estudos sobre TIAI em pacientes com DPOC verificou os efeitos crônicos. Sabapathy et al.[33] foram os primeiros a verificar as respostas fisiológicas agudas em pacientes com DPOC. Para isso, 10 pacientes com DPOC moderada foram submetidos a dois testes (contínuo e intervalado) realizados aleatoriamente em dias distintos. A intensidade foi determinada de acordo com a carga máxima atingida em teste incremental máximo. No teste intermitente, os pacientes foram orientados a pedalar o mais forte e rápido possível e, em seguida, a descansar (1:1) durante 60 minutos, ao passo que no teste contínuo foram orientados a manter a intensidade (70% da carga máxima atingida no teste máximo), durante 30 minutos. Verificou-se que, além de realizarem maior quantidade de trabalho, variáveis como consumo de oxigênio, produção de dióxido de carbono, ventilação, frequência cardíaca, concentração de lactato no plasma, grau de hiperinsuflação dinâmica e sensação de dispneia foram significativamente inferiores após o teste realizado de modo intermitente. Com base nesses achados, os autores sugerem que o TIAI é capaz de induzir os pacientes com limitações pulmonares a maiores adaptações periféricas.

As adaptações do metabolismo aeróbio diante da realização desse tipo de exercício também têm sido relatadas, como, por exemplo, melhora na potência aeróbia máxima, maior atividade de enzimas mitocondriais do músculo esquelético e maior eficiência na capacidade de se restaurar os níveis de fosfocreatina.[20] A restauração parcial de fosfocreatina, que ocorre durante as fases de recuperação, permite uma degradação mais oxidativa de glicogênio e tem sido proposta como um dos principais mecanismos relacionados a menor concentração de lactato observada durante o TIAI.[39] A eficiência das enzimas envolvidas na regulação de energia não oxidativa também tem sido considerada.[19,20,32]

O impacto do TIAI em parâmetros relacionados ao metabolismo aeróbio foi demonstrado por Gimenez et al.,[14] após a realização de um estudo que avaliou pacientes com DPOC moderada. O treinamento físico foi realizado em cicloergômetro e teve a duração de 6 semanas. O protocolo consistiu de estímulos de 1 minuto em intensidade correspondente a 100% do $\dot{V}O_2$pico, alternados com 4 minutos de recuperação (40% da carga de trabalho correspondente ao pico). Esses estímulos eram alternados durante um período de 45 minutos. Dentre os principais resultados, observou-se aumento do $\dot{V}O_2$pico, diminuição na ventilação e frequência cardíaca, menor concentração de lactato e sensação de dispneia durante esforço submáximo. Ao contrário do treinamento contínuo, o TIAI permite a manipulação de diferentes

variáveis. Por essa razão, diferentes protocolos têm sido elaborados e aplicados em pacientes com DPOC. Nasis et al.[25], por exemplo, submeteram pacientes com DPOC moderado a um programa de treinamento intervalado de alta intensidade que consistia de 30 segundos em intensidade correspondente a 126 ($\pm$ 4)% da potência máxima alcançada em teste progressivo realizado em cicloergômetro, seguidos de 30 segundos de descanso (pausa passiva), durante um período de 45 minutos. As sessões de treinamento eram realizadas três vezes por semana durante 10 semanas. Os pacientes apresentaram melhor desempenho no teste máximo e no teste de caminhada de 6 minutos, além de ganhos na capacidade funcional, avaliados por meio do índice de BODE. Esse índice avalia as condições de saúde de pacientes com DPOC e é composto de quatro itens: índice de massa corporal, obstrução (medida pelo VEF_1), grau de dispneia e exercício, avaliado pelo teste de caminhada de 6 minutos.[10] Utilizando a mesma relação esforço-pausa (30:30 s) e a mesma modalidade (cicloergômetro), Vogiatzis et al.[38] submeteram pacientes com DPOC moderada a um protocolo de intervenção com duração maior (12 semanas) em relação à maioria dos estudos. A frequência foi de apenas dois treinos por semana e as intensidades foram corrigidas a cada 4 semanas, ou seja, o estímulo nas primeiras 4 semanas correspondia a 100% da intensidade associada ao pico do trabalho realizado (expressa em watts) e foi ajustado para 120% e 140% após 4 e 8 semanas, respectivamente. As pausas permaneceram fixas durante toda a intervenção e eram representadas por 45% da carga máxima. Maior tolerância ao exercício associada à diminuição na sensação de dispneia foi demonstrada e atribuída pelos autores à melhora na capacidade oxidativa, à menor demanda ventilatória e ao menor grau de hiperinsuflação dinâmica. Além disso, verificou-se menor ventilação durante o esforço que, segundo os autores, reflete a menor exigência metabólica.

O mecanismo pelo qual o TIAI induz alterações musculoesqueléticas parece estar relacionado ao seu alto potencial de estressar fibras do tipo II.[34] Vogiatzis et al.[39] foram os primeiros a verificar os efeitos do TIAI nas características morfológicas e bioquímicas de pacientes com DPOC. Por meio de biópsias do músculo vasto lateral, os autores demonstraram um aumento significativo na área de secção transversa das fibras do tipo I e IIa e aumento da atividade da enzima citrato sintase. Esses resultados estão de acordo com os encontrados em indivíduos saudáveis.[17,21,34,36] Ainda em relação às alterações na estrutura e na função muscular, o grupo de Vogiatzis[39] verificou que tanto o TIAI quanto o TC promoveram alterações; entretanto, a presença de sintomas foi menor entre os pacientes submetidos ao TIAI. Em pacientes com DPOC, as melhorias estruturais e funcionais na função muscular não estão diretamente relacionadas à melhora no $\dot{V}O_2$pico, possivelmente em razão das limitações ventilatórias impostas por altas intensidades.[31]

Diante do exposto, é possível que o TIAT seja capaz de maximizar os efeitos promovidos pelo exercício físico, representando uma nova perspectiva em relação às estratégias utilizadas em programas de reabilitação pulmonar.

6.4 Cuidados e orientações

É importante ressaltar que um programa de reabilitação pulmonar pode ser aplicado em pacientes que estão em diferentes estágios da doença. Dessa forma, alguns cuidados básicos devem ser verificados:

- *Controle da saturação parcial periférica de oxigênio (SpO_2)*

  Deve ser realizada mediante a utilização de um oxímetro. O valor da SpO_2 não deve ser inferior a 85%, o que representaria pouca oferta de oxigênio a ser metabolizada pelos músculos.

- *Controle da dispneia*

  A dispneia pode ser verificada por meio de escalas de percepção de esforço, como a escala de Borg,[5] e também pela observação do padrão respiratório apresentado pelo paciente. Nesse caso, um período expiratório muito curto significa que o ar está sendo aprisionado nos pulmões, aumentando, portanto, a sensação de dispneia.

- *Oxigenioterapia*

  Caso o paciente apresente queda da SpO_2 ou dispneia importante sem queda da SpO_2, ele poderá receber oxigênio suplementar. O oxigênio é fornecido ao paciente por meio de cateter. Evidências mostram que a oxigenioterapia pode amenizar os sintomas sem interferir no desempenho físico do paciente.[37]

- *Respiração frenolabial*

  O paciente pode ainda ser orientado a realizar o exercício fazendo a respiração frenolabial, durante a expiração. Essa manobra favorece a troca gasosa.

6.5 Considerações finais

O treinamento intermitente de alta intensidade deve ser considerado como uma importante estratégia a ser utilizada em programas de reabilitação pulmonar. Atualmente, existe uma crescente apreciação quanto a sua utilização na melhora da saúde e do condicionamento físico de pacientes com DPOC. Além dos benefícios fisiológicos apresentados ao longo deste capítulo, chama-se a atenção para alguns aspectos que, embora não estejam totalmente esclarecidos, poderiam justificar sua utilização. O TIAI possibilita maiores adaptações periféricas com menor sobrecarga central graças ao ajuste da intensidade e da duração do período de recuperação, cuja manipulação pode ser adequada de acordo com a necessidade de cada paciente.

A maioria dos estudos avaliou um grupo heterogêneo de pacientes, o que impossibilita a generalização e a extrapolação dos resultados obtidos. Dessa forma, embora o uso do TIAI na reabilitação de pacientes com DPOC seja promissor, algumas questões devem ser esclarecidas. É necessário realizar estudos que explorem as relações entre a intensidade, o volume (tanto do esforço quanto da pausa) e o impacto em pacientes com DPOC, bem como a aderência a esse tipo de treinamento e os efeitos a médio e longo prazo.

Referências

1. Astrand PO, Rodahl K. Textbook of work physiology. New York: McGraw-Hill; 1986.

2. Barnes PJ, Celli BR. Systemic manifestations and comorbidities of COPD. Eur Respir J. 2009;33:1165-85.

3. Beauchamp MK, Nonoyama M, Goldstein RS, Hill K, Dolmage TE, Mathur S, et al. Interval versus continuous training in individuals with chronic obstructive pulmonary disease a systematic review. Thorax 2010;65:157-64.

4. Bernard S, LeBlanc P, Whittom F, Carrier G, Jobin J, Belleau R, et al. Peripheral muscle weakness in patients with chronic obstructive pulmonary disease. Am J Respir Crit Care Med. 1998;158:629-34.

5. Borg GA. Psychological basis of physical exertion. Med Sci Sports Exerc. 1982;14: 377.

6. Casaburi R. Limitation to exercise tolerance in chronic obstructive pulmonary disease: look to the muscles of ambulation. Am J Respir Crit Care Med. 2003;168: 409-14.

7. Casaburi R. Skeletal muscle dysfunction in chronic obstructive pulmonary disease. Med Sci Sports Exerc. 2001;1:662-70.

8. Casaburi R, Patessio A, Ioli F, Zanaboni S, Donner CF, Wasserman K. Reductions in exercise lactic acidosis and ventilation as a result of exercise training in patients with obstructive lung disease. Am Rev Respir Dis. 1991;143:9-18.

9. Casaburi R, Porszasz J, Burns MR, Carithers ER, Chang RS, Cooper CB. Physiologic benefits of exercise training in rehabilitation of patients with severe chronic obstructive pulmonary disease. Am J Respir Crit Care Med. 1997;155:1541-51.

10. Celli BR, Cote CG, Marin JM, Casanova C, Montes de Oca M, Mendez RA, et al. The body-mass index, airflow obstruction, dyspnea, and exercise capacity index in chronic obstructive pulmonary disease. N Engl J Med. 2004;350:1005-12.

11. Coppoolse R, Schols AMWJ, Baarends EM, Mostert R, Akkermans MA, Jannsen PP. Interval versus continuous training in patients with severe COPD: a randomized clinical trial. Eur Respir J. 1999;14: 258-63.

12. Dourado VZ, Tanni SE, Vale SA, Faganello MM, Sanchez FF, Godoy I. Systemic manifestations in chronic obstructive pulmonary disease. J Bras Pneumo. 2006;32: 161-71.

13. Fabbri LM, Hurd SS. GOLD Scientific Committee. Global Strategy for the Diagnosis, Management and Prevention of COPD: 2003 update. Eur Respir J. 2003;22:1-2.

14. Gimenez M, Servera E, Vergara P, Bach JR, Polu JM. Endurance training in patients with chronic obstructive pulmonary disease: a comparison of high versus moderate intensity. Arch Phys Med Rehabil. 2000;81:102-9.

15. GOLD – Global Initiative for Chronic Obstructive Lung Disease [homepage na internet]. Bethesda: Global Initiative for Chronic Obstructive Lung Disease [atualizado em dez. 2009; citado em 27 maio 2010]. Disponível em: http://www.goldcopd.com.

16. Horowitz MB, Littenberg B, Mahler DA. Dyspnea ratings for prescribing exercise intensity in patients with COPD. Chest. 1996;109:1169-75.

17. Jacobs I, Esbjörnsson M, Sylvén C, Holm I, Jannson E. Sprint training effects on muscle myoglobin, enzymes, fiber types, and blood lactate. Med Sci Sports Exerc. 1987;19: 368-77.

18. Jobin J, Maltais F, Doyon JF, LeBlanc P, Simard PM, Simard AA, et al. Chronic obstructive pulmonary disease: capillarity and fiber-type characteristics of skeletal muscle. J Cardiopulm Rehabil. 1998;18:432-7.

19. Juel C. Training-induced changes in membrane transport proteins of human skeletal muscle. Eur J Appl Physiol. 2006;96:627-35.

20. Kubukeli ZN, Noakes TD, Dennis SC. Training techniques to improve endurance exercise performances. Sports Med. 2002;32:489-509.

21. MacDougall JD, Hicks AL, MacDonald JR, McKelvie RS, Green HJ, Smith KM. Muscle performance and enzymatic adaptations to sprint interval training. J Appl Physiol. 1998;84:2138-42.

22. Malaguti C, Nery LE, Dal Corso S, Nápolis L, De Fuccio MB, Castro M, et al. Scaling skeletal muscle function to mass in patients with moderate-to-severe COPD. Eur J Appl Physiol. 2006;98:482-8.

23. Maltais F, Simard AA, Simard C, Jobin J, Desgagnés P, LeBlanc P. Oxidative capacity of the skeletal muscle and lactic acid kinetics during exercise in normal subjects and in patients with COPD. Am J Respir Crit Care Med. 1996;153:288-93.

24. Marin JM, Carrizo SJ, Gascon M, Sanchez A, Gallego BA, Celli BR. Inspiratory capacity, dynamic hyperinflation, breathlessness, and exercise performance during the 6 minute walk test in chronic obstructive pulmonary disease. Am J Respir Crit Care Med. 2001;163:1395-9.

25. Nasis IG, Vogiatzis I, Stratakos G, Athanasopoulos D, Koutsoukou A, Daskalakis A, et al. Effects of interval-load versus constant-load training on the BODE index in COPD patients. Respir Med. 2009;103: 1392-8.

26. Neder JA, Jones PW, Nery LE, Whipp BJ. Determinants of the exercise endurance capacity in patients with chronic obstructive pulmonary disease. The power-duration relationship. Am J Respir Crit Care Med. 2000;162:497-504.

27. Noseda A, Carpiaux JP, Schmerber J, Valente F, Yernault JC. Dyspnoea and flow-volume curve during exercise in COPD patients. Eur Respir J. 1994;7:279-85.

28. O'Donnell DE, Revill SM, Webb KA. Dynamic hyperinflationand exercise intolerance in Chronic Obstructive Pulmonar Disease. Am J Respir Crit Care Med. 2001;164:770-7.

29. Orozco-Levi M. Structure and function of the respiratory muscles in patients with COPD: impairment or adaptation? Eur Respir J. 2003;46:41-51.

30. Price M, Halabi K. The effects of work-rest duration on intermittent exercise and subsequent performance. J Sports Sci. 2005;23:835-42.

31. Richardson RS, Sheldon J, Poole DC, Hopkins SR, Ries AL, Wagner PD. Evidence of skeletal muscle metabolic reserve during whole body exercise in patients with chronic obstructive pulmonary disease. Am J Respir Crit Care Med. 1999;159:881-5.

32. Ross A, Leveritt M. Long-term metabolic and skeletal muscle adaptations to short-sprint training: implications for sprint training and tapering. Sports Med. 2001;31:1063-82.

33. Sabapathy, S, Kingsley, RA, Schneider, DA. Continuous and intermittent exercise responses in individuals with chronic obstructive pulmonary disease. Thorax. 2004;57:1026-31.

34. Saltin B, Gollnick PD. Skeletal muscle adaptability: significance for metabolism and performance. In: Peachey LD, editor. Handbook of Physiology. Skeletal Muscle. Baltimore: Williams & Wilkins; 1983. p. 555-631.

35. Sietsema K. Cardiovascular limitations in chronic pulmonary disease. Med Sci Sports Exerc. 2001;33:656-61.

36. Simoneau JA, Lortie G, Boulay MR, Marcotte M, Thibault MC, Bouchard C. Human skeletal muscle fiber type alteration with high intensity intermittent training. Eur J Appl Physiol. 1985;54:250-3.

37. Viegas CAA, Adde FV, Paschoal IA, Godoy I, Machado MCLO. Oxigenoterapia domiciliar prolongada (ODP). J Pneumol. 2000;26:341-50.

38. Vogiatzis I, Nanas S, Kastanakis E, Georgiadou O, Papazahou O, Roussos Ch. Dynamic hyperinflation and tolerance to interval exercise in patients with advanced COPD. Eur Respir J. 2004;24:385-90.

39. Vogiatzis I, Terzis G, Nanas S, Stratakos S, Simoes M, Georgiadou O, et al. Skeletal muscle adaptations to interval training in patients with advanced COPD. Chest. 2005;128:3838-45.

Parte 3

Nutrição e desempenho físico

7

Suplementação de carboidratos e creatina no exercício intermitente de alta intensidade

Ana Paula Tanaka Hayashi
Claudia Ribeiro da Luz

O exercício intermitente é característico na maioria dos esportes coletivos, como o futebol, o basquetebol, o voleibol e o futebol americano, ou até mesmo em esportes individuais, como o tênis e algumas modalidades de luta. Esse tipo de exercício apresenta características metabólicas e fisiológicas que merecem destaque, uma vez que intercala períodos de esforço intenso (a partir de 90% $\dot{V}O_2$máx) com intervalos de recuperação.[38,54] Nessas atividades, os atletas frequentemente realizam *sprints* repetidos, bem como sucessivos saltos, levando a adaptações crônicas que refletem em aumento da eficiência energética e metabólica.[38]

As adaptações decorrentes do estímulo crônico de exercícios intermitentes de alta intensidade (EIAI) no organismo são relacionadas ao aumento da capacidade de desempenho da tarefa proposta, bem como à alteração de variáveis metabólicas e modificações morfológicas nas fibras musculares.[52,55]

Algumas características do exercício intermitente, como a relação esforço-pausa e a intensidade do exercício, podem variar de acordo com a modalidade realizada e, consequentemente, modificar o substrato energético utilizado. Nos exercícios de alta intensidade e de curta duração, a via ATP-CP é a principal responsável pela disponibilidade de energia imediata. Entretanto, essa mesma via supre a energia necessária para a realização do movimento durante poucos segundos, esgotando os estoques de adenosina trifosfato (ATP) em um curto período de tempo.[52,55] Quando o esforço intenso se prolonga, o sistema ATP-CP não atende à demanda energética solicitada, e a via da glicólise anaeróbia é ativada. Além disso, o número de *sprints* também deve ser analisado ao se verificar a contribuição do sistema de energia, uma vez que, enquanto a contribuição aeróbia para um único *sprint* de curta duração é relativamente pequena, há uma crescente contribuição desta via para *sprints* repetidos.[52] Nas últimas décadas, tem sido amplamente demonstrado que em esforços intensos a produção de lactato e íons H$^+$, produzidos durante a hidrólise do ATP na glicólise anaeróbia, é responsável pela acidose muscular, causando fadiga muscular e queda no desempenho.[52,55]

Diversas estratégias vêm sendo utilizadas com a finalidade de otimizar o desempenho dos atletas e praticantes de exercícios que possuem característica intermitente. Dentre elas, a nutrição possui papel importante na adequação das necessidades nutricionais desses atletas durante todo o seu programa de treinamento, sendo um dos principais objetivos o suprimento das necessidades de fluidos e substratos energéticos específicos de acordo com a modalidade praticada.[38] Tem sido amplamente demonstrado que a suplementação de carboidratos pode aumentar significativamente a capacidade e o desempenho do exercício intermitente em virtude da redução da utilização de glicogênio muscular e a decorrente manutenção da glicemia.[3,37,49] Além disso, estudos mostram que os carboidratos podem estender o tempo até a exaustão, em intensidades superiores a 100% $\dot{V}O_2$máx, indicando ser ele uma importante estratégia nutricional a ser utilizada.[31]

Outro suplemento alimentar que tem sido pesquisado para a melhora de *performance* é a creatina (Cr). Vêm sendo propostos alguns mecanismos, pelos quais a suplementação de Cr teria efeitos positivos sobre o desempenho de atletas praticantes de modalidades esportivas intermitentes. Estudos

demonstraram que a suplementação de Cr (20 g ao dia, por 5-7 dias) promove o aumento de 20% no conteúdo de Cr intramuscular, fato este que poderia auxiliar na ressíntese rápida de adenosina difosfato (ADP) em ATP pela ação da enzima creatina quinase (CK).[16,62] Outro possível mecanismo seria a ação tamponante da Cr ao utilizar os íons de hidrogênio liberados na ressíntese de ATP para a manutenção da homeostase celular.[16,62] Sabe-se também que o declínio dos níveis de creatina fosfato (PCr) na célula, causado pela necessidade crescente de refosforilação de ADP, pode estimular a enzima fosfofrutoquinase (enzima limitante para a glicólise) aumentando, assim, a taxa de glicólise a fim de garantir a produção rápida de ATP. Com isso, a Cr aumentaria as concentrações de PCr no repouso, o que atenuaria o declínio e a depleção de ATP no esforço intenso ou até mesmo aceleraria a taxa de ressíntese de PCr após esforços intensos repetidos, característicos do exercício intermitente.[21,62]

Com base nas evidências supracitadas, o presente capítulo tem como objetivo abordar os efeitos e os possíveis mecanismos da suplementação de carboidratos e Cr no exercício intermitente de alta intensidade, uma vez que tais estratégias parecem melhorar o desempenho de praticantes de modalidades que possuem tal característica.

7.1 Suplementação de carboidratos no exercício intermitente de alta intensidade

Os carboidratos possuem um papel fundamental no desempenho esportivo, uma vez que seu catabolismo supre a maior parte da demanda energética em exercícios de alta intensidade e de curta duração. Durante a atividade física, o suprimento desse nutriente pode ser realizado tanto pela alimentação como pelos estoques corporais (glicogênio).[39,47,57]

A glicose pode ser armazenada no organismo na forma de glicogênio muscular e hepático pela ação da enzima glicogênio sintetase. Cerca de 80 a 110 gramas de carboidratos são armazenados no fígado (6% da massa hepática), podendo, então, ser liberados para a corrente sanguínea com a finalidade de manutenção da glicemia. Contudo, o maior estoque ocorre na musculatura esquelética, e é utilizado primordialmente como substrato energético nas contrações musculares e, se necessário, na manutenção da glicemia.[27,33,45,46]

De modo geral, a via metabólica que controla a utilização de uma molécula de glicose pela célula muscular para o fornecimento de energia é finamente regulada. Após ir do meio extra para o intracelular, a glicose é fosforilada no carbono 6 pela enzima hexoquinase, uma reação de caráter irreversível, sendo considerada uma enzima limitante para eficiência da reação. Por sua vez, a glicose proveniente do glicogênio muscular sofre primariamente a ação da enzima glicogênio fosforilase, que atua sobre o carbono 1. A glicose 1-fosfato é então metabolizada ao produto comum glicose 6-fosfato pela enzima fosfoglicomutase. Posteriormente, a glicose 6-fosfato sofre ação da enzima fosfoglicose isomerase, passando então à frutose 6-fosfato. Essa reação tem caráter bidirecional e, portanto, reversível. Um passo de extrema importância na regulação da taxa de glicólise é a ação da enzima fosfofrutoquinase, que converte a frutose 6-fosfato em frutose 1,6-difosfato. Esta enzima é altamente responsiva às alterações energéticas da célula. Se, por exemplo, a concentração de adenosina monofosfato (AMP) intracelular aumenta, a atividade desta enzima também aumentará, e o oposto poderá ocorrer caso aumente a concentração de ATP. O produto final da reação, o piruvato, pode ser convertido em lactato pela enzima lactato desidrogenase (reação reversível) ou

a acetil-CoA pela enzima piruvato desidrogenase. Outro ponto que merece destaque é o balanço energético positivo de duas moléculas de ATP da reação, sendo quatro moléculas sintetizadas e, destas, duas consumidas.[27,33,45]

Alguns fatores vêm sendo associados à redução da eficiência das reações glicolíticas anaeróbicas durante os exercícios máximos. Alguns autores especulam que a queda no pH parece ser responsável por diminuir a atividade de enzimas glicolíticas (fosforilase e fosfofrutoquinase), acarretando uma redução da taxa de ressíntese de ATP. A redução da concentração sarcoplasmática de AMP livre também vem sendo associada à redução da atividade da enzima fosforilase. Outra possível explicação para a queda na taxa de glicólise pode ser um tipo de resposta à redução da demanda energética resultante tanto da inibição do motoneurônio como das mudanças na ativação ou na capacidade de geração de força em cada uma das pontes cruzadas e, até mesmo, na alteração da capacidade de carregamento e liberação de cálcio do retículo sarcoplasmático.[20,26,27,32]

7.1.1 Mecanismos de ação

Alguns mecanismos vêm sendo relacionados à ação dos carboidratos na melhora do desempenho esportivo. Estudos demonstraram que em exercícios intermitentes com intensidades superiores a 80% do $\dot{V}O_2$máx ocorre uma depleção significativa de glicogênio muscular, influenciando o desempenho de trabalho, a distância percorrida e a frequência de *sprinting*, particularmente nos estágios finais do exercício.[3,4,30,37]

A suplementação de carboidratos parece estar relacionada com a redução da utilização do glicogênio muscular nos primeiros 75 minutos de exercícios intermitentes prolongados e exercícios de alta intensidade. Outros fatores vêm sendo atribuídos a esse efeito, como maior atividade do complexo piruvato desidrogenase, causado pela hiperinsulinemia, menor concentrações de lactato e ressíntese de glicogênio nas fibras tipo II, em razão do aumento dos níveis séricos de glicose e insulina. Os carboidratos também podem influenciar a percepção ao esforço, permitindo uma maior capacidade ao exercício intermitente; todavia, os mecanismos ainda não estão bem esclarecidos.[14,15,39,40]

Alguns estudos[12,13] confirmam que essa estratégia pode ter efeitos sobre a função mental, melhorando o humor via alterações na química cerebral, particularmente na redução da produção de serotonina. Um possível mecanismo postulado é que a melhora na função neuromuscular pode levar a um melhor controle motor e isso, consequentemente, irá melhorar o desempenho dos atletas.

7.1.2 Evidências da suplementação de carboidratos na literatura

Alguns estudos vêm demonstrando os efeitos da suplementação de carboidratos sobre o desempenho em atividades intermitentes, indicando que a utilização de soluções de carboidratos, em uma concentração de 6%, pode atenuar a percepção de esforço e fadiga de atletas, aumentando, então, seu desempenho esportivo.[2,17,58,59]

Dessa maneira, tal estratégia vem sendo estudada em modalidades coletivas, como o futebol, com a finalidade de verificar seus efeitos sobre o desempenho dos atletas. Nicholas et al.[39] analisaram os efeitos da suplementação de carboidratos (solução a 6,9%) sobre o desempenho de jogadores treinados, por meio do teste intermitente *Prolonged intermittent, high-intensity shuttle running test* (PIHSRT). Nesse estudo, os autores demonstraram que, apesar de não haver diferença significativa sobre o desem-

penho de *sprint*, a suplementação de carboidratos aumenta em 33% o tempo até a exaustão dos atletas. Tal resultado é corroborado por Davis et al,[14] que desenvolveram um estudo com protocolo de teste e suplementação semelhantes. Ali e Willians[1] investigaram os efeitos da ingestão de solução contendo carboidratos (solução a 8%) no desempenho de jogadores de futebol por meio do teste de habilidade *Loughborough Soccer Passing* e do teste de habilidade intermitente prolongada *Prolonged intermittent high-intensity shuttle-running protocol*. Os autores demonstraram que o desempenho de habilidades durante uma partida de futebol simulada diminui entre os 15 e 30 minutos finais, e que a suplementação de carboidratos possui uma tendência a atenuar a queda do desempenho nessa fase quando comparado à solução placebo. Clarke et al.[10] também encontraram resultados semelhantes, demonstrando que a suplementação de carboidratos (solução a 6%) pode aumentar o desempenho e auxiliar na manutenção da função mental em condições de calor em um protocolo intermitente específico de futebol. Esses resultados também foram encontrados em adolescentes praticantes de esporte coletivo com a suplementação de carboidratos na mesma concentração submetidos a teste de habilidade *Loughborough Soccer Passing*, seguido de corrida intermitente até a exaustão.[42,43,44]

7.1.3 Recomendações

- *Durante o exercício intermitente*
  Recomenda-se o consumo de soluções que contenham de 5% a 7% de carboidratos em uma quantidade de 1,0 g a 1,2 g de carboidrato/minuto. Essa recomendação baseia-se na taxa de esvaziamento gástrico e absorção intestinal ($\approx$ 1 g/min). Durante exercícios intermitentes, caracterizados por

sessões longas de esforço intenso de curta duração e com intervalos de repouso (como sessões de treinamento de atletismo, judô etc.), recomenda-se o volume de 500 ml de solução com 5% a 7% de carboidratos por hora a partir da primeira hora.[30,49]

- *Após o exercício intermitente*

A ingestão de carboidratos 24 horas após o exercício intermitente é importante para os processos de recuperação, pois eles auxiliam a restauração dos estoques de glicogênio muscular e hepático. Recomenda-se ingestão de 0,7 g/kg a 1 g/kg de carboidrato de moderado a alto índice glicêmico a cada 2 horas, nos primeiros estágios de recuperação, perfazendo o total de 7 g/kg a 10 g/kg de peso corporal em 24 horas.[8]

Segundo a Diretriz da Sociedade Brasileira de Medicina do Esporte,[51] deve-se ingerir até 10 g/kg de peso corporal/dia de carboidratos para a recuperação adequada do glicogênio muscular. Após o exercício exaustivo, recomenda-se a ingestão de carboidratos simples entre 0,7 g/kg e 1,5 g/kg de peso corporal no período de quatro horas após o término do exercício, tempo este suficiente para a recuperação do glicogênio muscular.

7.2 Suplementação de creatina no exercício intermitente de alta intensidade

A Cr (ácido α-metil guanidino acético) é uma amina naturalmente encontrada nos alimentos (carnes vermelhas e peixes) ou sintetizada endogenamente por órgãos, como fígado, rins e pâncreas, a partir dos aminoácidos arginina, glicina e metionina. A Cr também pode ser obtida via suplemento alimentar. Em humanos, sua maior parte é encontrada armazenada no músculo esquelético (cerca de 90% da creatina total) e, em menor proporção, no cérebro, coração, músculos lisos e testículos. No corpo humano, 60% a 70% do total de Cr é encontrada na sua forma livre e 30% a 40% em sua forma fosforilada.[16,36,54]

Os níveis de fosfocreatina (PCr) parecem ser ligeiramente mais altos nas fibras musculares do tipo II, quando comparados com as do tipo I, e há pouca evidência sugerindo diferenças entre gêneros nas concentrações de PCr[5,16]. Com o aumento da idade é possível haver um ligeiro declínio de concentração de PCr, porém, ainda não está claro se isso ocorre por causa de um declínio da função física ou do envelhecimento *per se*.[5]

O papel central da Cr é o de provisão rápida de energia durante a contração muscular (via grupo N-fosforil ou fosforil creatina) por meio de reação catalisada pela enzima CK. A síntese endógena (1 g de Cr/dia) somada à obtida via alimentação (1 g de Cr/dia para uma dieta onívora) se iguala à taxa de degradação espontânea de Cr e PCr sob a forma de creatinina por reação não enzimática.[5,36,54]

Desde que o estudo conduzido por Harris et al.[25] demonstrou que a suplementação de 20 g/dia Cr por 5 dias promoveria um aumento de até 20% nas concentrações de Cr muscular, iniciaram-se os estudos visando à investigação do efeito desse suplemento no rendimento esportivo. Existem diversas hipóteses sobre a ação da Cr como um potencial ergogênico, porém, sua suplementação parece ser mais eficaz em atividades que envolvem curtas e repetidas ações de alta intensidade,[5] justificando o enfoque do presente capítulo em estudos com esse tipo de exercício.

7.2.1 Biossíntese, absorção e excreção

Duas reações enzimáticas sucessivas envolvem a síntese endógena da Cr:

- a primeira promove a transferência reversível de um grupamento amina, do aminoácido arginina para glicina, formando ácido guanidinoacético e L-ornitina, catalisada pela enzima L-arginina glicina amidinotransaminase (AGAT);[61]

- a segunda, catalisada pela enzima S-adenosil-L-metionina guanidinoacetato-N metiltransferase (GAMT), envolve a transferência irreversível de um grupo metil (proveniente da S-adenosil-L-metionina), que resulta na metilação do ácido guanidinoacetato, contribuindo, assim, na formação da Cr,[61] como ilustrado pela Figura 7.1.

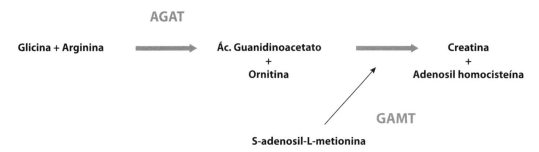

Figura 7.1 – Vias da biossíntese de creatina.
AGAT: enzima L-arginina glicina amidinotransaminase; GAMT: enzima S-adenosil-L-metionina guanidinoacetato-N metiltransferase.

A Cr ingerida é absorvida pelo epitélio intestinal, entrando na circulação de maneira intacta, sem sofrer qualquer ação gástrica durante o processo digestivo. Em seguida, é distribuída para os tecidos (especialmente para o tecido musculoesquelético) por meio da circulação, sendo mais concentrada nas células que possuem maior capacidade de assimilação da Cr circulante. Em média, 2% do conteúdo total de Cr são convertidos diariamente, de forma não enzimática e espontânea, em creatinina que, por sua vez, segue pela circulação até os rins, onde é excretada por meio da urina.[61] Tem sido sugerido que a captação de Cr pelo músculo pode ser mediada pela insulina, mostrando que a ingestão de carboidratos durante o período de sua suplementação provoca aumento em sua retenção.[24]

7.2.2 Mecanismos de ação

Diversos mecanismos têm sido propostos para a ação da suplementação de Cr. Uma das possíveis explicações tem como base as concentrações aumentadas de PCr no músculo esquelético, considerando que esta ajudaria na rápida ressíntese de ATP, em uma atividade de alta intensidade e curta duração, uma vez que, na via ATP-CP (via predominantemente utilizada em atividades com tais características) ocorre a mobilização dos fosfagênios, por meio de uma reação que não requer a utilização de oxigênio, tampouco necessita de várias reações para a geração de energia.[54] Além disso, a PCr pode ser encontrada armazenada no citosol, próxima aos sítios de utilização de energia. Assim, nos períodos de recuperação, o ATP é eficazmente ressintetizado com a transferência do grupamento fosfato da PCr ao ADP em uma reação reversível.[7,18,33]

A depleção de ATP parece estar limitada ao máximo de, aproximadamente, 45% dos valores pré-exercício, tanto em apenas um *sprint* de 30 segundos de duração como em *sprints* repetidos. A concentração muscular de ATP, por sua vez, é amplamente preservada durante um exercício máximo, o que resulta em uma significativa depleção dos estoques de PCr, evidenciando a importância energética desse substrato. Após 30 segundos de exercício máximo, tem-se de 60% a 80% dos valores em repouso, de depleção dos estoques de PCr. *Sprints* máximos de 10-12 ou 5 segundos, por sua vez, resultam em, aproximadamente, 40% a 70% de depleção dos estoques de PCr, ao passo que sua depleção é menor durante 6 segundos de s*printing*.[52] Durante um trabalho máximo, a degradação de PCr segue um padrão exponencial de diminuição, esgotando seus estoques em 10 segundos.[20,21] Contudo, em dez *sprints* de 6 segundos (com intervalos de 30 segundos de recuperação), a PCr contribui com, aproximadamente, 50% da produção anaeróbia de ATP no primeiro *sprint*, ao passo que no décimo *sprint* o valor aumenta para, aproximadamente, 80%.[52]

Após a degradação, a ressíntese da PCr segue uma curva exponencial, com meia-vida de 21 a 57 segundos, podendo ser influenciada por alguns fatores, como tipo, duração e intensidade do exercício, bem como concentração de ATP, ADP e Cr (Figura 7.2).[9,33,52]

Fatores limitantes
Tipo de exercício
Intensidade
Duração
[ ] ATP, ADP, PCr e H⁺

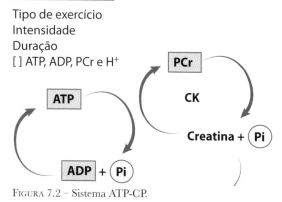

FIGURA 7.2 – Sistema ATP-CP.

ADP: adenosina difosfato; ATP: adenosina trifosfato; CK: creatina quinase; PCr: fosfato de creatina; Pi: fosfato inorgânico.

Outro suposto mecanismo é relacionado à possível ação da Cr como tampão nas mudanças de pH, provocada por sua suplementação, gerando uma acidose crescente ao utilizar os íons de hidrogênio durante a reação da CK e na ressíntese de ATP, melhorando a homeostase celular.[5] Além disso, o declínio dos níveis de PCr na célula, causado por sua utilização na ressíntese do ATP, pode estimular a enzima fosfofrutoquinase (limitante para a glicólise), aumentando, assim, a taxa de glicólise a fim de elevar a produção rápida de ATP.[5,54] Com isso, em modalidades intermitentes de alta intensidade e curta duração, o papel energético da PCr se torna muito mais relevante do que o exercido em modalidades com características predominantemente aeróbias.[53]

Trump et al.[56] avaliaram, durante o exercício intermitente máximo, a importância da degradação da PCr na manutenção da potência máxima em homens saudáveis. Nesse estudo, foram realizados três tiros máximos de 30 segundos em cicloergômetro, com intervalos de 4 minutos. Os resultados sugerem que a PCr contribuiu com, aproximadamente, 15%

do total de ATP fornecido durante o terceiro tiro e que a maioria do ATP foi fornecido durante os primeiros 15 segundos. A glicogenólise contribuiu apenas com cerca de 10% a 15% do ATP fornecido durante o terceiro tiro, sugerindo que o metabolismo aeróbio torna-se a principal fonte de ATP durante o modelo de *sprints* repetidos.

A importância da PCr em tarefas intermitentes também foi corroborada no estudo clássico de Bogdanis et al.,[6] cujo objetivo era avaliar a contribuição da PCr e do metabolismo aeróbio durante o modelo de *sprints* repetidos. Os resultados demonstraram substancial redução no metabolismo anaeróbio (-45%) após dois tiros máximos em cicloergômetro (com o primeiro *sprint* de 30 segundos e o segundo de 10 ou 30 segundos, com intervalo de recuperação de 4 minutos), justificada em razão de inibição da via glicogenolítica. Observou-se ainda, no segundo tiro, que a transferência energética via sistema aeróbio tornou-se mais importante (cerca de 49%), compensando a redução de atividade na via anaeróbia.

7.2.3 Evidências da suplementação de Cr na literatura

A suplementação de Cr tem se mostrado eficaz na melhora do desempenho em *sprints* repetidos e na agilidade de tarefas que simulam um jogo de futebol como o demonstrado por Cox et al.[11] Nesse estudo, os pesquisadores investigaram os efeitos agudos da suplementação de Cr (quatro doses de 5 g distribuídas ao longo do dia), durante seis dias, no desempenho de jogadoras de elite de futebol feminino. Para isso, as voluntárias foram submetidas a um protocolo de exercício que simulava uma partida de futebol (cinco blocos de 11 minutos de exercícios intermitentes de alta intensidade com intervalos de 1 minuto). O mesmo protocolo de su-

plementação também mostrou potencial ação ergogênica em jogadores de futebol do sexo masculino altamente treinados submetidos a testes de *sprints* repetidos (seis *sprints* máximos, com 30 segundos de recuperação).[38] Verificou-se também que, em jogadores de futebol, com faixa etária menor (16,6 ± 1,9 anos), a suplementação aguda de Cr (três doses de 10 g por dia, durante sete dias) afetou positivamente a *performance* de seus *sprints* e saltos verticais.[41]

Um estudo de Romer et al.[48] apontou o *squash* como outra modalidade esportiva cuja suplementação de Cr vem se mostrando efetiva na melhora de *performance* de jogadores quando suplementados quatro vezes ao dia, durante cinco dias (0,075 g de Cr por quilograma de peso corporal) e submetidos a um protocolo que simula uma partida (envolvendo 10 *sets* de 2 repetições, com intervalos de 30 segundos para recuperação passiva). A suplementação de Cr tem mostrado efeito ergogênico, aumentando a velocidade de *sprint* (em 100 m) e reduzindo o tempo total de seis *sprints* intermitentes de 60 metros em sujeitos treinados, quando suplementados com 20 g de Cr durante cinco dias.[50]

7.2.4 Controvérsias na literatura

Apesar de diversos estudos demonstrarem os efeitos ergogênicos da suplementação de Cr em exercícios intermitentes de alta intensidade,[38,41,48,50] outros falharam em verificar tais benefícios.[21,35] Apesar de pouca atenção ser dada aos fatores que implicam os achados contraditórios, é de extrema importância o entendimento de tais variáveis para estudos que visem à investigação desse suplemento. O modelo de estudo (grupos independentes ou *crossover*), o tamanho amostral (gerando um baixo poder estatístico), as condições iniciais nas quais os sujeitos foram analisados e o tempo de intervalo entre as séries são alguns dos fatores que podem explicar a contradição dos resultados.[23]

O tempo de *washout* dos estudos *crossover* deve ser analisado cautelosamente para garantir o tempo necessário para que a Cr seja completamente eliminada do organismo. Além disso, a não avaliação do consumo alimentar também pode invalidar os resultados da pesquisa, uma vez que o alto consumo de alimentos ricos em Cr, associado à produção endógena, pode ser suficiente para aumentar a Cr incorporada ao músculo.[31] Estima-se que 20% a 30% da população não seja responsiva ou responde muito pouco à suplementação de Cr, não apresentando o aumento de Cr no músculo após sua suplementação.[5] Considerando que o conteúdo inicial de Cr antes da suplementação é diretamente relacionado ao consumo de Cr na dieta, indivíduos de um grupo placebo de estudos não controlados podem apresentar altas concentrações de Cr muscular antes mesmo da intervenção, dificultando qualquer comparação experimental com os indivíduos suplementados com Cr.[24]

Em exercícios intermitentes de alta intensidade, o tempo de intervalo entre as séries é de extrema importância para que o efeito da suplementação de Cr seja maximizado para promover a ressíntese de PCr. Com isso, intervalos de 60 a 120 segundos, e não maiores que 6 minutos, parecem ser essenciais para que a ressíntese ocorra. A potência média durante os *sprints* de 6 segundos pode ser mantida por dez repetições quando separadas por 60 segundos de recuperação. Entretanto, quando o tempo de recuperação é reduzido para 30 segundos, apenas cinco repetições conseguem ser realizadas antes que essa potência média diminua significantemente. Observa-se ainda que quando 15 e 40 metros de *sprints* de 5,5 segundos são realizados, com 30 segundos de intervalo, a *performance* diminui em 10%.

Contudo, quando aumentados para 60 ou 120 segundos, o declínio da *performance* diminui em 3% e 2%, aproximadamente.[52] Dessa forma, a variabilidade nos intervalos de recuperação encontrada nos estudos pode ser um dos fatores que contribui para a divergência e inconsistência de resultados.[23]

7.2.5 Protocolo de suplementação

A Cr parece ser eficaz mesmo quando suplementada em diferentes quantidades ou períodos de tempo. O modelo mais utilizado é a partir da ingestão de 20 g a 30 g de Cr por dia, dividida em quatro doses iguais, dissolvidas em 250 ml de solução, a cada 6 horas, por um período de cinco a sete dias. Além disso, quando baseado no peso corporal, o consumo de 0,3 g de Cr/kg, por um período de cinco a sete dias, parece ser também eficiente. Entretanto, a ingestão de 3 g de Cr por dia, durante um período maior (28 dias), leva a um aumento semelhante de Cr total (20%), como relata o protocolo de suplementação de 20 g de Cr diária.[24]

7.2.6 Isoformas de Cr

Recentemente, Jäger et al.[28] analisaram, em uma revisão sistemática da literatura, a eficácia, a segurança e o *status* da regulamentação de novas formas de Cr, entre elas, Cr anidra, Cr malato, Cr citrato, Cr fosfato de sódio e Cr α-cetoglutarato. Segundo os autores, a Cr monohidratada (CM) é uma isoforma estável, que não é muito degradada durante o processo de digestão, de captação muscular ou de eliminação na urina. Vale lembrar que a CM não apresenta efeitos colaterais clinicamente significativos, ao passo que a eficácia, a segurança e o estatuto jurídico da maioria das novas isoformas de Cr, encontradas em suplementos alimentares, não são bem estabelecidas. Como conclusão, os pesquisadores afirmam haver pouca ou nenhuma evidência que respalde as alegações de *marketing* que afirmam que essas novas formas de Cr sejam mais estáveis e digeríveis ou, até mesmo, mais eficazes em aumentar os níveis de Cr muscular e que promovam menos efeitos colaterais que a amplamente utilizada.

7.2.7 Tipos de suplemento no mercado

Diversas formas de suplementos de Cr têm sido comercializadas, entre elas, a Cr em pó, gel, líquida, goma de mascar e barras. Ainda, existe a creatina micronizada, com a alegação de ser melhor dissolvida em líquidos. Além disso, algumas empresas adicionam a CM em outros suplementos de carboidrato, proteína, aminoácidos, vitaminas, minerais e até mesmo em extrato de ervas e produtos fitoquímicos.[34,60]

7.3 Considerações finais

A suplementação nutricional vem sendo utilizada em diversas modalidades esportivas com a finalidade de tornar o desempenho dos atletas o melhor possível. Um dos seus principais objetivos é o suprimento das necessidades de fluidos e substratos energéticos. Com base nos estudos apresentados, a suplementação de carboidratos tem mostrado ser uma importante estratégia a ser utilizada na melhora do desempenho de exercícios intermitentes de alta intensidade, reduzindo a utilização de glicogênio muscular nos primeiros 75 minutos de exercícios intermitentes prolongados e em exercícios de alta intensidade. Apesar de não ter os mecanismos bem elucidados, os carboidratos parecem influenciar na percepção do esforço, permitindo uma maior capacidade ao exercício intermitente, além de ser discutido que tal estratégia pode ter efeitos sobre a melhora na função neuromuscular, levando a

um melhor controle motor e, consequentemente, a um melhor desempenho dos atletas.

Por sua vez, a Cr parece ser eficaz mesmo quando suplementada em diferentes quantidades ou períodos de tempo, sendo a forma mono-hidratada a mais indicada para o consumo. O modelo de suplementação mais utilizado é a ingestão de 20 g a 30 g de Cr por dia, dividida em quatro doses iguais, por um período de cinco a sete dias. Porém, a ingestão de 3 g de Cr por dia, durante um período maior (28 dias), também leva a um aumento semelhante de Cr total (20%), como relatado pelo protocolo clássico de suplementação de 20 g diária. A ação ergogênica parece ocorrer em ambos os gêneros e em diferentes faixas etárias nos exercícios intermitentes de alta intensidade, desde que seja considerado o tempo de intervalo entre as séries para que haja o efeito na ressíntese de PCr, sem redução maior que 3% da *performance* (intervalos de 60 a 120 segundos e não maiores que 6 minutos). Assim, a suplementação de Cr tem se mostrado eficaz na melhora do desempenho em *sprints* repetidos e na agilidade de tarefas que simulam um jogo de futebol, afetando positivamente a *performance* de *sprints* e saltos verticais. A suplementação de Cr tem mostrado também efeito ergogênico, aumentando a velocidade de *sprint* e reduzindo o tempo total de *sprints* intermitentes em indivíduos treinados quando suplementados com 20 g de Cr, durante cinco dias. No entanto, em razão da variedade de fatores encontrada nos estudos, como o tamanho amostral, tipo/duração do exercício, intervalo de recuperação, efeitos residuais, entre outros, a interpretação da literatura existente sobre a suplementação de Cr é divergente.

Dessa forma, considerando a melhora de desempenho nas atividades intermitentes de alta intensidade, a suplementação de Cr, bem como a de carboidratos, parecem ser boas estratégias na melhora de *performance* de atletas cujas modalidades praticadas têm tais características.

Referências

1. Ali A, Williams C. Carbohydrate ingestion and soccer skill performance during prolonged intermittent exercise. J Sports Sci. 2009;27:1499-508.

2. Backhouse SH, Ali A, Bidle SJH, Williams C. Carbohydrate ingestion during prolonged high-intensity intermittent exercise: impact on affect and perceived exertion. Scand J Med Sci Sports. 2007;17:605-10.

3. Balsom PD, Wood K, Olsson P, Ekblom B. Carbohydrate intake and multiple sprint sports: with special reference to football (soccer). Int J Sports Med. 1999;20:48-52.

4. Bangsbo J. The physiology of soccer with special reference to intense intermittent exercise. Acta Physiol Scand. 1994;619:1-155.

5. Bemben MG, Lamont HS. Creatine supplementation and exercise performance – recent findings. Sports Med. 2005;35:107-25.

6. Bogdanis GC, Nevill ME, Boobis LH, Lakomy, HK. Contribution of phosphocreatine and aerobic metabolism to energy supply during repeated sprint exercise. J Appl Physiol. 1996;80:876-84.

7. Brooks GA, Fahey TD. Exercise physiology: human bioenergetics and its applications. New York: John Wiley; 1984.

8. Burke ER, Berning JR. Training nutrition: the diet and nutrition guide for peak performance. Carmel: Cooper Publishing Group;1996.

9. Casey A, Howell S, Constantin-Teodosiu D, Hultman E, Greenhaff PL. Effect of creatine supplementation on muscle metabolism and exercise performance. Am J Physiol. 1996;271:31-7.

10. Clarke ND, Maclaren DPM, Reilly T, Drust B. Carbohydrate ingestion and pre-cooling improves exercise capacity following soccer-specific intermittent exercise performed in the heat. Eur J Appl Physiol. 2011;111: 1447-55.

11. Cox G, Mujika I, Tumilty D, Burke L. Acute creatine supplementation and performance during a field test simulating match play in elite female soccer players. Int J Sport Nutr Exerc Metab. 2002;12:13-36.

12. Davis JM, Bailey SP, Woods JA, Galiano FJ, Hamilton MT, Bartoli WP. Effect of carbohydrate feedings on plasma free tryptophan and branch-chain amino acids during prolonged cycling. Eur J Appl Physiol Occup Physiol. 1992;65:513-9.

13. Davis JM, Jackson DA, Broadwell MS, Queary JL, Lambert CL. Carbohydrate drinks delay fatigue during intermittent, high-intensity cycling in active men and women. Int J Sport Nut. 1997;7:261-73.

14. Davis JM, Welsh RS, Alderson NA. Effects of carbohydrate and chromium ingestion during intermittent high-intensity exercise to fatigue. Int J Sport Nutr Exerc Metab. 2000:10:476-85.

15. Davis JM, Welsh RS, De Volve KL, Alderson NA. Effects of branched-chain amino acids and carbohydrate on fatigue during intermittent, high-intensity running. Int J Sports Med. 1999;20:309-14.

16. Demant TW, Rhodes ED. Effects of creatine supplementation on exercise performance. Sports Med. 1999;28:49-60.

17. Foskett A, Williams C, Boobis L, Tsintzas K. Carbohydrate, availability and muscle energy metabolism during intermittent running. Med Sci Sports Exercise. 2008;40:96-103.

18. Fox EL, Bowers RW, Foss ML. The physiological basis for exercise and sport. Dubuque: W. C. Brown; 1993.

19. Gaitanos GC, Williams C, Boobis LH, Brooks S. Human muscle metabolism during intermittent maximal exercise. J Appl Physiol. 1993;75:712-9.

20. Gastin PB. Energy system interaction and relative contribution during maximal exercise. Sports Med. 2001;31:725-41.

21. Glaister M, Lockey RA, Abraham CS, Staerck A, Goodwin, JE, McInnes, G. Creatine supplementation and multiple sprint running performance. J Strength Cond Res. 2006;20:273-7.

22. Greenhaff PL. Creatine and its application as an ergogenic aid. Int J Sport Nutr. 1995;5: 100-10.

23. Gualano B, Benatti FB, Ferreira JCB, Franchini E, Brum PC, Lancha Junior AH. Efeitos da suplementação de creatina no exercício intermitente de alta intensidade: divergências e recomendações metodológicas. Rev Bras Cineantropom Desempenho Hum. 2008;10:189-96.

24. Gualano B, Silva HAR, Rogeri PS, Leme MD, Benatti FB. Suplementação de creatina. In: Lancha Jr AH, Campos-Ferraz PL, Rogeri PS. Suplementação nutricional no esporte. Rio de Janeiro: Guanabara Koogan; 2009. p. 67-86.

25. Harris RC, Soderlund K, Hultman E. Elevation of creatine in resting and exercised muscle of normal subjects by creatine supplementation. Clin Sci (Lond). 1992;83:367-74.

26. Hermansen L. Muscular fatigue during maximal exercise of short duration. Med Sport Sci. 1981;13:45-52.

27. Hultman E, Bergstrom J, Spriet L, Söderlund K. Energy metabolism and fatigue. In: Taylor A, Gollnick P, Green H, editors. Biochemistry of Exercise VII: International series on sport sciences. Champaign (IL): Human Kinetics; 1990. p. 73-92

28. Jäger R, Purpura M, Shao A, Inoue T, Kreider RB. Analysis of the efficacy, safety, and regulatory status of novel forms of creatine. Amino Acids. 2011;40:1369-83.

29. Jeukendrup AE. Carbohydrate intake during exercise and performance. Nutrition. 2004;20:669-77.

30. Jeukendrup AE, Jentjens R. Oxidation of carbohydrate feedings during prolonged exercise: current thoughts, guidelines and directions for future research. Sports Med. 2000;29:407-24.

31. Lemon PWR. Dietary creatine supplementation and exercise performance: why inconsistent results? Can J Appl Physiol. 2002;27:663-80.

32. Maughan RJ, Gleeson M, Greenhaff PL. Biochemistry of exercise and training. Oxford: Oxford University Press; 1997.

33. Maughan RJ, Gleeson M, Greenhaff PL. Bioquímica do exercício e do treinamento. São Paulo: Manole; 2000.

34. Mendes RR, Pires I, Oliveira A, Tirapegui J. Effects of creatine supplementation on the performance and body composition of competitive swimmers. J Nutr Biochem. 2004;15:473-8.

35. Mendes RR, Tirapegui J. Creatina: o suplemento nutricional para a atividade física – Conceitos atuais. ALAN. 2002;52:117-12.

36. Mesa JLM, Ruiz JR, González-Gross MM, Sáinz, AG, Garzón, MJC. Oral creatine supplementation and skeletal muscle metabolism in physical exercise. Sports Med. 2002;32:903-44.

37. Mohr M, Krustrup P, Bangsbo J. Fatigue in soccer: a brief review. J Sports Sci. 2005;23:593-9.

38. Mujika, I, Padilla, S, Ibañez, J, Izquierdo, M, Gorostiaga, E. Creatine supplementation and sprint performance in soccer players. Med Sci Sports Exerc. 2000;32:518-25.

39. Nicholas CW, Tsintzas K, Boobis L, Williams C. Carbohydrate-electrolyte ingestion during intermittent high-intensity running. Med Sci Sports Exerc. 1999;31(9):1280-6.

40. Nicholas CW, Williams C, Lakomy HKA, Phillips G, Nowitz A. Influence of ingesting a carbohydrate-electrolyte solution on endurance capacity during intermittent, high-intensity shuttle running. J Sports Sci. 1995;13:283-90.

41. Ostojic SM. Creatine supplementation in young soccer players. Int J Sport Nutr Exerc Metab. 2004;14:95-103.

42. Phillips SM, Sproule J, Turner AP. Carbohydrate ingestion during team games exercise. Sports Med. 2011;41:559-85.

43. Phillips SM, Turner AP, Gray S, Sanderson MS, Sproule J. Ingesting a 6% carbohydrate-electrolyte solution improves endurance capacity, but not sprint performance, during intermittent, high-intensity shuttle running in adolescent team games players aged 12-14 years. Eur J Appl Physiol. 2010;109: 811-21.

44. Phillips SM, Turner AP, Sanderson MF, Sproule J. Beverage carbohydrate concentration influences the intermittent endurance capacity of adolescent team games players during prolonged intermittent running. Eur J Appl Physiol. 2011;112:1107-16.

45. Putman CT, Jones NL, Lands LC, Bragg TM, Hollidge-Horvat MG, Heigenhauser GJ. Skeletal muscle pyruvate dehydrogenase activity during maximal exercise in humans. Am J Physiol. 1995;269:E458-68.

46. Ren JM, Hultman E. Regulation of glycogenolysis in human skeletal muscle. J Appl Physiol. 1989;67:2243-8.

47. Rollo I, Williams C. Influence of ingesting a carbohydrate-electrolyte solution before and during a 1-hr running performance test. Int J Sport Nutr Exerc Metab. 2009;19:645-58.

48. Romer LM, Barrington JP, Jeukendrup AE. Effects of oral creatine supplementation on high intensity, intermittent exercise performance in competitive squash players. Int J Sports Med. 2001;11:546-52.

49. Shi X, Gisolfi CV. Fluid and carbohydrate replacement during intermittent exercise. Sports Med. 1998;25:157-72.

50. Skare OC, Skadberg O, Wisnes AR. Creatine supplementation improves sprint performance in males sprinters. Scand J Med Sci. Sports 2001;11:96-102.

51. Sociedade Brasileira de Medicina do Esporte. Modificações dietéticas, reposição hídrica, suplementos alimentares e drogas: comprovação de ação ergogênica e potenciais riscos para a saúde. Rev Bras Med Esporte. 2009;15.

52. Spencer M, Bishop D, Dawson B, Goodman C. Physiological and metabolic responses of repeated-sprint activities: specific to field--based team sports. Sports Med. 2005;35: 1025-44.

53. Spriet LL, Lindinger MI, McKelvie RS, Heigenhauser GJ, Jones NL. Muscle glycogenolysis and H+ concentration during maximal intermittent cycling. J Appl Physiol. 1989;66:8-13.

54. Tarnopolsky MA. Caffeine and creatine use in sport. Ann Nutr Metab. 2010;57:1-8.

55. Tomlin DL, Wenger HA. The relationship between aerobic fitness and recovery from high intensity intermittent exercise. Sports Med. 2001;31:1-11.

56. Trump ME, Heigenhauser GJ, Putman CT, Spriet LL. Importance of muscle phosphocreatine during intermittent maximal cycling. J Appl Physiol. 1996;80:1574-80.

57. Tsintzas OK, Williams C, Wilson W, Burrin J. Influence of carbohydrate supplementation early in exercise on endurance running capacity. Med Sci Sports Exerc. 1996;28:1373-9.

58. Utter AC, Kang J, Nieman DC, Dumke CL, McAnulty SR, McAnulty LS. Carbohydrate attenuates perceived exertion during intermittent exercise. Med Sci Sports Exerc. 2007;39:880-5.

59. Welsh RS, Davis JM, Burke JR, Williams HG. Carbohydrates and physical/mental performance during intermittent exercise to fatigue. Med Sci Sports Exerc. 2002;34:723-31.

60. Willians MH, Kreider RB, Brancha JD. Creatina. São Paulo: Manole; 2000. Suplementação de creatina: teoria, protocolos e efeitos – formas de creatina; p. 42-5.

61. Wyss M, Kaddurah-Daouk R. Creatine and creatinine metabolism. Physiol Rev. 2000;80:1107-213.

62. Yquel RJ, Arsac LM, Thiaudière E, Canioni P, Manier G. Effect of creatine supplementation on phosphocreatine resynthesis, inorganic phosphate accumulation and pH during intermittent maximal exercise. J Sports Sci. 2002;20:427-37.

Suplementação de tamponantes em exercícios intermitentes de alta intensidade

Felipe Fedrizzi Donatto
Henrique Quintas Teixeira Ribeiro
Rodrigo Vitasovic Gomes

Ao longo da história da fisiologia do exercício, a nutrição vem sendo utilizada para melhorar o rendimento esportivo. O consumo energético adequado, bem como o equilíbrio entre os macronutrientes (carboidratos, proteínas e lipídios) e micronutrientes possibilita a ressíntese do conteúdo de glicogênio e a reparação tecidual de indivíduos fisicamente ativos.[3]

Além da dieta, existe o uso de substâncias ergogênicas, numa tentativa de aumentar o trabalho, seja muscular ou mental, proporcionando um maior rendimento aos atletas.[25] Há um grande interesse do uso de substâncias ergogênicas nutricionais para aumentar o rendimento dos atletas engajados em exercícios intermitentes de alta intensidade (EIAI).

Na lista das substâncias não proibidas pela Agência Mundial Antidoping (World Antidoping Agency – WADA), encontram-se o uso de carboidrato, creatina, substâncias tamponantes (bicarbonato de sódio, citrato de sódio e a β-alanina) e substâncias estimulantes, como a cafeína.[28] Em especial, nesta revisão, serão abordados apenas os tamponantes e os estimulantes usados por atletas engajados nos EIAI.

A proposta do uso de tamponantes é diretamente relacionada com o metabolismo energético glicolítico anaeróbio, requisitado durante os exercícios de máxima intensidade e curta duração. Nesse tipo de situação, a capacidade de tamponamento sanguíneo via bicarbonato pode ser insuficiente. Dessa forma, existe um acúmulo de íons H^+ que pode contribuir para a acidificação do meio intramuscular e, finalmente, incapacitar a célula de manter o processo contrátil em situações intensas.[39]

Para que ocorra equilíbrio do pH intracelular, o tecido muscular apresenta diferentes sistemas de tamponamento. O sistema tampão proteico intracelular usa aminoácidos e/ou peptídeos para tal ação. Especialmente em humanos, há a presença intracelular de um dipeptídeo contendo histidina, que participa do sistema tampão, chamado de carnosina (b-alanil-L-histidina).[1]

Finalmente, o uso de estimulantes nutricionais, como o caso da cafeína, tem o intuito de aumentar a velocidade de contração muscular e diminuir a sensação da fadiga mental, na tentativa de melhorar o rendimento em EIAI.[17]

Assim, o objetivo desta revisão é avaliar a eficácia das substâncias ergogênicas nutricionais supracitadas na melhora do rendimento de atletas engajados em EIAI.

8.1 Relação entre mecanismos de fadiga e recursos ergogênicos no exercício intermitente de alta intensidade

Os EIAI são caracterizados por múltiplos tiros de máxima velocidade de curta duração e são utilizados frequentemente na maioria dos esportes.[32] Além disso, a capacidade de recuperação dos atletas entre os tiros para reproduzirem o máximo de potência nos tiros subsequentes é um componente importante para o desempenho, tornando fundamental o conhecimento dos fatores que limitam a habilidade de reproduzir tiros repetidos máximos, bem como os recursos ergogênicos que podem retardar o aparecimento dessa fadiga.

Com o intuito de proporcionar um maior entendimento sobre a interação dos recursos ergogênicos e os possíveis sítios de fadiga durante os EIAI, a fadiga será tratada como a incapacidade do músculo esquelético de gerar níveis elevados de força muscular ou manter esses níveis ao longo do tempo,[59] tendo como principal objetivo relatar os mecanismos propostos até o momento de fadiga do EIAI e o papel dos recursos ergogênicos nessa vertente.

Os modelos elaborados com o intuito de explicar os possíveis mecanismos responsáveis pela queda do desempenho ou interrupção do exercício pela instalação da fadiga utilizam mecanismos centrais[49,59,76] ou periféricos.[32]

A hipótese da fadiga central propõe a existência de mecanismos de regulação integrada entre todos os possíveis sítios da fadiga periférica (Figura 8.1). A sinalização é direcionada por vias aferentes provenientes de vários órgãos e sistemas. O foco desse novo paradigma foi estabelecer que múltiplos sinais aferentes, como a concentração de glicogênio muscular, glicemia, nível de lactato, acúmulo de prótons de hidrogênio e fosfato inorgânico, seriam *avaliados* em diferentes regiões do sistema nervoso central (SNC).[49,59,76]

Essas regiões seriam responsáveis por receber e integrar as informações, emitindo uma resposta ao córtex motor, que, por sua vez, reduziria ou não os impulsos dos motoneurônios, de acordo com a situação periférica.[59]

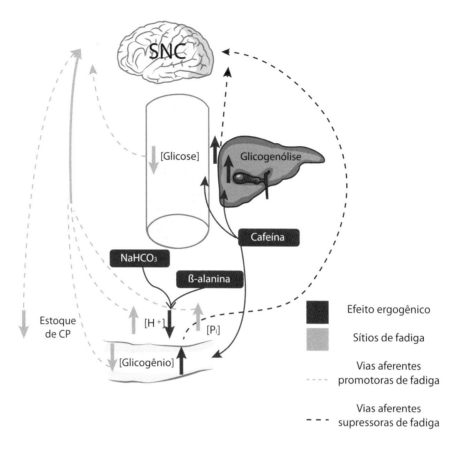

Figura 8.1 – Relação entre recursos ergogênicos e sítios de fadiga central e periférica.
Proposta baseada na discussão dos possíveis modelos de fadiga.[59]

Davis e Green[18] propõem que o uso da cafeína, uma trimetilxantina encontrada em medicamentos, café, chá, chocolate, refrigerantes à base de cola entre outros produtos, metabolizada no fígado a dimetilxantinas,[34] pode afetar o desempenho de EIAI por mecanismos centrais e periféricos integrados. Segundo os autores, se a cafeína é capaz de aumentar o influxo de glicose plasmática, é plausível que aumente também a oferta de nutrientes para a produção de energia do músculo e, ao mesmo tempo, sensibilize o SNC por fornecer seu principal substrato energético (glicose). No entanto, os mecanismos centrais de fadiga não estão bem esclarecidos na literatura.

Dentre os mecanismos periféricos, os mais investigados nos EIAI são os estoques de energia (creatina fosfato – CP – e glicogênio muscular), acúmulo de fosfato inorgânico e acidose, todos esses relativos à falha no processo de ressíntese de ATP.[32]

Alguns autores acreditam que a limitação da disponibilidade de CP seja o principal fator de fadiga em exercícios intermitentes de alta intensidade. A relação entre disponibilidade de CP e fadiga é reforçada por várias investigações que relataram reduções da fadiga após um período de suplementação com creatina.[9] Embora haja um número de relatos contraditórios, segundo Glaister,[32] os resultados citados sugerem que a relação entre disponibilidade de CP e fadiga pode ser mais do que mera coincidência.

Em contraste com a CP, a concentração de glicogênio muscular em nível normal não parece ser o principal fator de limitação para disponibilizar ATP, isso porque a inibição da glicólise é observada em exercícios de múltiplos tiros de máxima velocidade. Contudo, alterações na disponibilidade de glicogênio por meio de manipulação dietética influenciam a capacidade de realizar um trabalho em exercícios de alta intensidade e curta duração ($300\%\ \dot{V}O_2$máx e 6 segundos de duração).[10]

Embora em circunstâncias normais o glicogênio parecesse ter pouca influência na capacidade de manter a potência no decorrer dos tiros repetidos máximos, modificações intramusculares do pH associadas à glicólise anaeróbia são frequentemente apontadas como um fator de fadiga muscular.

Outros pesquisadores conduziram seu foco de atenção para o acúmulo de fosfato inorgânico (P_i) intracelular como a causa mais provável da fadiga muscular. O mecanismo pelo qual o P_i interfere na função muscular é a inibição da liberação de Ca^{++} do retículo sarcoplasmático (RS). A liberação de Ca^{++} pelo RS regula as interações das pontes cruzadas de actina e miosina e, desse modo, a contração muscular e produção da força. A relação entre a liberação de Ca^{++} pelo RS e P_i é que a precipitação do fosfato com o Ca^{++} inibe o mecanismo de liberação de Ca^{++} do RS.[22]

Dentre os mecanismos periféricos, a diminuição do pH intramuscular é a que apresenta correlações mais fortes na redução da força, potência muscular e instalação da fadiga nos exercícios de múltiplos tiros máximos. Em condições normais de repouso, o pH intramuscular está em torno de 7,0 e o pH plasmático é um pouco maior, em torno de 7,3 e 7,4. Entretanto, durante exercícios de alta inten-

sidade, o pH muscular declina para 6,0 e, ao mesmo tempo, o pH arterial declina aproximadamente para 7,0.[61] Essas mudanças representam um desafio para a manutenção do desempenho em exercícios intensos, uma vez que o pH intramuscular ácido inibe a via glicolítica e o pH plasmático pode levar à fadiga do SNC.[52] Assim, qualquer intervenção capaz de reduzir o impacto negativo do acúmulo intracelular de íons H^+ sobre o desempenho pode ser utilizada pelos atletas ou treinadores.[57]

A primeira linha de defesa contra o acúmulo de H^+ é promovida por diversos tamponantes intracelulares, incluindo a carnosina. Os prótons produzidos durante o trabalho muscular em condições anaeróbias são rapidamente transportados para fora das células musculares e são tamponados por tamponantes que estão na circulação, como o bicarbonato.[17] Um aumento da concentração de bicarbonato extracelular aumenta a diferença de concentração de pH entre o meio intracelular e extracelular, promovendo um aumento do transporte de H^+ pela membrana para o meio extracelular.[61]

Alguns estudos, entretanto, demonstraram que a produção de força da fibra muscular não é inibida pela diminuição do pH intramuscular em ratos[85] e que o tempo de recuperação da força ou potência, após um tiro máximo, é mais rápido do que o restabelecimento do pH plasmático.[44] Esse resultado é contraintuitivo à ação dos íons H^+ como um fator limitante para exercícios de alta intensidade em condições anaeróbias.

O grande desafio em conseguir justificar os dados dos trabalhos de Westerblad et al.[85] e de Holmyard et al.[44] é o efeito da suplementação com tamponantes que minimizam o acúmulo de íons H^+ intracelular e melhoram o desempenho em exercícios de tiros máximos repetidos.[12] Uma especulação que pode ser feita é a de que o acúmulo de H^+ depende não só da produção, mas também da remoção deste íon do meio intracelular. Os sistemas de tamponamento intra e extracelular agem para reduzir o acúmulo dos íons H^+ durante os exercícios intensos, mantendo ou aumentando a potência muscular em tiros repetidos máximos. O acúmulo intracelular de H^+ depende da concentração de H^+ extracelular. O efluxo de H^+ do meio intracelular é inibido pela acidose extracelular[41] e estimulado pela concentração de tamponantes no meio extracelular.[55]

Pode-se considerar que o atraso do restabelecimento do pH plasmático do estudo de Holmyard et al.[43] em relação à força e à potência não represente um acúmulo de íons H^+ no meio intracelular, e sim o aumento do efluxo de íons H^+ do meio intracelular para o meio extracelular (plasma), o que diminui o pH plasmático.

Essa hipótese pode ser justificada pela melhora do desempenho observada quando aumentamos a concentração de tamponantes no meio extracelular, por meio da ingestão de soluções alcalinas, como o bicarbonato de sódio ($NaHCO_3$). Essa ação eleva o efluxo de H^+ do meio intracelular para o meio extracelular e aumenta a concentração de lactato plasmático, um indicativo de que a via glicolítica está sendo mais solicitada.[12]

8.2 Substâncias ergogênicas nutricionais

8.2.1 β-alanina

Os mamíferos possuem mecanismos para manter o pH intra e extracelulares dentro dos valores fisiológicos, que incluem tampões químicos sanguíneos, como o bicarbonato, a regulação respiratória e a renal. Em uma situação de exercício de alta intensidade, quando a capacidade de tampo-

namento sanguíneo via bicarbonato é insuficiente, existe um acúmulo de íons H^+, contribuindo para a acidificação do meio intramuscular e, finalmente, podendo incapacitar a célula de manter o processo contrátil em situações intensas.[39]

A capacidade de manter o pH intracelular é um dos mecanismos propostos de tamponamento das células musculares. O sistema tampão proteico intracelular usa aminoácidos e/ou peptídeos para tal ação. Especialmente em humanos, temos a presença intracelular de um dipeptídeo contendo histidina, que participa do sistema tampão, chamado de carnosina (β-alanil-L-histidina).[1]

As fontes dietéticas de carnosina são produtos proteicos, como o peito de frango e o peito de peru, e a ingestão de 100 g desses alimentos pode oferecer entre 300 mg a 500 mg de carnosina.[59] Entretanto, a presença da enzima carnosinase no intestino e na corrente sanguínea impossibilita a disponibilidade de carnosina plasmática, sendo hidrolisada a β-alanina e histidina.[1] Como os músculos não produzem os precursores da carnosina, a disponibilidade de seus precursores (histidina e β-alanina) tem relação direta com a produção de carnosina intramuscular, uma vez que a produção endógena é controlada pela enzima carnosina sintase.[23]

Atualmente, existe um crescente número de pesquisas que propõem a suplementação do aminoácido β-alanina com o intuito de aumentar as concentrações intramusculares de carnosina, considerando que a insuficiência intracelular de β-alanina limita a produção da carnosina nas fibras musculares.[68]

Esse aumento nas concentrações intramusculares de carnosina tem se mostrado eficaz na melhora do rendimento em atletas que participam de esporte de alta intensidade e de natureza intermitente.[20,40,81] É sabido que o exercício intermitente pode influenciar as concentrações de carnosina intramuscular,[82] e as fibras musculares de contração rápida são as mais influenciadas quando existe a suplementação de β-alanina pela participação do sistema de tamponamento intramuscular,[40] o que seria uma proposta interessante para atletas engajados em esportes com característica intermitente e de alta intensidade.

Efeitos da β-alanina no exercício intermitente de alta intensidade

Como já comentado neste estudo, os mecanismos de fadiga são diversos e ainda não se tem uma certeza científica de qual variável pode ser a limitante dos exercícios de alta intensidade. Assim, a literatura disponível usa protocolos de exercícios intermitentes para alcançar a redução de ATP, CrP, Mg^+ e o acúmulo dos íons H^+. No entanto, o grande problema é conseguir mensurar um fenômeno que acontece de forma intracelular e em questão de milissegundos. A técnica da biópsia é uma das mais utilizadas e, com o advento de técnicas não invasivas, tem mostrado resultados que ajudam a compreender alguns mecanismos.

Com o uso da técnica de eletromiografia, o pesquisador tem a possibilidade de avaliar o número de recrutamentos de fibras musculares, bem como identificar as respostas ocorridas no EIAI. Smith et al.[75] avaliaram a suplementação de 3 g de β-alanina durante 4 semanas em 18 homens que, no desenho duplo-cego, invertido, foram submetidos a 4 séries de 2 minutos no cicloergômetro. Avaliaram ainda o limiar de fadiga e a eficiência no recrutamento de fibras com a técnica da eletromiografia. Os autores encontraram um grande efeito do EIAI realizado nos parâmetros avaliados, mas em relação à suplementação não foram encontradas diferenças entre os grupos. Tratava-se, segundo os autores, de indivíduos não treinados, o que configura um fator limitante nas concentrações de carnosina intramuscular.

Com o uso da técnica não invasiva de ressonância magnética de prótons, Derave et al[20] avaliaram a quantidade de carnosina intramuscular de corredores de 400 metros após a suplementação de 4,8 g/dia de β-alanina, no desenho duplo-cego, invertido, com um placebo. A *performance* foi avaliada pelo teste isocinético, cinco vezes de 30 extensões máximas de joelho, e pela corrida de 400 metros em um ambiente fechado. A suplementação foi eficaz no aumento de carnosina nos músculos sóleos e gastrocnêmicos, 47% e 37%, respectivamente. Em relação ao desempenho, a suplementação atenuou a fadiga no teste isocinético, porém não obtiveram melhores resultados na corrida de 400 metros.

Seguindo a proposta do tamponamento intramuscular da carnosina, Stout et al.[79] suplementaram homens e mulheres idosas com idade média de 72 anos, com 2,4 g de β-alanina no modelo duplo-cego, placebo, durante 90 dias. Foi observada uma melhora de 28% no limiar de fadiga durante um protocolo incremental de potência, com uma diminuição da fadiga neuromuscular avaliada por eletromiografia.

Protocolos de suplementação e dosagens

O consumo de β-alanina tem o intuito de aumentar o conteúdo de carnosina intramuscular. Existem, porém, alguns detalhes sobre a suplementação que devem ser pontuados. Primeiramente, o tempo da suplementação pode influenciar, sendo mais interessante o *carregamento* de β-alanina de forma crônica. Harris et al.[38] apontaram um período de até 4 semanas para que se tenha um aumento de pelo menos 40% a 60% do conteúdo de carnosina intramuscular. Outro fator é a quantidade total de β-alanina oferecida diariamente e de como deve ser feita a sua ingestão, pois, em doses mais concentradas (acima de 40 mg/kg) oferecidas de forma aguda do peptídeo, já foi observado o efeito de parestesia (sintoma neurológico que exerce um efeito de *formigamento*).[5,38] Não obstante, quando se oferece cerca de 10 mg/kg, aproximadamente 700 a 800 mg, com pelo menos 3 horas de intervalo, pode-se consumir quatro doses, alcançando 3,6 mg por dia.[38]

Para esclarecer como diferentes protocolos da suplementação podem influenciar nas concentrações de carnosina, Stellingwerff et al.[77] realizaram a suplementação utilizando um desenho experimental de modelo duplo-cego, *crossover*, durante um período de 8 semanas de suplementação de β-alanina, com protocolos diferentes entre os grupos experimentais. Um grupo recebeu, nas primeiras 4 semanas, uma dose diária de 3,2 g e, nas outras 4 semanas, 1,6 g por dia, completando 8 semanas. Já o outro grupo recebeu 1,6 g por dia durante as 8 semanas.

O conteúdo de carnosina foi analisado por ressonância magnética. Observou-se maior concentração de carnosina com o consumo de dose de 3,2 g/dia após 4 semanas, quando comparado a doses de 1,6 g/dia. Assim, os autores pontuam que a quantidade total oferecida de β-alanina é o fator que mais influencia as concentrações de carnosina intramuscular. É importante salientar que, nesse mesmo trabalho, os autores avaliaram o período de retirada, no qual não se tem a ingestão de β-alanina, comprovando que, desse modo, o conteúdo de carnosina intramuscular tende a diminuir cerca de 2% por semana. Esse período de retirada também foi encontrado por Baguet et al.,[7] na média de 2% a 4% de redução de carnosina por semana, sem a suplementação de β-alanina. Em termos práticos, a concentração de carnosina se mantém alta até 3 semanas após o final da ingestão do seu precursor. Isso tem interferência na metodologia de treino usada ou até mesmo nos dias das competições principais. A Tabela 8.1 explana alguns trabalhos realizados com a suplementação do peptídeo.

Tabela 8.1 – Efeito da suplementação de β-alanina em diferentes modalidades esportivas

Referência	Esporte	População	Protocolo de exercício	Dose	Duração	Resultado no desempenho
Baguet et al.[7]	Ciclismo	Universitários fisicamente ativos	Teste incremental até a fadiga	Duplo-cego + placebo: 4,8 g/dia	4 semanas	Melhora do controle da acidose induzida pelo exercício e redução de fadiga.
Smith et al.[74]	Ciclismo	Universitários fisicamente ativos	5 a 6 tiros, 2:1 minutos no cicloergômetro	Duplo-cego + placebo: 6 g/21 dias + 3 g/21dias	6 semanas	Melhora no desempenho e aumento de massa magra.
Hoffman et al.[42]	Futebol americano	Jogadores universitários	Tiros curtos e teste de Wingate 60 s	Duplo-cego + placebo: 4,5 g/dia	4 semanas	Sem diferença no teste de Wingate entre os grupos.
Stout et al.[79]	Ciclismo	Idosos fisicamente ativos	Teste incremental até a fadiga	Duplo-cego + placebo: 3,2 g/dia	12 semanas	Melhora no desempenho e diminuição da fadiga.
Kern e Robinson[48]	*Wrestler* e futebol americano	Lutadores e jogadores universitários	Tiros curtos para avaliação da potência anaeróbia	Duplo-cego + placebo: 4 g/dia	8 semanas	Melhora no desempenho e diminuição da fadiga.

Pode-se colocar, em termos práticos, que a suplementação de β-alanina varia entre 1,6 a 6,2 g/dia, divididos em quatro a cinco doses ao dia, com um intervalo de 2 a 3 horas entre as ingestões, durante pelo menos 4 semanas, para que a síntese de carnosina seja suficiente para aumentar o conteúdo intramuscular.

8.2.2 Bicarbonato de sódio

O aumento da capacidade de tamponamento extracelular pode resultar em um transporte maior de lactato e H^+, valendo-se dos cotransportadores monocarboxílicos, situados no sarcolema dos músculos exercitados, mantendo, desse modo, o pH intracelular mais adequado.[31]

Sugere-se que uma das principais interferências no mecanismo de contração muscular seria o aumento intracelular de prótons H^+. Ele poderia interferir no funcionamento de enzimas glicolíticas, bem como na redução da ligação do Ca^{2+} na troponina C e na inibição da ATPase dependente de Ca^{2+} no retículo sarcoplasmático, incapacitando, dessa forma, as células musculares de manter os exercícios de alta intensidade.[2]

A proposta da ingestão de bicarbonato de sódio ($NaHCO_3$) para a melhora da *performance* em EIAI seria de aumentar o efluxo de prótons H^+ dos músculos exercitados para o sangue. Assim, o meio intracelular permaneceria menos ácido, possibilitando a manutenção da intensidade do exercício.[45]

O aumento da capacidade desse sistema tampão, ou seja, o aumento da concentração plasmática de bicarbonato, poderia proteger o organismo contra a acidose metabólica, retardar a fadiga e, assim, contribuir para uma melhora do desempenho durante os exercícios com componente anaeróbio predominante. A forma de aumentar essa capacidade de tamponamento seria a suplementação de bicarbonato de sódio para os praticantes desses exercícios.[33]

Entre os esportes usados como modelos para a avaliação da suplementação de bicarbonato temos, dentro das lutas, o judô, que tem uma característica fisiológica intermitente. Trata-se de uma série de esforços supramáximos (com duração média de 15 a 30 segundos), intercalados por 10 a 15 segundos de recuperação. Nesses curtos intervalos, a ressíntese adequada de ATP é crucial para que, no próximo esforço realizado, a intensidade seja mantida. Dessa forma, a manutenção do funcionamento depende das vias anaeróbias, o que torna esses esforços altamente dependentes da via anaeróbia[4] e, possivelmente, de outros mecanismos de restauração de CrP/ATP, como a via aeróbia.[30,32] A importância da via anaeróbia glicolítica de transferência de energia para o judô pode ser demonstrada pela elevada concentração sanguínea de lactato em atletas dessa modalidade.[27]

Embora a luta de judô possa terminar a qualquer momento com um *ippon*, em competições de alto nível a luta costuma ter duração de 4 minutos ou mais.[15] Considerando a intensidade das ações desse esporte, sua duração e o alto número de lutas que são realizadas em um único dia de competição (mais de cinco), é provável que o desempenho seja comprometido pelo mecanismo de fadiga anteriormente citado.

Apesar dos resultados contraditórios na literatura sobre a indução da alcalose pelo suplemento de bicarbonato de sódio em exercícios intermitentes, seu efeito ergogênico parece atrasar o aparecimento de fadiga em lutas de judô,[4] ou até mesmo em esportes como o tênis[87] e nos 200 metros na natação.[52]

Artioli et al.,[4] por exemplo, investigaram o efeito da suplementação de bicarbonato de sódio nas capacidades de desempenho relacionadas ao judô, utilizando dois protocolos distintos. O protocolo 1 avaliou o desempenho de 9 lutadores experientes que competiam em nível nacional e internacional, submetendo-os a um teste específico de judô denominado *Special Judo Fitness Test* (SJFT). O teste foi realizado três vezes, com 5 minutos de intervalo entre cada um. O protocolo 2 aferiu o desempenho de 14 lutadores de mesmo nível ao protocolo 1 no teste de Wingate para membros superiores, submetendo cada atleta quatro vezes, com intervalo de recuperação de 3 minutos entre cada teste.

O SJFT foi descrito por Sterkowicz.[78] Trata-se de um teste que necessita de atletas de peso corporal similar. Assim, são escolhidos o participante 1 (TORI) e dois outros (UKEs). O TORI inicia o teste posicionado a três metros de cada UKEs. Após um sinal, o TORI corre até um dos UKEs e aplica-lhe um golpe chamado de *ippon seoi nage*. Imediatamente após, ele corre até o outro UKE e aplica o mesmo golpe outra vez. O atleta avaliado (TORI) deve completar o máximo de golpes possíveis durante o teste. Cada SJFT é composto de três períodos (15 s, 30 s e 30 s), separados por 10 segundos de intervalo. O desempenho é determinado pelo total de golpes completados nos três períodos.

Ambos os protocolos utilizaram o modelo cruzado duplo-cego, e cada voluntário foi testado em duas diferentes situações: na condição suplementada (cápsulas gelatinosas de 0,3 g/kg peso de $NaHCO_3$) ou placebo (0,3 g/kg peso de carbonato de cálcio), 120 minutos antes de cada teste.

Os atletas que ingeriram a cápsula de bicarbonato realizaram mais golpes na segunda e terceira realização do teste SJFT. O aumento da potência foi obtido na terceira e quarta realiza-

ção do teste de Wingate quando comparado ao placebo. A concentração de lactato foi significativamente maior no grupo suplementado com bicarbonato 3 minutos após a última realização do teste SJFT.

Os resultados do estudo de Siegler[73] no boxe corroboram o relato de Artioli et al.[4] Após a suplementação de 0,3 g/kg de peso de bicarbonato ou 0,045 g/kg de peso ou de cloreto de sódio (NaCl-placebo) em um estudo *crossover* duplo-cego, dez boxeadores de nível amador participaram de quatro *rounds* de *sparring* com duração de 3 minutos, separados por 1 minuto de descanso sentado, e apresentaram um maior número de *punches* durante os quatro *rounds*.

Os resultados de Wu et al.[87] no tênis corroboram os achados do judô.[4] Após a simulação de uma partida com 12 *games (Loughborough Tennis Skill Test)*, foi melhor o grupo suplementado com 0,3 g/kg de peso corporal de $NaHCO_3$ quando comparado ao placebo, 0,2 g/kg de peso de NaCl.

Esses resultados indicam que o efeito ergogênico do suplemento de bicarbonato de sódio aparece após a instalação da fadiga, o que pode explicar algumas das controvérsias da literatura. Muitos estudos não utilizaram protocolos que provocaram uma acidose extrema. Linderman et al.,[51] Potteiger et al.[64] e Douroudos et al.,[21] por exemplo, realizaram um único teste de Wingate no cicloergômetro, sob três intervenções, suplementação moderada de HCO_3 (0,3 g/kg de peso), grupo alta ingestão (0,5 g/kg de peso) e placebo (0 g/kg de peso), e não observaram efeito positivo no desempenho do teste de Wingate e na concentração de lactato plasmático. Os estudos, a dosagem utilizada, o esporte, a duração da atividade, a concentração de lactato e o efeito sobre o desempenho são apresentados na Tabela 8.2.

Tabela 8.2 – Efeito da suplementação de NaHCO$_3$ em diferentes modalidades esportivas

Referência	Esporte	População	Dose	Protocolo	[La]	Resultado no desempenho
Wu et al.[87]	Tênis	9 tenistas universitárias	0,3 g/kg peso	50 min + teste (LTST)	Maior	Melhora na precisão e consistência dos golpes.
Artioli et al.[4]	Judô	23 judocas de competição nacional e internacional	0,3 g/kg peso	4 × teste SJFT	Maior	Melhora no desempenho específico (2ª e 3ª realização do teste SJFT).
Lindh et al.[52]	Natação (200 m)	9 nadadores de elite	0,3 g/kg peso	200 m	Maior	Melhora no tempo dos 200 m nado livre.
Douroudos et al.[21]	EIAI	24 homens fisicamente ativos	0,3 g/kg peso 0,5 g/kg peso	1 teste de Wingate	Maior	Melhora no tempo e dose-dependente.
Bishop et al.[12]	Teste Intermitente	10 mulheres fisicamente ativas	0,3 g/kg peso	5 × 6 s	Maior	Melhora da potência no 3º, 4º e 5º tiro.
Bishop e Claudius[11]	Teste Intermitente	7 atletas de esportes coletivos	0,2 g/kg peso	4 × 100 s	Maior	Melhora na potência do teste.
Zabala et al.[88]	BMX	10 atletas de elite	0,3 g/kg peso	3 × Wingate 15 min de intervalo	Maior	Sem diferença significativa entre os grupos.

Dosagem de NaHCO$_3$

O estudo de Granier et al.[36] verificou a cinética do comportamento do lactato pela suplementação de bicarbonato e observou que dosagens de 0,3 g/kg promovem efeitos positivos na capacidade de tamponamento de ácido lático sanguíneo em comparação às dosagens de 0,15 e 0,2 g/kg. Além disso, pode resultar num aumento de 4 a 5 mmol/l na concentração de bicarbonato e 0,03 a 0,06 unidades de pH no plasma venoso.

A maioria dos estudos que investigou o efeito da suplementação de NaHCO$_3$ geralmente utilizou doses de 0,2 g/kg a 0,3 g/kg, 2 a 3 horas antes do início dos exercícios.

8.2.3 Citrato de sódio

Após a ingestão de citrato de sódio (citrato-Na), os íons Na e citrato são separados. O aumento do ânion citrato no plasma modifica o equilíbrio elétrico de ânions e cátions e, para restabelecer a neutralidade elétrica, ocorre uma diminuição de H$^+$ e aumento de HCO$_3$, promovendo um estado alcalino que é observado após o consumo de citrato-Na.[72] O aumento do pH, induzido pela ingestão de citrato-Na, facilita o efluxo de ácido láctico do músculo esquelético, aumentando a capacidade contrátil muscular. Entretanto, os mecanismos responsáveis pelo aumento de HCO$_3$, em consequência do consumo de citrato-Na, podem ser justificados pelo aumento da oxidação hepática, fato que ainda precisa ser elucidado.[67]

Como o citrato-Na é permeável ao sarcolema, sua concentração aumenta no interior das células musculares e pode atuar como intermediário de diversos processos metabólicos:

- intermediário do ciclo de krebs;
- transportador de Acetil-CoA da mitocôndria para o citoplasma;
- ativação alostérica da enzima fosfofrutoquinase.[54]

Essas diferentes formas de ação do citrato-Na dificultam o conhecimento exato do mecanismo envolvido na melhora do desempenho em exercícios anaeróbios.[67]

Em razão da semelhança do comportamento fisiológico, os protocolos utilizados para avaliar o efeito ergogênico do citrato-Na são similares aos apresentados anteriormente para $NaHCO_3$. Contudo, as publicações de auxílio ergogênico de citrato-Na ainda estão em uma fase inicial de experimentação. Em exercícios de alta intensidade e de duração inferior a 120 segundos, o consumo de citrato-Na apresenta resultados controversos. McNaughton et al.[57] demonstraram melhora da potência muscular em exercícios com duração de 120 segundos em ciclo ergômetro. Esse efeito, no entanto, não foi observado no mesmo exercício com duração de 10 e 30 segundos.

Van Someren et al.[84] não relataram melhora da potência muscular em cinco tiros máximos de 45 segundos em ciclo ergômetro em EIAI. Uma explicação para essa falha de promoção do efeito ergogênico poderia ser a dosagem inferior utilizada no estudo (0,3 g/kg). As pesquisas que demonstraram melhora do desempenho (Tabela 8.3) utilizaram doses superiores (0,5 g/kg de peso). McNaughton et al.[57] conduziram um estudo para identificar a dose ideal de citrato-Na. Eles investigaram o consumo de cinco doses diferentes (0,1 g/kg; 0,2 g/kg; 0,3 g/kg; 0,4 g/kg; e 0,5 g/kg) no desempenho de um teste máximo, com duração de 1 minuto, no ciclo ergômetro, e constataram que 0,5 g/kg de peso de citrato-Na é a dose mais efetiva para melhorar o trabalho total realizado, a potência máxima e apresentar a maior concentração de lactato pós-exercício.

Tabela 8.3 – Efeito ergogênico da suplementação de citrato-Na encontrado nos estudos

Referência	Esporte	População	Protocolo de exercício	Dose	Duração	Resultado no desempenho
Liossier et al.[54]	Ciclismo	3 mulheres e 5 homens moderadamente treinados	1 tiro a 120% $\dot{V}O_2$máx	0,5 g/kg de peso	—	Aumento do tempo de exaustão.
McNaughton e Cedaro[56]	Ciclismo	10 homens moderadamente treinados	Ciclo ergometro *all-out* até exaustão	0,5 g/kg de peso	240 s	Melhora da potência total de trabalho realizado.
Potteiger et al.[66]	Ciclismo	8 homens treinados	30.000 m	0,5 g/kg de peso	59 min	Melhora no desempenho.
Shave et al.[72]	Triatlo	7 homens e 2 mulheres de elite	3.000 m	0,5 g/kg de peso	10 min	Melhora no desempenho.

8.3 Uso combinado de substâncias tamponantes

Alguns poucos estudos compararam a efetividade da suplementação entre citrato-Na, $NaHCO_3$ e β–alanina e o consumo dessas substâncias de forma concomitante.[62,66,83] Tiryaki et al.[83] demonstraram que o consumo de $NaHCO_3$ ou de citrato-Na (0,3 g/kg peso) sobre o desempenho de uma distância de 600 metros é similar.

Potteiger et al.[66] não observaram melhora do tempo de exaustão de um exercício realizado a 110% $\dot{V}O_2máx$, após 30 minutos de exercício aeróbio, comparando o suplemento de citrato-Na (0,5 g/kg de peso) e $NaHCO_3$ (0,3 g/kg de peso). Parry-Billings et al.[62] verificaram o efeito de três tipos diferentes de suplementação com dosagem de 0,3 g/kg de peso de $NaHCO_3$, ou $NaHCO_3$ + citrato-Na e citrato-Na, consumidas 150 minutos antes de um teste de Wingate de 30 segundos. Apesar dos valores de pH serem mais altos no grupo $NaHCO_3$ + citrato-Na, não houve diferença significativa no desempenho do teste de Wingate e na concentração plasmática de lactato entre os grupos.

Apenas um estudo verificou a cossuplementação de β-alanina e $NaHCO_3$ sobre o desempenho de EIAI. Sale et al.[69] suplementaram indivíduos que participavam regularmente de EIAI no ciclismo com placebo e maltodextrina (PMD), placebo e $NaHCO_3$ (PSB), β-alanina e maltodextrina (BAMD) ou β-alanina (6,4 g/dia) com $NaHCO_3$ (0,3 g/kg) (BASB). Verificaram que o grupo BASB apresentou aumento superior de tempo para exaustão (6 s) e de trabalho total realizado em relação aos outros grupos, além de melhor desempenho. Apesar das mudanças não serem significativas, os autores sugerem que esse tipo de combinação pode ser mais eficiente do que a suplementação individual de $NaHCO_3$ ou β-alanina.

Em resumo, com o intuito de comparar o efeito ergogênico entre substâncias alcalinas, é necessário um maior número de estudos, e que sejam conduzidos com base em protocolos que promovam a instalação da fadiga e que diminuam o pH plasmático ou muscular.

8.4 Cafeína

A cafeína é a droga mais comumente consumida no mundo, com mínimos riscos associados à saúde.[34] De forma bioquímica, ela é uma trimetilxantina encontrada em medicamentos, café, chá, chocolate, entre outros produtos. No fígado, essa xantina é metabolizada a dimetilxantinas que, por sua vez, afetam uma série de tecidos no corpo, incluindo os tecidos nervosos periféricos e centrais.[34] O efeito ergogênico da cafeína é bem estabelecido para exercício aeróbio, tanto em humanos como em animais.[19,35,46] No entanto, em relação a exercícios com intensidade máxima e curta duração (inferior a 60 segundos), os efeitos da cafeína ainda não foram completamente elucidados.[37,86] Por essa razão, é provável que os efeitos ergogênicos da cafeína em exercícios intermitentes de alta intensidade, quando verificados, ocorram por meio de diferentes vias,[6] por exemplo, influenciando a liberação de cálcio do retículo sarcoplasmático,[60] o que poderia acarretar em efeitos favoráveis nos mecanismos de excitação-contração dos músculos, ou afetando a ativação do cálcio de diversas fibras musculares,[65] modulando a atividade da AMP-proteína cinase ativada (AMPK)[24] e reduzindo os níveis de potássio no plasma.[53] No entanto, a atuação da cafeína aparentemente é maior em fibras musculares do tipo I, tanto em ratos[29] quanto em humanos,[58] além de ser superior no retículo sarcoplasmático das fibras do tipo I *in vitro*.[70] Além disso, as concentrações necessárias para promoverem a mobilização de cálcio do retículo sarcoplasmático aparentemente seriam tóxicas em estudos *in vivo*.[18] Sendo assim, é improvável que os efeitos da cafeína sobre o EIAI ocorram pela maior liberação de cálcio valendo-se dos músculos.

Alguns estudos *crossover* verificaram que a suplementação de cafeína apresentou benefícios em testes de tiros máximos no tempo total de trabalho e testes específicos. Stuart et al.[80] e Glaister[32] apontaram diminuição nos tempos totais de tiros máximos (tiros máximos de 20 m a 30 m, separados por 30 segundos de descanso, e posteriormente 12 tiros máximos de 30 metros separados por 35 segundos) no grupo suplementado com cafeína. Salviati et al.[70] corroboram esses achados em um protocolo de EIAI com 18 tiros máximos de 4 segundos e intervalo de 2 minutos.

Em contrapartida, Crowe et al.[17] e Paton et al.[63] não reportaram diferenças de desempenho entre grupos suplementados com cafeína ou placebo. Indivíduos ativos realizaram tiros máximos de 60 segundos, separados por 30 segundos de intervalo[17], e dez tiros máximos de 20 metros, separados por intervalos de 10 segundos,[63] demonstrando que o efeito ergogênico da cafeína em EIAI necessita ainda ser esclarecido.

Em relação ao tempo de intervalo entre as séries, Carr et al.[13] reportaram que a ingestão aguda de cafeína, em um ensaio de tentativa de tempo composto por 5 séries de 6 tiros de 20 metros, com intervalo de 25 ou 60 segundos, apresentou benefícios muito pequenos. Lee et al.[50] realizaram um estudo duplo-cego, randomizado e *crossover*, em que suplementaram indivíduos experientes em esportes coletivos com 6 mg/kg ou placebo (maltodextrina) previamente à execução de 2 séries (12 tiros de 4 segundos cada, com intervalo de 20 ou 90 segundos entre os tiros) sepa-

radas por 4 minutos de descanso ativo (60 rpm a 70 rpm, potência do cicloergômetro de 50W). Os autores verificaram que no grupo suplementado com cafeína que descansou durante 20 segundos entre os tiros não houve aumento significativo na potência máxima nem no trabalho total em relação ao seu controle, ao passo que no grupo com cafeína que descansou 90 segundos houve melhora significativa nas potências máxima e média, além do trabalho total.

Esses resultados apontam a importância do intervalo de recuperação como uma variável crítica para a obtenção de benefícios por causa da ingestão de cafeína. Apesar da cafeína ter apresentado efeito ergogênico nas séries iniciais do grupo que descansou por 20 segundos, nas séries finais isso não ocorreu. Especula-se que o curto período de intervalo pode ter tido como resultado um efeito ergolítico na atividade da bomba de sódio e potássio, nas concentrações dos íons K^+ e H^+, além de ter inibido a ressíntese da taxa de PCr.[53]

Greer et al.[37] e Collomp et al.[16], por sua vez, examinaram a resposta das catecolaminas em exercícios intermitentes de alta intensidade. Os indivíduos realizaram testes de Wingate, em que durante 30 segundos deveriam pedalar o maior número possível de vezes contra uma resistência fixa, caracterizando-se como um teste de alta intensidade.[26] Os autores verificaram que a administração de cafeína elevou os níveis de adrenalina em relação ao grupo placebo. A adrenalina, em teoria, poderia elevar o desempenho do indivíduo ao elevar o fluxo glicolítico. No entanto, o que se verificou foi que o aumento nos níveis de adrenalina não acarretou a melhora do desempenho.[16,37] Por essas razões, aparentemente, é improvável que o aumento na adrenalina seja o principal mecanismo responsável pelos efeitos ergogênicos da cafeína em exercícios intermitentes de alta intensidade.

Os efeitos da fadiga são associados tanto a mecanismos periféricos quanto a mecanismos centrais. Pelo fato de a cafeína afetar ambos os mecanismos, ela tem sido estudada como uma ferramenta para atenuar a fadiga nas atividades em geral, incluindo exercícios intermitentes de alta intensidade.[47] O EIAI aparentemente é afetado de forma positiva em estudos nos quais são utilizados protocolos que mimetizam atividades relacionadas a modalidades esportivas (como no futebol e no rúgbi, em que atletas realizam arrancadas em alta velocidade durante cerca de 4 a 6 segundos). O tempo de descanso parece ser um fator limitante para a cafeína apresentar seus efeitos ergogênicos. Lee et al.[50] verificaram em seu estudo que indivíduos suplementados com 6 mg/kg de cafeína não apresentaram melhoras significativas na *performance* em comparação aos indivíduos que ingeriram a mesma quantidade de placebo (maltodextrina), e que descansaram somente 20 segundos entre os tiros de *sprint*. Já no grupo que ingeriu cafeína e descansou durante 90 segundos entre as séries, foi possível observar melhoras significativas nas potências de pico e média, assim como no trabalho total.

Apesar de a cafeína influenciar as alterações em alguns mecanismos periféricos, particularmente em relação à bomba de sódio e potássio, é provável que esta substância aja primeiramente estimulando o sistema nervoso central, por meio de antagonistas de adenosina.[28,47] O fato de os mecanismos de ação da cafeína sobre EIAI ainda não terem sido completamente elucidados sugere que mais estudos adicionais devem ser realizados.

8.5 Efeitos negativos do uso de tamponantes

A respeito dos efeitos negativos, as soluções de citrato-Na e β-alanina são as preferidas perante as de $NaHCO_3$. Essa preferência está associada a sintomas gastrointestinais, como náuseas ou diarreia, reportadas por alguns indivíduos – mas não todos – que ingerem altas doses de $NaHCO_3$.[14] Os sintomas estão associados ao aumento da osmolaridade intestinal, seguida de um deslocamento de água do plasma para o intestino a fim de neutralizar a hipertonicidade, o que provocaria a diarreia.[51] Existe uma relação direta entre o aumento da dose de $NaHCO_3$ e o desconforto gastrointestinal. O problema, no entanto, é que altas doses são necessárias para induzir a modificação do estado ácido-base do organismo, fator que aumenta a probabilidade de desconforto gastrointestinal.

Carr et al.[14] conduziram um estudo para determinar qual a melhor forma de ingerir a dose recomendada (0,3 g/kg) de $NaHCO_3$ e aliviar os sintomas gastrointestinais. O estudo utilizou oito protocolos diferentes de ingestão de $NaHCO_3$. Os suplementos foram administrados na forma de cápsulas ou dissolvidos em água. Cada uma dessas formas de administração do suplemento foi testada junto ao consumo de 7 ml/kg ou 14 ml/kg de água num período de 30 ou 60 minutos, ou junto a uma refeição rica em carboidrato (1,5 g/kg de peso) mais 7 ml/kg de água num período de 30 minutos. A maior incidência de problemas gastrointestinais foi observada 90 minutos após a ingestão de $NaHCO_3$ dissolvido em água, considerando que o consumo de $NaHCO_3$ em cápsulas junto a uma refeição foi a melhor estratégia para aliviar os sintomas gastrointestinais.

8.6 Considerações finais

Diante do que foi discutido, pode-se concluir que a suplementação de tamponantes é promissora, pois, como foi exposto, existe um embasamento científico para considerar um possível efeito ergogênico em EIAI. Em relação ao $NaHCO_3$, é claro que essa substância promove o tamponamento extracelular de ions H^+ proveniente da via glicolítica anaeróbia durante os EIAI. O efeito observado na grande maioria dos estudos é que essa estratégia promove um aumento da concentração plasmática de lactato, bicarbonato e manutenção do pH sanguíneo. Isso pode se explicar pelo maior efluxo de íons H^+ e lactato do meio intracelular para o extracelular. A coingestão de $NaHCO_3$ com uma refeição rica em carboidrato, de 120 a 150 minutos antes do exercício, deve ser realizada para reduzir os sintomas de desconforto gastrointestinal.

A suplementação de β-alanina tem uma importante participação na capacidade tamponante total da musculatura esquelética, especialmente nas fibras tipo II, por aumentar a quantidade de carnosina intracelular. Os efeitos ergogênicos da suplementação de β-alanina são evidentes em atividades cujo desempenho é limitado pela queda no pH intramuscular.

As modulações desses marcadores fisiológicos também estão associadas à melhora do desempenho, embora alguns estudos não relatem uma melhora do desempenho ou prorrogação da fadiga relacionado à normalização do pH sanguíneo. É possível que isso ocorra em razão do descontrole de algumas variáveis inseridas no protocolo experimental.

Em relação à cafeína, um fator limitante para ela apresentar seu efeito ergogênico é o tempo de descanso entre os exercícios. Apesar de sua influência nas alterações em alguns mecanismos periféricos, particularmente em relação à bomba de sódio e potássio, é provável que essa substância aja primeiramente estimulando o sistema nervoso central, por meio de antagonistas de adenosina. Entretanto, esse mecanismo não está completamente elucidado, havendo a necessidade de estudos adicionais.

A aplicação do recurso ergogênico de tamponantes, especialmente do bicarbonato de sódio, citrato e da β-alanina no ambiente esportivo, é algo promissor. No entanto, ainda são necessárias mais pesquisas com o EIAI para elucidar os possíveis mecanismos que levam aos efeitos ergogênicos.

Referências

1. Abe H. Role of histidine-related compounds as intracellular proton buffering constituents in vertebrate muscle. Biochemistry. 2000;65:757-65.

2. Allen DG, Westerblad H, Lannergren J. The role of intracellular acidosis in muscle fatigue. Adv Exp Med Biol. 1995;384:357-68.

3. American Dietetic Association. Position of the American Dietetic Association, Dietitians of Canada, and the American College of Sports Medicine: nutrition and athletic performance. J Am Diet Assoc. 2009;100:1543-56.

4. Artioli GG, Coelho DF, Benatti FB, Gailey AC, Gualano B, Lancha Junior AH. A ingestão de bicarbonato de sódio pode contribuir para o desempenho em lutas de judô? Rev Bras Med Esporte. 2006;12:86-9.

5. Asatoor AM, Baudoh JK, Lant AF, Milne MD, Navab F. Intestinal absorption of carnosine and its constituent amino acids in man. Gut. 1970;11:250-4.

6. Astorino TA, Roberson DW. Efficacy of acute caffeine ingestion for short-term high-intensity exercise performance: a systematic review. J Strenght Cord Res. 2010;24(1): 257-65.

7. Baguet A, Koppo K, Pottier A, Derave W. β-alanine supplementation reduces acidosis but not oxygen uptake response during high-intensity cycling exercise. Eur J Appl Physiol. 2010;108:495-503.

8. Baguet A, Reyngoudt H, Pottier A, Everaert I, Callens S, Achten E. Carnosine loading and washout in human skeletal muscles. J Appl Physiol. 2009;106:837-42.

9. Balsom PD, Ekblom B, Soderlund K. Creatine supplementation and dynamic high-intensity intermittent exercise. Scand J Med Sci Sports. 1993;3:143-9.

10. Balsom PD, Gaitanos GC, Soderlund K. High-intensity exercise and muscle glycogen availability in humans. Acta Physiol Scand. 1999;165:337-45.

11. Bishop D, Claudius B. Effects of induced metabolic alkalosis on prolonged intermittent sprint performance. Med Sci Sports Exerc. 2005;37(5):759-67.

12. Bishop D, Edge J, Davis C, Goodman C. Induced metabolic alkalosis affects muscle metabolism and repeated-sprint ability. Med Sci Sports Exerc. 2004;36(5):807-13.

13. Carr AJ, Dawson B, Schneiker K, Goodman C, Lay B. Effect of caffeine supplementation on repeated sprint running performance. J Sports Med Phys Fitness. 2008;48:472-8.

14. Carr AJ, Slater GJ, Gore CJ, Dawson B, Burke LM. Effect of Sodium Bicarbonate on [HCO3-], pH, and gastrointestinal symptoms. Int J Sport Nutr Exerc Metab. 2011;21:189-94.

15. Castarlenas JL, Planas A. Study of temporal structure of judo combat. Apunts – Physical Education and Sports. 1997;47:32-9.

16. Collomp K, Ahmaidi S, Audran M. Effects of caffeine ingestion on performance and anaerobic metabolism during the Wingate test. Int J Sports Med. 1991;12:439-43.

17. Crowe MJ, Leicht AS, Spinks WL. Physiological and cognitive responses to caffeine during repeated, high-intensity exercise. Int J Sports Nutr Exerc Metab. 2006;16:528-44.

18. Davis JM, Green JM. Caffeine and anaerobic performance. Ergogenic value and mechanisms of action. Sports Med. 2009;39:813-32.

19. Davis JM, Zhao Z, Stock HS, Mehl KA, Buggy J, Hand GA. Central nervous system effects of caffeine and adenosine on fatigue. Am J Physiol Regul Integr Comp Physiol. 2003;284:R399-404.

20. Derave W, Ozdemir MS, Harris RC, Pottier A, Reyngoudt H, Koppo K, et al. β-Alanine supplementation augments muscle carnosine content and attenuates fatigue during repeated isokinetic contraction bouts in trained sprinters. J Appl Physiol. 2007;103:1736-43.

21. Douroudos II, Fatouros IG, Gourgoulis V, Jamurtas AZ, Tsitsios T, Hatzinikolaou A, et al. Dose-related effects of prolonged NaHCO3 ingestion during high-intensity exercise. Med Sci Sports Exerc. 2006;38(10):1746-53.

22. Duchateau J, Hainaut K. Electrical and mechanical failures during sustained and intermittent contractions in humans. J Appl Physiol. 1985;58:942-7.

23. Dunnett M, Harris RC. Influence of oral beta-alanine and L-histidine supplementation on the carnosine content of the gluteus medius. Equine Vet J Suppl. 1999;30:499-504.

24. Egawa T, Hamada T, Ma X, Karaike K, Kameda N, Masuda S, et al. Caffeine activates preferentially α1-isoform of 5'AMP-activated protein kinase in rat skeletal muscle. Acta Physiol (Oxf). 2011;201(2):227-38.

25. Eicher ER. Ergogenic Aids: What athletes are using – and why. Phys Sports Med. 1997;31:25-9.

26. Franchini E. Teste anaeróbio de Wingate: conceitos e aplicação. Rev Mack Edu Fís Esporte. 2002;1:11-27.

27. Franchini E, Takito MY, Nakamura FY, Mastsushigue KA, Kiss MAPDM. Effects of recovery type after a judo combat on blood lactate removal and on performance in an intermittent anaerobic task. J Sports Med Phys Fitness. 2003;43:107-11.

28. Fredholm BB, Battig K, Holmen J, Nehlig A, Zvartau EE. Actions of caffeine in the brain with special reference to factors that contribute to its widespread use. Pharmacol Rev. 1999;51:83-133.

29. Fryer MW, Neering IR. Actions of caffeine on fast- and slow-twitch muscles of the rat. J Physiol. 1989;416:435-54.

30. Gaitanos GC, Williams C, Boobis LH. Human muscle metabolism during intermittent maximal exercise. J Appl Physiol. 1993;75:712-9.

31. Galloway SD, Maughan RJ. The effects of induced alkalosis on the metabolic response to prolonged exercise in humans. Eur J Appl Physiol. 1996;74:384-9.

32. Glaister M. Multiple sprint work: physiological responses, mechanisms of fatigue and the influence of aerobic fitness. Sports Med. 2005;35:757-77.

33. Gomes MR, Tirapegui J. Relação de alguns suplementos nutricionais e o desempenho físico. ALAN. 2000;50:317-29.

34. Graham TE. Caffeine and exercise: metabolism, endurance and performance. Sports Med. 2001;31:785-807.

35. Graham TE, Spriet LL. Performance and metabolic responses to a high caffeine dose during prolonged exercise. J Appl Physiol. 1991;71(6):2292-8.

36. Granier PL, Dubouchaud H, Mercier BM, Mercier JG, Ahmaidi S, Préfaut CG. Effect of NaHCO3 on lactate kinetics in forearm muscles during leg exercise in man. Med Sci Sports Exerc. 1996;28(6):692-7.

37. Greer F, McLean C, Graham TE. Caffeine, performance and metabolism during repeated Wingate exercise test. J Appl Physiol. 1998;85:1502-8.

38. Harris RC, Marlin DJ, Dunnett DH, Snow E. Muscle buffering capacity and dipeptide content in the thoroughbred horse, greyhound dog and man. Comp Biochem Physiol. 1990;97:249-51.

39. Harris RC, Tallon MJ, Dunnett M, Boobis L, Coakley J, Kim HJ, et al. The absorption of orally supplied beta-alanine and its effect on muscle carnosine synthesis in human vastus lateralis. Amino Acids. 2006;30(3):279-89.

40. Hill CA, Harris RC, Kim HJ, Harris BD, Sale C, Boobis LH, et al. Influence of beta-alanine supplementation on skeletal muscle carnosine concentrations and high intensity cycling capacity. Amino Acids. 2007;32:225-33.

41. Hinche HV, Hombach HD, Langohr U, Wacker R, Busse, J. Lactic acid permeation rate in working gastrocnemii of dogs during metabolic alkalosis and acidosis. Pflutgers Arch. 1975;356:209-22.

42. Hoffman JR, Ratamess NA, Faigenbaum AD, Rossa R, Jie Kanga JR. Short-duration β-alanine supplementation increases training volume and reduces subjective feelings of fatigue in college football players. Nut Res. 2008;28:31-5.

43. Holmyard DJ, Cheetham M, Lakomy HKA, Williams C. Effects of recovery duration on performance during multiple treadmill sprints. Science and football. 1994;I:134-42.

44. Holmyard DJ, Nevill ME, Lakomy HKA. Recovery of power output after maximal treadmill sprinting [abstract]. J Sports Sci. 1994;12:140-5.

45. Horswill CA, Costill DL, Fink WL, Flynn MG, Kirwan JP, Mitchell JB, et al. Influence of sodium bicarbonate on sprint performance: relationship to dosage. Med Sci Sports Exerc. 1988;20:566-9.

46. Ivy JL, Costill DL, Fink WJ, Lower RW. Influence of caffeine and carbohydrate feedings on endurance performance. Med Sci Sports Exerc. 1979;11:6-11.

47. Kalmar JM, Cafarelli E. Caffeine: a valuable tool to study central fatigue in humans? Exerc Sport Sci Rev. 2004;32:143-7.

48. Kern BD, Robinson TL. Effects of β-alanine supplementation on performance and body composition in collegiate wrestlers and football players. J Strength Cond Res. 2011;25:1804-15.

49. Lambert EV, St Clair Gibson A, Noakes TD. Complex systems model of fatigue: integrative homeostatic control peripheral physiological systems during exercise in humans. Br J Sports Med. 2005;39:52-62.

50. Lee CL, Cheng CF, Lin JC, Huang HW. Caffeine's effect on intermittent sprint cycling performance with different rest intervals. Eur J Appl Physiol. 2011;112(6):2107-16.

51. Linderman MI, Gosselink KL. The effects of sodium bicarbonate ingestion on exercise performance. Sports Med. 1994;18:75-80.

52. Lindh AM, Peyrebrune MC, Ingham SA, Bailey DM, Folland JP. Sodium bicarbonate improves swimming performance. Int J Sports Med. 2008;29:519-523.

53. Lindinger MI, Graham TE, Spriet LL. Caffeine attenuates the exercise-induced increase in plasma [K+] in humans. J Appl Physiol. 1993;74(3):1149-55.

54. Liossier MT, Dormois MB, Gere BR, Geyssant A. Effect of sodium citrate on performance and metabolism of human skeletal muscle during supramaximal cycling exercise. Eur J App Physiol. 1997;76:48-54.

55. Mainwood GW, Worseley-Brown, P. The effect of extra-cellular pH and buffer concentration on the efflux of lactate from frog sartorius muscle. J Physiol. 1975;250:1-22.

56. McNaughton L, Cedaro R. The effect of sodium bicarbonate on rowing ergometer performance in elite rowers. Aust J Sci Med Sport. 1991;23(3):66-69.

57. McNaughton L, Siegler J, Midgley A. Ergogenic effects of sodium bicarbonate. Curr Sports Med Rep. 2008;7:230-6.

58. Misumoto H, De Boer GE, Bunge G. Fibertype specific caffeine sensitivities in normal human skeletal muscle fibers. Anesthesiology. 1990;72:50-4.

59. Noakes TD, St Clair Gibson A. Logical limitations to the "catastrophe" models of fatigue during exercise in humans. Br J Sports Med. 2004;38:648-9.

60. Palade P. Drug-induced Ca2+ release from isolated sarcoplasmic reticulum. III. Block of Ca2+-induced Ca2+ release by organic polyamines. J Biol Chem. 1987;262:6149-54.

61. Pan JW, Hamm JR, Hetherington HP, Rothman DL, Shulman RG. Correlation of lactate and pH in human skeletal muscle after exercise by 1H NMR. Mag Res Medl Sciences. 1991;20:57-60.

62. Parry-Billings M, McLaren A. The effect of sodium bicarbonate and sodium citrate ingestion on anaerobic power during intermittent exercise. Eur J Appl Physiol. 1986;55:524-9.

63. Paton CD, Hopkins WG, Vollebreght L. Little effect of caffeine ingestion on repeated sprints in team-sport athletes. Med Sci Sports Exerc. 2001;33:822-5.

64. Portington K, Pascoe D, Webster M, Anderson L, Rutland R, Gladden B. Effect of induced alkalosis on exhaustive leg press performance. Med Sci Sports Exerc. 1998;30(4):523-528.

65. Posterino GS, Dunn SL. Comparison of the effects of inorganic phosphate on caffeine-induced Ca2+ release in fast- and slow-twitch mammalian skeletal muscle. Am J Physiol Cell Physiol. 2008;294(1):97-105.

66. Potteiger JA, Webster MJ, Nickel GL, Haub MD, Palmer RJ. The effects of buffer ingestion on metabolic factors related to distance running performance. Eur J Appl Physiol. 1996;72:365-71.

67. Requena B, Zabala M, Padial P, Feriche B. Sodium bicarbonate and sodium citrate: ergogenic aids? J Strength Cond Res. 2005;19:213-24.

68. Sale C, Saunders B, Harris R. Effect of beta-alanine supplementation on muscle carnosine concentrations and exercise performance. Amino Acids. 2010;39:321-33.

69. Sale C, Saunders B, Hudson S, Wise JA, Harris RC. Effect of ß-Alanine plus Sodium Bicarbonate on High-Intensity Cycling Capacity. Med Sci Sports Exerc. 2011;31:344-8.

70. Salviati G, Volpe, P. Ca2+ release from sarcoplasmic reticulum of skinned fast and slow twitch muscle fibers. Am J Physiol. 1988;254:C459-65.

71. Schneiker KT, Bishop D, Dawson B, et al. Effects of caffeine on prolonged intermittent-sprint ability in teamsport athletes. Med Sci Sports Exerc. 2006;38:578-85.

72. Shave RG, Whyte A, Siemann A, Doggart L. The effects of sodium citrate ingestion on 3,000-meter time-trial performance. J Strength Cond Res. 15:230-4,2001.

73. Siegler JC, Hirscher K. Sodium bicarbonate ingestion and boxing performance. J Strenght Cond Res. 2010;24(1):103-8.

74. Smith AE, Moon JR, Kendall KL, Graef JL, Lockwood CM, Walter AA, et al. The effects of beta-alanine supplementation and high-intensity interval training on neuromuscular fatigue and muscle function. Eur J Appl Physiol. 2009;105(3):357-63.

75. Smith AE, Walter AA, Graef J, Kendall K, Moon JR, Lockwood CM, et al. Effects of β-alanine supplementation and high-intensity interval training on endurance performance and body composition in men. A double-blind trial. J Int Soc Sports Nut. 2009;6:5-9.

76. St Clair Gibson A, Noakes TD. Evidence for complex system integration and dynamic neural regulation of skeletal muscle recruitment during exercise in humans. Br J Sports Med. 2004;38:797-806.

77. Stellingwerff T, Anwander H, Egger A, Buehler T, Kreis R, Decombaz J, et al. Effect of two beta-alanine dosing protocols on muscle carnosine synthesis and washout. Amino Acids. 2011;42(6):2461-72.

78. Sterkowicz, S. Test specjalnej sprawnosci ruchowej w judo. Antropomotoryka. 1995; 12-13:29-44.

79. Stout JR, Graves BS, Smith AE, Hartman MJ, Cramer J, Beck TW, et al. The effect of beta-alanine supplementation on neuromuscular fatigue in elderly (55-92 Years): a double-blind randomized study. J Int Soc Sports Nut. 2008;5:21-6.

80. Stuart GR, Hopkins WG, Cook C, et al. Multiple effects of caffeine on simulated high intensity team-sport performance. Med Sci Sports Exerc. 2005;37:1998-2005.

81. Suzuki Y, Ito O, Mukai N, Takahashi H, Takamatsu K. High level of skeletal muscle carnosine contributes to the latter half of exercise performance during 30-s maximal cycle ergometer sprinting. J Physiol. 2002;52:199-205.

82. Suzuki Y, Ito O, Takahashi H, Takamatsu K. The effect of sprint training on skeletal muscle carnosine in humans. Int J Sport Health Sci. 2004;2:105-10.

83. Tiryaki GR, Atterbom HA. The effects of sodium bicarbonate and sodium citrate on 600m running time of trained females. J Sports Med. 1995;35:194-8.

84. Van Someren K, Fulcher K, McCarthy J, Moore J, Horgan G, Langford R. An investigation into the effects of sodium citrate ingestion on high-intensity exercise performance. Int J Sports Nutr. 1998;8:356-63.

85. Westerblad H, Bruton J, Lannergren J. The effect of intracellular pH on contractile function of intact, single fibres of mouse declines with increasing temperature. J Physiol. 1997;500:193-204.

86. Williams JH, Signorile JF, Barnes WS, Henrich TW. Caffeine, maximal power output and fatigue. Br J Sports Med. 1998;22:132-4.

87. Wu CL, Shih MC, Yang CC, Huang MH, Chang CK. Sodium bicarbonate supplementation prevents skilled tennis performance decline after a simulated match. J Int Soc Sports Nutr. 2010;26:7:33.

88. Zabala M, Peinado AB, Calderón FJ, Sampedro J, Castillo MJ, Benito PJ. Bicarbonate ingestion has no ergogenic effect on consecutive all-out sprint tests in BMX elite cyclists. Eur J Appl Physiol. 2011;111(12):3127-34.

Parte 4

Aplicações no esporte

Perda rápida de peso em esportes de combate: efeitos sobre o desempenho intermitente

Serena del Favero
Marina Yazigi Solis
Sandro Henrique Mendes
Guilherme Giannini Artioli
Emerson Franchini

O controle de peso e da composição corporal são fatores importantes para o sucesso de atletas de quase todas as modalidades esportivas, em especial daquelas cujas competições apresentam divisão por categorias de peso.[8,31] Destacam-se, dentre essas modalidades, o judô, o boxe, o *tae kwon do*, a luta olímpica, o levantamento de peso olímpico e o remo. Existem, ainda, esportes que exigem a manutenção da massa corporal constantemente reduzida por exigência de suas modalidades,[9] sem a necessidade de apresentar um peso específico para se encaixar em uma determinada categoria,[18] como o hipismo, a dança, a patinação e a ginástica artística. Todos esses esportes têm como características comuns a alta intensidade e a intermitência. Em outras palavras, eles se caracterizam por atividades repetitivas cujas ações determinantes são de predominância anaeróbia, de curta duração e alta intensidade.[69,77] Embora alguns desses esportes não apresentem atividades intermitentes durante suas competições, como é o caso do remo e do hipismo, boa parte de seu treinamento baseia-se em exercícios intermitentes.

Considerando os esportes que se caracterizam pela intermitência, as modalidades de combate terão destaque neste capítulo por apresentarem exigência constante e rigorosa de manutenção de peso. Atletas das modalidades de combate reduzem, com frequência, o peso corporal rapidamente para competir em categorias mais leves.[33,53,87] Em geral, eles eliminam cerca de 5% a 10% do peso usual às vésperas da competição.[16] Provavelmente, esses atletas acreditam ser vantajoso competir em uma categoria mais leve pois é bem possível que enfrentarão adversários menores, mais leves e fracos.[45,65]

Dentre os métodos para perda rápida de peso mais comumente utilizados pelos atletas, citam-se a restrição alimentar severa, a restrição da ingestão de líquidos, a desidratação passiva (como o uso de sauna, de agasalhos e roupas de plástico ou borracha ao longo do dia) ou ativa (prática de exercícios em locais quentes e/ou com vestimentas que aumentam a sudorese), o uso de diuréticos, os laxantes e a indução de vômito.[87] O uso dessas técnicas pode levar à desidratação, depleção dos estoques de glicogênio muscular e à redução da massa magra. Evidentemente, tais procedimentos põem em risco a homeostase corporal, além de serem potencialmente prejudiciais ao desempenho competitivo.[16,40,48]

De acordo com diversos autores, as principais consequências da rápida perda de peso são:

- a queda no rendimento esportivo;[92]
- a redução da densidade mineral óssea;[70]
- o comprometimento da função endócrina e cardiovascular;[3]
- prejuízo na função cognitiva;[22]
- a supressão do sistema imune,[57] levando ao aumento de infecções do trato respiratório superior;[62]
- o aumento do risco de lesão durante as competições;[36]
- a morte.[21]

Os efeitos prejudiciais da perda rápida de peso sobre diversas funções fisiológicas são bem descritos na literatura e, certamente, não variam em razão das especificidades de cada modalidade. Em contrapartida, o impacto da perda rápida de peso sobre o desempenho competitivo é ainda relativamente controverso, uma vez que é dependente de inúmeras variáveis, como a magnitude do peso perdido, o tipo de dieta de redução do peso, o tipo de dieta de recuperação após a pesagem, o tempo total de recuperação após a pesagem e o tipo de tarefa que será utilizada como indicador de desempenho. Assim, as estratégias empregadas para redução rápida de peso corporal entre os atletas de combate e, especialmente, suas consequências no desempenho esportivo e à saúde merecem destaque por parte dos estudiosos, comissões organizadoras e técnicos. Desse modo, o objetivo deste capítulo é revisar e discutir a perda rápida de peso e seus efeitos sobre o desempenho físico nas modalidades de combate olímpicas que apresentam características intermitentes: boxe, luta olímpica, *tae kwon do* e judô.

9.1 Boxe

Originário da Inglaterra e difundido para todo o mundo em 1920, o boxe (ou pugilismo) é um esporte de combate caracterizado pelo conjunto de repetidos golpes de membros superiores, em esforços intermitentes que se caracterizam pela alta intensidade e pelos curtos intervalos de descanso. Atualmente, as lutas de boxe consistem em números predeterminados de acordo com a competição, podendo variar entre 3 a 12 *rounds*, com tempo de duração de 3 minutos cada e com 1 minuto de descanso, segundo a Associação Mundial de Boxe (AMB).[14]

Apesar de ser um esporte antigo e tradicional, há poucos estudos na literatura que descrevem a demanda energética dessa modalidade. Contudo, sabe-se que o gasto energético durante uma hora de treino é alto ($\approx 674 \pm 45$ kcal) e a contribuição dos sistemas anaeróbios e aeróbios são os principais responsáveis pela manutenção e ressíntese dos níveis de adenosina trifosfato (ATP) e via sistema creatina fosfato (CrP) em diferentes momentos da atividade.[38] Durante a luta, pode-se dizer que o sistema ATP/CP contribui nos movimentos de ataque e defesa do lutador, e o sistema aeróbio auxilia na movimentação contínua dos membros inferiores.[35] Este último sistema tem grande contribuição energética quando há extensão no número de *rounds* durante a luta.[4,12,35] Alguns poucos autores descrevem a diferença dos sistemas energéticos utilizados de acordo com a categoria de peso. De acordo com Arseneau, Mekary e Leger,[4] os lutadores com maior peso corporal possivelmente utilizariam mais o sistema anaeróbio, tornando a luta mais intensa nos primeiros *rounds*, combinando golpes de maior força e potência. Entretanto, tal força e potência tendem a diminuir nos *rounds* subsequentes. Já nas categorias mais leves, os atletas normalmente utilizam mais o sistema aeróbio ao longo da luta (maior movimentação em torno do ringue e maior troca de golpes), o que permite que a intensidade dos esforços seja um pouco mais constante ao longo de todos os *rounds*, muito embora os golpes tendam a ser desenvolvidos com menos força e potência.

Os pugilistas podem ser classificados em 17 categorias de peso, iniciando pelo *peso mínimo* (47,5 kg) e finalizando pelo *peso pesado* (acima de 90,7 kg). De acordo com as regras da AMB,[14] a pesagem oficial dos lutadores acontece entre 16 e 30 horas antes da competição iniciar. Caso o participante não consiga atingir o peso determinado, ele terá duas horas adicionais para atingir o peso oficial. Se ainda assim não atingir o peso da categoria, o indivíduo sofrerá alguma pena.

Comumente, os pugilistas acreditam que lutar em categorias mais leves resultará em vantagens fisiológicas e psicológicas contra o oponente.[49] Relatos indicam que 100% dos atletas realizam perda rápida de peso no período pré-competitivo. Assim, a prática de perda rápida de peso nessa modalidade é amplamente realizada dentro de uma a duas semanas antes da pesagem oficial pré-competição. As estratégias de perda rápida de peso mais utilizadas, e até hoje relatadas entre os pugilistas, são: restrição severa de energia (sobretudo aquelas provenientes dos lipídios e carboidratos), indução do vômito, uso de laxantes e de diuréticos e estímulo de desidratação severa por baixa ingestão de líquidos e sudorese induzida (excesso de atividade física com excesso de vestimenta).[40]

Utilizando as técnicas citadas anteriormente, dados na literatura demonstram que os atletas de boxe conseguem reduzir de 3 kg a 4 kg por semana, o que representa uma perda de mais de 5% do peso corporal.[40] Smith et al.[84] relataram que um pugilista foi capaz de perder 4% de seu peso corporal em 3 horas antes da pesagem oficial, valendo-se de técnicas drásticas de desidratação. Além dos inúmeros efeitos deletérios à saúde causados por esta frequente redução, a perda rápida de peso em pugilistas tem sido associada à redução também do desempenho físico[40] e, de forma mais controvérsia, à redução da potência muscular, com perda de força e/ou potência explosiva.[37]

O interessante estudo de Smith et al.[85] avaliou o efeito da perda rápida de peso sobre o desempenho físico de lutadores de boxe. Oito sujeitos que não estavam acostumados a perder peso rapidamente realizaram testes específicos e com características intermitentes (os quais se assemelhavam a uma competição) por meio do ergômetro de boxe, de modo a mimetizar as ações físicas de três *rounds* de 3 minutos cada, com 108 golpes máximos por *round* e 1 minuto de descanso entre cada sessão. Após sete dias de intervenção, os indivíduos que reduziram de 3% a 4% do peso corporal não diminuíram significativamente o desempenho físico na simulação de luta de boxe quando comparado com o estado controle, sem redução do peso. Contudo, ao eliminar da análise estatística o único indivíduo que era acostumado a perder peso, verificou-se que o desempenho dos golpes específicos do grupo que sofreu a intervenção caiu significativamente em 26,8%.

No ano seguinte, o mesmo grupo publicou um estudo que verificou a influência da restrição calórica no desempenho físico de 8 boxeadores amadores. Os mesmos indivíduos foram submetidos à dieta com restrição calórica, ou não, durante cinco dias, sendo avaliados no primeiro dia (basal) e no quinto dia (final) o desempenho físico por meio de ergômetro de boxe, o lactato e a glicose sanguínea.[86] Os resultados apontaram que os sujeitos, quando realizaram restrição energética, apresentaram redução de 3% da massa magra, acompanhada por diminuição nas concentrações de lactato sanguíneo após a sessão final. Em relação à força dos golpes, o grupo que restringiu energia apresentou diminuição de 4,6% quando comparado ao grupo que não havia se submetido a essa restrição, embora não se tratasse de diferença significativa.[84]

Assim, ambos os estudos de Smith et al.[84,85] sugerem a hipótese de que os indivíduos que não estão acostumados com a perda rápida de peso tendem a sofrer influência negativa sobre o desempenho intermitente, quando comparados com os atletas acostumados com essa prática. Todavia, existe alteração da composição corporal, caracterizada pela redução da massa magra e redução nas concentrações de lactato sanguíneo. A redução do lactato pode ser resultado da diminuição da atividade glicolítica em virtude da redução dos estoques de glicogênio, que significa menos substrato energético por via glicolítica. A própria dieta pobre em carboidratos leva à acidose muscular, que inibe as enzimas da via glicolítica. Por fim, os autores discutem a possível adaptação dos indivíduos à perda rápida de peso, ou seja, eles seriam mais resistentes aos efeitos deletérios causados por essa prática.

Além dos aspectos metabólicos, a perda rápida de peso ($\approx$ 5% do peso corporal), alcançada por restrição energética e de fluidos, pode prejudicar algumas variáveis psicológicas, levando à piora do desempenho esportivo, aumento de fadiga, piora do humor e vigor, aumento da raiva, confusão mental, depressão e tensão.[40]

Outros estudos que avaliaram a força e o desempenho neuromuscular de pugilistas altamente treinados após redução de 3% a 5% do peso corporal, utilizando técnica de desidratação severa, não observaram nenhum efeito sobre estes parâmetros.[37,39]

As diferenças metodológicas quanto às condições experimentais, natureza da perda de peso, nível de treinamento físico dos atletas e hábitos de perda de peso podem explicar os resultados encontrados nos diversos estudos.[40,84,85] Ainda, dois importantes pontos devem ser levados em conta. O primeiro é o tempo de recuperação que os indivíduos têm entre a pesagem oficial e a competição propriamente dita. Os atletas possuem um amplo período de tempo (em média 12 horas) para se *recuperar*, e nesse período eles aproveitam para aumentar o consumo energético (alimentos com alto teor de carboidratos de alto índice glicêmico) e a ingestão de fluidos (bebidas isotônicas e água),[39] minimizando o efeito negativo causado pela rápida perda de peso. Um estudo de caso relatou que em 30 horas um pugilista conseguiu recuperar 4,2 kg.[61] O segundo ponto é que pode existir uma adaptação fisiológica e metabólica dos lutadores já habituados a perder peso rapidamente, o que possibilitaria o desenvolvimento de mecanismos de defesa contra os efeitos deletérios da perda rápida de peso.

Por fim, deve-se levar em consideração a hipótese de uma possível adaptação fisiológica e metabólica dos lutadores que já estão habituados a perder peso rapidamente, podendo esses desenvolverem mecanismos de defesa contra os efeitos deletérios da perda rápida de peso.

9.2 Luta olímpica

A luta olímpica caracteriza-se como uma modalidade de contato de alta intensidade, na qual se exige técnica, força e potência dos atletas. Existem, atualmente, dois estilos olímpicos: greco-romano e livre. No estilo livre, são permitidos golpes com os membros superiores e inferiores; já o greco-romano permite apenas ataques à parte superior do corpo.[25]

O combate consiste em três *rounds* de 2 minutos cada, com intervalos de 30 segundos. O lutador que vencer dois dos três *rounds* é declarado o vencedor da luta. Durante um combate, ambas as vias, a aeróbia e a anaeróbia, são ativadas,[19] observando-se também acentuada elevação da frequência cardíaca,[56] além de acúmulo moderado a elevado de lactato (10-20 mM).[46,56]

Assim como o boxe, a luta olímpica também apresenta categorias de peso e, por esse motivo, seus atletas igualmente recorrem às práticas de redução rápida de peso corporal antes das competições. É sabido que a prática de perda rápida de peso é bastante comum entre esses atletas.[66,67,87] Essa redução de peso envolve restrição hídrica, alimentar e aumento do volume de treinamento,[76] sendo as principais maneiras de induzir a desidratação o uso de diuréticos, casacos térmicos, saunas e restrição de líquidos.[2] De acordo com Kiningham e Gorenflo,[53] 72% dos atletas de luta olímpica usam pelo menos um método para perda rápida de peso, 52% usam pelo menos dois métodos e 12% usam pelo menos cinco métodos associados.

Webster et al.[93] examinaram os efeitos da perda de ≈ 5% do peso corporal atingida em até 36 horas, sem período de recuperação, sobre parâmetros de desempenho em lutadores olímpicos amadores. Eles observaram que todos os lutadores escolheram perder o peso nas últimas 12 horas anteriores à pesagem usando o exercício em trajes de borracha. Verificou-se pouco efeito dessa perda rápida de peso sobre a força muscular, mas houve uma redução de 21,5% em potência anaeróbia e uma queda de 9,7% na capacidade anaeróbia durante um teste de Wingate de 40 segundos (ambos $p < 0,05$). Além disso, ocorreu uma redução significativa de 6,6% no VO_2 pico com a perda de peso.

Lutadores olímpicos que realizaram rápida perda de peso corporal (4% do peso corporal em dois dias) também mostraram-se mais confusos após a avaliação realizada pela Escala de Humor de Brunel (BRUMS).[60]

Os efeitos prejudiciais ao desempenho podem ser amenizados caso o atleta tenha um período de recuperação entre a pesagem oficial e o início da primeira luta.

Rankin et al.[71] avaliaram 12 lutadores olímpicos que perderam peso (~ 3,5% do peso corporal) durante 72 horas somente por meio de restrição dietética (isto é, 18 kcal/kg/dia, sem desidratação). Nas 5 horas seguintes, os atletas puderam se recuperar mediante uma dieta com 21 kcal/kg de peso corporal, com quantidades diferentes de carboidrato (alto ou moderado teor de carboidrato, ou seja, 75% ou 47% de carboidrato, respectivamente). Os lutadores realizaram 6 minutos em ciclo ergômetro de braço em três diferentes ocasiões: antes, logo após o período de perda de peso e após as 5 horas de recuperação. Foi demonstrado que a perda de peso resultou em uma redução de 7,6% na média de trabalho. Tal redução no desempenho foi revertida após o período de recuperação no grupo que recebeu a dieta com alto teor de carboidrato.

O mesmo não foi observado no grupo que recebeu uma quantidade menor de carboidrato na dieta. O teste no ciclo ergômetro, usado nesse estudo, foi realizado em 8 séries de 15 segundos, durante os quais os atletas deveriam acionar o ergômetro em velocidade máxima. Entre cada série, os atletas descansavam ativamente por 30 segundos. Trata-se, portanto, de um teste dependente de uma alta produção de potência, além de manutenção dessa alta potência por toda a duração de 6 minutos.[41,71]

A capacidade para se recuperar após um período de perda de peso também foi verificada no trabalho de Kraemer et al.[56] Nesse estudo foi investigado o desempenho e as respostas fisiológicas em uma simulação de torneio de dois dias de luta olímpica estilo livre depois que os lutadores fizeram uso de técnicas para perder peso (6% do peso corporal total) com 12 horas de recuperação entre a pesagem oficial e o início da primeira luta. Como resultado, eles verificaram que os lutadores apresentaram uma determinada capacidade para se adaptar e se recuperar de um período de perda de peso antes da primeira luta do torneio. Entretanto, com o decorrer do torneio e o acúmulo concomitante de outros agentes estressores, ocorreu uma redução contínua de quase todas as variáveis fisiológicas e de desempenho examinadas.

Esses resultados vão ao encontro daqueles descritos recentemente por Barbas et al.,[11] que também avaliaram as respostas fisiológicas, o desempenho e o estado de marcadores inflamatórios de lutadores de elite após aproximadamente 6% de perda de peso corporal e 12 horas de recuperação. Os lutadores desse estudo também demonstraram uma notável capacidade de adaptação e recuperação antes da primeira luta de um torneio após um período de perda de peso (todos os marcadores inflamatórios analisados e o desempenho se mantiveram inalterados pelas práticas de perda de peso). Entretanto, o mesmo estudo demonstrou que o desempenho e o estado de inflamação apresentam uma deterioração progressiva durante o curso de um dia de torneio. Isso ocorre, sobretudo, devido à acumulação simultânea de múltiplos estressores, como fadiga, lesões musculares, flutuação no consumo alimentar e estresse psicológico.[11]

Apesar dos estudos citados anteriormente demonstrarem que, após um período de recuperação, não houve queda no desempenho dos lutadores que realizaram uma rápida perda de peso, outros estudos têm mostrado que são necessárias 16 horas de consumo de fluidos e alimentos *ad libitum* para restaurar as concentrações de glicogênio muscular após um período de perda de peso (recuperação de 83% do glicogênio do período basal).[88] Um segundo estudo[65,68] relata, ainda, que são necessárias de 24 a 48 horas para restabelecer a homeostase corporal e 72 horas para a recuperação do glicogênio muscular. Mesmo assim, a maioria dos atletas faz uso de técnicas de perda rápida de peso e do período de recuperação.[11]

O desempenho de lutadores olímpicos pode, portanto, ser afetado pela rápida perda de peso corporal. Não obstante, esse quadro pode ser parcialmente revertido quando há um período de recuperação entre o momento da pesagem oficial e o início da primeira luta. Os estudos citados têm demonstrado que esses lutadores apresentam grande capacidade de se adaptar e de se recuperar. A capacidade dos lutadores de se recuperar inteiramente antes da próxima luta durante um torneio é crucial não somente para o desempenho, mas também para a prevenção de lesões.

9.3 *Tae kwon do*

O *tae kwon do* foi reconhecido como um esporte olímpico oficial nas Olimpíadas de Sydney, em 2000. Assim como as modalidades discutidas até aqui, o *tae kwon do* consiste de esforços repetitivos com uma demanda física de alta intensidade.[51]

A via aeróbia é predominante (avaliando simulação de três *rounds* de 2 minutos com 1 minuto de intervalo entre os *rounds*), contribuindo com aproximadamente 66% da energia total despendida durante uma luta. Em contrapartida, a via anaeróbia aláctica e a via anaeróbia láctica contribuem com, aproximadamente, 30% e 4% do total de energia despedida, respectivamente.[20,81]

As competições de *tae kwon do* são estruturadas de maneira similar às lutas descritas neste artigo, sendo os atletas obrigados a atender os requisitos de peso para competirem em determinada categoria.

Kazemi et al.[51] relataram que os atletas de *tae kwon do* são bastante preocupados com seus pesos corporais. Nesse estudo conduzido com 28 lutadores de nível nacional, 53% relatou que realizam jejum antes da competição. Destes, 33,3% não comem nem bebem nada. Cinquenta por cento ingerem apenas líquidos e 17% ingerem apenas comida, sem ingerir nenhum líquido antes dos torneios. O exercício aeróbio foi outro método frequentemente usado pelos competidores com o objetivo de alcançar o peso para se adequar à categoria desejada. Dos indivíduos que relataram fazer jejum antes do torneio, 83% disseram também realizar atividade aeróbia.

Um segundo estudo demonstrou que 87% dos lutadores perdem peso rapidamente com o objetivo de se encaixar em uma determinada categoria de peso. Restrição dietética e desidratação combinados com um aumento do gasto energético por meio da prática de exercício estão entre os métodos mais utilizados. O uso de saunas e treinamento com roupas que aumentam a sudorese também foi relatado por 23% destes lutadores.[29] Embora o desempenho não tenha sido diretamente avaliado nesse estudo, 60% dos lutadores relataram sentir mais fadiga durante o período de perda de peso e 30% perceberam diminuição de desempenho. Outro acha-

do interessante é que, apesar da amostra ter sido constituída por competidores de nível nacional e internacional, 20% dos atletas nunca havia recebido conselhos de um profissional de saúde sobre alimentação saudável e práticas apropriadas de perda de peso. Os outros atletas receberam conselhos sobre nutrição de seus técnicos, pais ou médicos.

Até o momento, apenas o estudo de Kazemi et al.[50] avaliou as consequências da rápida perda de peso no desempenho dos atletas dessa modalidade. O peso corporal de 108 atletas de 14 a 17 anos (homens e mulheres) foram avaliados no momento da pesagem oficial e antes da primeira luta (16 a 20 h depois). Os atletas do sexo masculino e feminino ganharam em média 1,0 kg e 1,2 kg, respectivamente, entre a pesagem oficial e a pesagem antes da luta. O objetivo do estudo foi verificar se a perda de peso, seguida por um ganho de peso durante o período de recuperação, exerceria um efeito no desempenho competitivo (avaliado pela vitória ou não no torneio). Não houve diferença significativa no peso entre os vencedores e não vencedores. Os achados sugerem que a perda de peso pré-competição não tem efeito significativo sobre o desempenho competitivo em classes de peso de ambos os sexos após um período de recuperação de 16 a 20 horas. Esses resultados corroboram aqueles encontrados com lutadores olímpicos descritos anteriormente.

Estudos que avaliaram os efeitos dessa prática na saúde, entretanto, encontraram alterações na liberação do cortisol em situação de estresse,[89] imunidade da mucosa suprimida durante o período pré-competição e maior incidência de infecção do trato respiratório após a competição.[89,90]

Apesar do pequeno número de estudos com lutadores de *tae kwon do*, os resultados levam a acreditar que, embora os efeitos da perda de peso pré--competição, quando seguidos por um período de recuperação, não sejam prejudiciais ao desempenho, essa prática apresenta, sim, um risco para a saúde do atleta e, portanto, não deve ser encorajada.

9.4 Judô

O judô originou-se no Japão no ano de 1882. Criado pelo mestre Jigorō Kanō, objetivava sistematizar as técnicas de uma arte marcial japonesa, o *jūjūtsu*, e fundamentar sua prática sob princípios filosóficos e educativos, a fim de torná-la um meio eficaz para o aprimoramento das partes física, intelectual e moral.[83] O objetivo desse esporte é projetar ou imobilizar o oponente no solo, ou ainda fazê-lo desistir da luta com uma chave de braço ou estrangulamento. Os combates da classe sênior são de 5 minutos; se nenhum dos dois atletas conseguir projetar ou imobilizar o adversário nesse tempo, eles irão para um tempo de prorrogação, em que terão mais 5 minutos de luta, nos quais o atleta que fizer a primeira pontuação ganha o combate. A predominância de uso dos membros superiores é uma característica marcante, típica de luta de agarre.[55]

O judô também é caracterizado como uma atividade intermitente em que as ações determinantes têm predominância anaeróbia. Alguns autores demonstram que há um importante envolvimento das vias energéticas aeróbias.[34,35] Segundo Campos et al.,[20] a demanda energética durante o judô pode ser fracionada entre os sistemas aeróbio, anaeróbio láctico e anaeróbio aláctico. Assim, verifica-se que a participação do metabolismo aeróbio, possivelmente, é maior nas lutas em que há prorrogação, o que indica que indivíduos com maior aptidão aeróbia tendem a apresentar maior capacidade no fornecimento de energia pelo metabolismo oxidativo, além de melhor desempenho no momento da prorrogação.[32,33]

De acordo a Federação Paulista de Judô (FPJ),[72] os praticantes dessa modalidade podem ser classificados em sete categorias de peso, do mais leve ao super ligeiro (até 55 kg mais pesado (< de 100 kg). A pesagem oficial dos atletas de judô geralmente ocorre 3 a 6 horas antes da primeira luta iniciar, porém, eventualmente, esse intervalo pode ser maior (como nas situações em que a pesagem oficial ocorre no dia anterior à luta).[6]

Visto que o judô também possui categorias de peso, a redução rápida de massa corporal também é frequentemente realizada com o objetivo de obter vantagens na disputa contra adversários mais leves e mais fracos.[7,8] Os atletas de judô são os que perdem mais peso antes das competições, quando comparados a atletas de jiu-jitsu, caratê e *tae kwon do*.[15] Dentre os métodos utilizados para a rápida redução de peso corporal relatados pelos judocas, estão:

- restrição severa de alimentos (redução de alimentos gordurosos, ricos em carboidratos e *guloseimas*);
- realização de exercícios intensos;
- desidratação, alcançada por restrição de líquidos, pelo uso de saunas e pelo treinamento em ambientes quentes, muitas vezes com o uso de roupas de plástico ou borracha para aumentar a sudorese. Ainda há relatos de casos com uso excessivo de laxantes e diuréticos.[8,10,26]

Diversos estudos têm demonstrado que a perda rápida de peso, utilizando métodos de desidratação e restrição alimentar severa, pode influenciar de maneira negativa o desempenho em exercícios de alta intensidade e curta duração, bem como o desempenho aeróbio e anaeróbio.[27,92] De acordo com os mesmos autores, a queda do desempenho em exercícios submáximos pode ocorrer pela deficiência no sistema cardiorrespiratório (redução no transporte de O_2), redução do conteúdo de glicogênio muscular e taxa de utilização do glicogênio, aumento da perda de eletrólitos, aumento do estresse oxidativo, dano e perda muscular, aumento do catabolismo proteico, aumento da temperatura corporal e dificuldade de termorregulação. Além disso, Shimizu et al.[82] demonstraram que a perda rápida de peso pode suprimir o sistema imune e aumentar o risco de infecções do trato respiratório superior.

O estudo de Umeda et al.[92] verificou o efeito da perda rápida de peso acentuada (PPA, redução de 5,5%) e leve (PPL, redução de 1,3%), alcançada por meio de restrição energética, sobre a capacidade anaeróbia avaliada em um teste intermitente em cicloergômetro (8 × 10 s por 20 s de descanso). Vinte e sete atletas de judô do gênero masculino fizeram parte do estudo e, após sete dias de intervenção, ambos os grupos apresentaram redução significativa da massa magra em relação ao grupo controle, que não realizou perda de peso. Em relação ao desempenho intermitente, o grupo PPA foi o único que apresentou queda significativa na capacidade anaeróbia máxima após a perda de peso, quando comparado com os valores pré-intervenção. Assim, os autores concluem que a magnitude de perda de peso entre os atletas de judô pode influenciar negativamente o desempenho nas atividades intermitentes. Vale ressaltar que esse estudo não permitiu recuperação após a pesagem.

Degoutte et al.[26] avaliaram os aspectos fisiológicos e psicológicos de atletas em uma competição de judô após uma semana de perda rápida de peso. Foram analisados 20 atletas do sexo masculino que praticavam a redução rápida de peso corporal por, no mínimo, três vezes em uma temporada, há aproximadamente 15 anos. Todos praticavam em média

9 horas de treino por semana e eram faixa preta. Os voluntários foram divididos em dois grupos:

- perda de peso ($\approx$ 5%) com restrição alimentar (especialmente de carboidratos) e de fluidos;
- controle, sem perda de peso.

Os voluntários que perderam peso foram estimulados a realizar essa prática da forma em que estavam habituados. Foram feitos testes específicos para a modalidade (força máxima de antebraços e mãos), associados ao dinamômetro isométrico (por 30 segundos) e simulação de luta (5 minutos de combate com 30 minutos de recuperação passiva). Os resultados demonstraram que apenas os atletas que realizaram perda rápida de peso obtiveram prejuízo significativo em todos os testes físicos aplicados e, inclusive, perda significativa de massa magra. Além disso, o grupo intervenção também demonstrou piora em parâmetros psicológicos analisados. Kim et al.[52] atribuem a piora no desempenho físico de judocas, quando mensurado por meio de teste de Wingate por 30 segundos, à diminuição da massa livre de gordura e da massa muscular. Por fim, os autores concluem que a perda rápida de peso, associada à atividade física extenuante, leva à piora do desempenho esportivo de atletas de judô.

Outros estudos, por sua vez, não demonstraram alteração significativa no desempenho físico.[8,30] Fogelholm et al.[30] avaliaram 10 atletas de luta, sendo 3 judocas, submetidos à redução de 5% a 6% do peso corporal, durante 3 semanas. Foram realizados testes de *sprint* de corrida (3 × 30 m), salto vertical e Wingate de 1 minuto antes e após o período de intervenção. De acordo com os resultados, não houve alteração significativa no desempenho físico dos atletas. Contudo, verificou-se que os testes aplicados poderiam não representar a especificidade da modalidade, não sendo, desse modo, o mais indicado para avaliar o rendimento próprio do judô.

No estudo de Artioli et al.,[8] 14 judocas bem treinados participaram das análises, e 7 indivíduos foram submetidos à redução de 5% do peso corporal em um período de sete dias (acostumados a perder peso) e os outros 7 indivíduos, não acostumados às práticas de perda de peso, fizeram parte do grupo controle, o qual não reduziu peso durante o estudo. Todos os participantes realizaram exercícios específicos do judô, seguidos por 5 minutos de luta e 3 sessões de teste de Wingate para membros superiores. Todos os atletas foram avaliados antes e após a perda de peso. Com o intuito de simular uma competição oficial, todos os atletas tinham 4 horas de recuperação (*ad libitum*) entre a pesagem e os testes propriamente ditos. Ambos os grupos melhoraram o desempenho após o período de intervenção, indicando que a perda rápida de peso não teve qualquer efeito sobre o desempenho anaeróbio intermitente.

Os mesmos resultados foram encontrados no estudo de Koral et al.,[55] que estudaram 20 judocas de ambos os sexos, divididos em dois grupos:

- perda rápida de peso (redução de 2% a 6% do peso corporal);
- perda de peso gradual (manutenção do peso ou redução de até 2%).

Todos os indivíduos realizaram testes antes e após 4 semanas de intervenção. Dentre os testes que foram realizados estão: salto vertical, combinações de movimentos típicos do judô (3 sessões de 5 segundos com 30 segundos de intervalo e uma sessão de 30 segundos com 5 minutos de descanso entre cada) e ergômetro de braço (10 sessões

máximas). Em relação aos testes específicos, o grupo que realizou perda rápida de peso reduziu o desempenho físico quando comparado com o grupo que realizou perda gradual, contudo, esta redução não foi estatisticamente diferente. Cabe ainda ressaltar que os autores não informaram o tempo de recuperação entre a pesagem e os testes realizados. Em suma, Koral e Dosseville[55] não verificaram alterações significativas com a perda rápida de peso no desempenho físico específico do judô.

Ainda que a perda rápida de peso possa ter pouco ou nenhum efeito negativo sobre o desempenho competitivo, alguns estudos têm demonstrado que tal prática está relacionada ao aumento do índice de lesões. Em um estudo interessante, Green et al.[36] aplicaram um questionário em 392 judocas, o qual avaliava hábitos de perda de peso, treinamento, local da lesão, tipo de lesão e mecanismos de perda de peso dos lutadores. Os autores verificaram que a perda rápida de peso (5% ou mais do peso corporal) aumentava significativamente o risco de desenvolver lesão, sobretudo a dos membros superiores, em qualquer categoria de peso e em ambos os sexos. Os autores constataram que as lesões ocorriam durante o movimento de agarre, queda ou entrada de golpe.

No entanto, é de extrema importância salientar que os estudos que verificaram queda significativa do desempenho esportivo em judocas não permitiam que os atletas realizassem recuperação (reidratação e realimentação) após a simulação da pesagem.[26,92] Já os estudos que não verificaram alteração no desempenho físico para atividades intermitentes permitiram que os atletas tivessem um tempo de recuperação (3 horas ou mais), liberando o consumo de alimentos e líquidos *ad libitum*. Ou seja, esses estudos simularam a realidade de uma competição, na qual o tempo entre a pesagem oficial e a primeira luta é de, em média, 3 a 6 horas.

Nesse período, o atleta pode ter a chance de retornar às condições fisiológicas parecidas com as do período pré-perda de peso.[3,71] Para Klinzing e Karpowicz,[54] após esse período de tempo, o desempenho anaeróbio de alta intensidade é completamente recuperado. Acredita-se que um período de 1h30 ou menos não seja suficiente para recuperar as alterações fisiológicas e retornar o desempenho aos valores normais,[79,80] ao passo que 4 horas parece ser suficiente para que haja uma recuperação completa.[73] Com isso, sugere-se que os indivíduos que perdem e ganham peso cronicamente se adaptam a essa condição, sendo menos afetados pelos efeitos negativos desta prática e, ainda, com menor influência no desempenho.[17,28]

Além do tempo de recuperação, acredita-se que a grande divergência encontrada na literatura sobre a prática de perda rápida de peso e o desempenho físico se deve aos diferentes protocolos de desempenho, testes não específicos à modalidade e, também, à falta de padronização dos protocolos de perda rápida de peso (tipo de dieta, incluindo ou não, reidratação) empregados nos estudos.

Por fim, para que o atleta tenha um bom desempenho em competições de judô, é necessário que ele tenha um nível técnico-tático elevado, bem como força, potência, capacidade aeróbia, flexibilidade e resistência anaeróbia.[59] Em competições de alto nível (nacional e internacional), em que o desenvolvimento técnico-tático dos atletas é bastante equivalente, a preparação física adequada torna-se ainda mais evidente, e pequenas alterações, em qualquer variável que possa influenciar o desempenho, podem determinar o resultado final de um combate. Desse modo, a prática de redução de peso parece não afetar o desempenho, isto é, se o atleta possuir boa capacidade física e técnico-tática e um tempo de recuperação, o efeito da perda de peso possivelmente não afetará seu desempenho.[5]

9.5 Recomendações nutricionais

Em razão do amplo estímulo à realização de perda rápida de peso, verifica-se que os atletas de modalidades esportivas de combate possuem facilidade em reduzir e aumentar seu peso corporal de acordo com o período da competição[78]. Além do prejuízo no desempenho, a flutuação no peso corporal durante a vida competitiva dos atletas pode estar relacionada a alguns problemas graves de saúde, como: alteração na concentração de alguns hormônios, aumento do GH e diminuição de testosterona, diminuição do fluxo sanguíneo renal e do volume de filtração glomerular, aumento da perda de eletrólitos, diminuição da atividade do sistema imunológico, interrupção temporária do crescimento, diminuição da densidade mineral óssea, aumento do estresse psicológico, maior risco de lesões, dentre outros.[23,64,70,76,94]

Em média, o objetivo para perda de peso deve ser de aproximadamente 0,5 kg a 0,9 kg por semana. Contrariamente a isso, a perda de peso em maior magnitude e em curto período de tempo pode causar desidratação severa e inúmeros efeitos deletérios à saúde[91].

Segundo a National Collegiate Athletic Association,[2] o melhor momento para ajustes no peso e composição corporal é durante a fase preparatória, que ocorre longe dos períodos de torneios. Nas semanas que antecedem as lutas, o foco deve estar apenas na melhora do condicionamento físico e da técnica, buscando melhorar cada vez mais o desempenho.

Diversos métodos saudáveis e efetivos estão disponíveis para se alcançar e manter o peso corporal e, sobretudo, a composição corporal ideal. De acordo com o American Dietetic Association,[1] a maneira mais saudável de se perder peso é de forma gradual, com planejamento adequado e controlado por um período prolongado de tempo, permitindo hidratação apropriada e boas práticas alimentares. Além disso, o único modo de perder gordura corporal e preservar a massa muscular de maneira segura é por meio de restrição moderada de calorias e de realização regular de exercício físico.[91]

Muitos estudos têm sido realizados sobre a relação entre dieta e desempenho esportivo, mas não especificamente em modalidades de combate. Neles, vários modelos de dietas para controle de peso em atletas têm sido propostos, incluindo dietas com baixo teor de carboidrato e alta quantidade de gordura; baixo carboidrato e alto conteúdo proteico e baixo carboidrato e baixa gordura. Para Langan-Evans, Close e Morton,[58] a redução do consumo de carboidratos, combinado com treinamento de alta intensidade, é capaz de aumentar a capacidade oxidativa do músculo esquelético, melhorando o desempenho na luta. Em contrapartida, diversos estudos têm demonstrado que a restrição severa dos carboidratos não potencializa a perda de peso e ainda piora o desempenho anaeróbio.[44,45] Sabe-se também que os carboidratos desempenham papel fundamental na manutenção do glicogênio muscular e no controle da degradação proteica, e não deveriam ser restringidos severamente em atletas.[13,43]

Para avaliar a quantidade de energia que o atleta deve consumir, deve-se primeiramente calcular seu gasto energético basal (normalmente utilizando a fórmula de predição proposta por Cunningham em 1980)[24] e a sua necessidade energética associada à realização da atividade física diária. Com base nesses dados, um plano dietético deve ser construído de modo que ele forneça conteúdo de energia suficiente e adequando às proporções de carboidratos (55% a 60%), proteínas (10% a 15%) e lipídios (25% a 35%), além dos micronutrientes.[1,63,75] Assim, um planejamento alimentar equilibrado deve fornecer calorias adequadas para alcançar o objetivo de redução e/ou manutenção do peso corporal, fornecendo todos os nutrientes essenciais, além do aporte hídrico.

A quantidade e a qualidade dos alimentos consumidos influenciam na composição corporal dos atletas e são importantes para a perda/manutenção do peso corporal. Entretanto, não só a quantidade e a qualidade devem ser controladas. A frequência alimentar também é um fator essencial para a preservação da massa magra de atletas quando submetidos a dietas restritivas.[48] No estudo de Iwao, Mori e Sato[48] os autores demonstraram que a mesma dieta, com o mesmo conteúdo energético e a mesma quantidade de macronutrientes, quando administrada em seis porções, é capaz de preservar significativamente a massa magra, quando comparado com duas porções diárias. Além disso, verifica-se que o tempo e a combinação dos alimentos ingeridos, especialmente os carboidratos e proteínas, podem influenciar diretamente na recuperação e no desempenho dos atletas.[42]

Assim, as intervenções visando alterar o peso corporal de atletas devem ser elaboradas para que evitem a perda de massa muscular e os prejuízos no desempenho. Infelizmente, não há nenhum consenso ou diretriz que descreva as recomendações específicas para lutadores. No entanto, Langan-Evans, Close e Morton[58] recentemente propuseram algumas estratégias nutricionais específicas para atletas de combate que visam à perda de peso. Nessa revisão, os autores descreveram a importância do controle dietético em relação à qualidade, quantidade e tempo de ingestão alimentar. Descreveram ainda a importância de alguns suplementos alimentares que, possivelmente, poderiam auxiliar na perda de peso, como o uso de suplementos proteicos e aminoácidos e, principalmente, a manutenção do sistema imune, como a glutamina, óleo de peixe, quercetina entre outros. Contudo, cabe ressaltar que não há registro de estudos com uso desses suplementos que tenham demonstrado a sua eficácia nessa população.

O American College of Sports Medicine[74], a American Dietetic Association e o Dietitians of Canada[1] sugerem algumas recomendações para a perda de peso saudável, dentre as quais pode-se citar:

- redução do consumo energético de 10% a 20% do consumo energético total habitual (calculado com base no gasto calórico diário), acarretando uma perda de peso sem a sensação de privação e de fome excessiva;
- redução do consumo de lanches com alta densidade energética;
- redução do consumo de gordura excessiva da dieta e inclusão de alimentos com baixo teor de gordura. É importante ressaltar que uma dieta com baixo teor de gordura não garantirá perda de peso, a menos que haja balanço energético negativo. O consumo de gordura dietética não deve ser menor do que 15% do consumo energético total, visto que alguns tipos de gorduras (gorduras mono e poli-insaturadas) são essenciais para a saúde;
- consumo de cinco ou mais porções de frutas e vegetais por dia para garantir o aporte de fibras e micronutrientes;
- aumento do consumo de grãos integrais e cereais, além dos legumes;
- não consumir quantidades de proteína abaixo das recomendações diárias (1,2 g/kg a 1,7g/kg de peso/dia para atletas de força);

- manutenção do consumo adequado de cálcio. Sugere-se a ingestão de três a cinco porções de laticínios e derivados com baixo teor de gordura;
- líquidos, especialmente a água, devem ser consumidos ao longo de todo o dia, incluindo antes, durante e após o exercício.

9.6 Considerações finais

Diante do que foi discutido, verifica-se que a rápida redução de peso corporal é uma prática comum entre atletas de esportes com categorias por peso, especialmente em modalidades de combate como boxe, judô, luta olímpica e *tae kwon do*. Essa prática é amplamente realizada de uma a duas semanas antes da pesagem oficial pré-competição, e os atletas chegam a perder de 3 a 4 kg por semana, o que representa mais de 5% do peso corporal.

São particularmente impressionantes os métodos usados para induzir a perda rápida de peso, que podem ser a prática excessiva de exercício, a restrição dietética e a desidratação. Em alguns locais é proibido exercitar-se usando roupas de borracha ou de plástico, mas essas continuam sendo usadas por lutadores de diversas modalidades.

Como consequência dessa prática, os atletas podem desenvolver sérias complicações metabólicas e fisiológicas, como redução da densidade mineral óssea, desenvolvimento de distúrbios alimentares, comprometimento da função endócrina e cardiovascular, prejuízo da função cognitiva, supressão do sistema imune, aumento no risco de infecções do trato respiratório superior, cefaleia, dor de garganta, febre, fadiga, náusea e tosse. Em casos extremos, a perda rápida de peso pode até mesmo levar à morte.

Além dos efeitos nocivos à saúde, a perda rápida de peso pode influenciar negativamente em alguns parâmetros de desempenho do atleta. Essa prática pode levar à depleção dos estoques de glicogênio muscular e à redução da massa livre de gordura no período competitivo. Nos casos em que não há tempo suficiente de recuperação, essa prática pode ocasionar a diminuição da capacidade anaeróbia, o que representa uma queda significativa do rendimento esportivo.

Parte desta queda no desempenho é amenizada caso o atleta tenha um período de recuperação entre o momento da pesagem e a primeira luta. Quanto maior esse período de recuperação, menor tende a ser o impacto da perda de peso sobre o seu desempenho. No entanto, os atletas praticam a redução rápida de peso corporal mesmo quando o tempo de recuperação até o momento da competição é pequeno (30 min).

É importante ressaltar que, para os estudos que não encontraram diferenças significativas no desempenho entre os atletas que praticaram a perda rápida de peso antes do torneio, deve-se levar em consideração as grandes variações individuais existentes entre os sujeitos da pesquisa, que podem influenciar os resultados. As diferenças metodológicas quanto às condições experimentais, natureza da perda de peso, nível de treinamento físico dos atletas e hábitos de perda de peso também podem ditar as diferenças encontradas nos diversos estudos.

Mesmo com a falta de fortes evidências para ilustrar os efeitos nocivos da perda rápida de peso no desempenho, essa prática é prejudicial à saúde em inúmeros aspectos e, portanto, o monitoramento dos hábitos alimentares dos atletas nos esportes com categoria de peso é recomendado. É prudente assumir que práticas sucessivas para perder peso de maneira rápida podem resultar em consequências negativas fisiológicas e no desempenho. Novos regulamentos precisam ser implementados para controlar essas práticas, e os atletas precisam ser alertados sobre os efeitos negativos que ela traz à saúde e ao desempenho de cada um.

Referências

1. ACSM. Nutrition and athletic performance. Med Sci Sports. 2009;8:xi-xiii.

2. Alderman BL, Landers DM, Carlson J, Scott JR. Factors related to rapid weight loss practices among international-style wrestlers. Med Sci Sports Exerc. 2004;36:249-52.

3. Allen TE, Smith DP, Miller DK. Hemodynamic response to submaximal exercise after dehydration and rehydration in high school wrestlers. Med Sci Sports. 1977;9:159-63.

4. Arseneau E, Mekary S, Leger LA. VO requirements of boxing exercises. J Strength Cond Res. 2011;25:348-59.

5. Artioli GG, Franchini E, Lancha Junior AH. Perda de peso em esportes de combate de domínio: revisão e recomendações aplicadas. Rev Bras Cineantropom Desempenho Hum. 2006; 8:92-101.

6. Artioli GG, Franchini E, Solis MY, Fuchs M, Takesian M, Mendes SH, et al. Tempo de recuperação entre a pesagem e o início das lutas em competições de judô do estado de São Paulo. Rev Bras Educ Fís Esporte. 2011;25:371-6.

7. Artioli GG, Gualano B, Franchini E, Scagliusi FB, Takesian M, Fuchs M, et al. Prevalence, magnitude, and methods of rapid weight loss among judo competitors. Med Sci Sports Exerc. 2010;42:436-42.

8. Artioli GG, Iglesias RT, Franchini E, Gualano B, Kashiwagura DB, Solis MY, et al. Rapid weight loss followed by recovery time does not affect judo-related performance. J Sports Sci. 2010;28:21-32.

9. Artioli GG, Polacow VO, Gualano B, Lancha Junior AH. Magnitude e métodos de perda rápida de peso em judocas de elite. Rev Nutri. 2007;20:307-15.

10. Artioli GG, Scagliusi F, Kashiwagura D, Franchini E, Gualano B, Junior AL. Development, validity and reliability of a questionnaire designed to evaluate rapid weight loss patterns in judo players. Scand J Med Sci Sports. 2010;20:e177-87.

11. Barbas I, Fatouros IG, Douroudos II, Chatzinikolaou A, Michailidis Y, Draganidis D, et al. Physiological and performance adaptations of elite Greco-Roman wrestlers during a one-day tournament. Eur J Appl Physiol. 2011;111:1421-36.

12. Bellinger B, St Clair Gibson A, Oelofse A, Oelofse R, Lambert M. Energy expenditure of a noncontact boxing training session compared with submaximal treadmill running. Med Sci Sports Exerc. 1997;29:1653-6.

13. Bergstrom J, Hermansen L, Hultman E, Saltin B. Diet, muscle glycogen and physical performance. Acta Physiol Scand. 1967;71: 140-50.

14. Boxing News [website na internet]. Disponível em http://www.wbaonline.com/. [acesso em 30 maio 2014].

15. Brito CJ, Roas AFCM, Brito ISS, Marins JCB, Córdova C, Franchini E. Methods of body mass reduction by combat sports' athletes. Int J Sport Nutr Exerc Metab. 2012;22(2):89-97.

16. Brownell KD, Steen SN, Wilmore JH. Weight regulation practices in athletes: analysis of metabolic and health effects. Med Sci Sports Exerc. 1987;19:546-56.

17. Buford TW, Rossi SJ, Smith DB, O'Brien MS, Pickering C. The effect of a competitive wrestling season on body weight, hydration, and muscular performance in collegiate wrestlers. J Strength Cond Res. 2006;20: 689-92.

18. Burge CM, Carey MF, Payne WR. Rowing performance, fluid balance, and metabolic function following dehydration and rehydration. Med Sci Sports Exerc. 1993;25:1358-64.

19. Burke L. ACSM and MSSE: nutrition and metabolism perspective. Med Sci Sports Exerc. 2004;36:179.

20. Campos FA, Bertuzzi R, Dourado AC, Santos VG, Franchini E. Energy demands in taekwondo athletes during combat simulation. Eur J Appl Physiol. 2012;112(4):1221-8.

21. Centers for Disease Control and Prevention. Hyperthermia and dehydration-related deaths associated with intentional rapid weight loss in three collegiate wrestlers. MMWR Morb Mortal Wkly Rep. 1998;47(6):105-8.

22. Choma CW, Sforzo GA, Keller BA. Impact of rapid weight loss on cognitive function in collegiate wrestlers. Med Sci Sports Exerc. 1998;30:746-9.

23. Costill DL, Bennett A, Branam G, Eddy D. Glucose ingestion at rest and during prolonged exercise. J Appl Physiol. 1973;34: 764-9.

24. Cunningham JJ. A reanalysis of the factors influencing basal metabolic rate in normal adults. Am J Clin Nutr. 1980;33:2372-4.

25. Dalquano EC. Avaliação nutricional e da composição corporal de atletas brasileiros de luta olímpica durante competição [dissertação de mestrado]. Curitiba: Universidade Federal do Paraná; 2006.

26. Degoutte F, Jouanel P, Begue RJ, Colombier M, Lac G, Pequignot JM, et al. Food restriction, performance, biochemical, psychological, and endocrine changes in judo athletes. Int J Sports Med. 2006;27:9-18.

27. Finaud J, Degoutte F, Scislowski V, Rouveix M, Durand D, Filaire E. Competition and food restriction effects on oxidative stress in judo. Int J Sports Med. 2006;27:834-41.

28. Finn KJ, Dolgener FA, Williams RB. Effects of carbohydrate refeeding on physiological responses and psychological and physical performance following acute weight reduction in collegiate wrestlers. J Strength Cond Res. 2004;18:328-33.

29. Fleming SCV. Eating behaviours and general practices used by taekwondo players in order to make weight before competition. Nutr Food Sci. 2009;39:16-23.

30. Fogelholm M. Effects of bodyweight reduction on sports performance. Sports Med. 11994;8:249-67.

31. Franchini E, Del Vecchio FB, Matsushigue KA, Artioli GG. Physiological profiles of elite judo athletes. Sports Med. 2011;41: 147-66.

32. Franchini E, Moraes Bertuzzi RC, Takito MY, Kiss MA. Effects of recovery type after a judo match on blood lactate and performance in specific and non-specific judo tasks. Eur J Appl Physiol. 2009;107:377-83.

33. Franchini E, Sterkowicz S, Szmatlan-Gabrys U, Gabrys T, Garnys M. Energy system contributions to the special judo fitness test. Int J Sports Physiol Perform. 2011;6:334-43.

34. Gaitanos GC, Williams C, Boobis LH, Brooks S. Human muscle metabolism during intermittent maximal exercise. J Appl Physiol. 1993;75:712-9.

35. Glaister M. Multiple sprint work: physiological responses, mechanisms of fatigue and the influence of aerobic fitness. Sports Med. 2005;35:757-77.

36. Green JM, Pritchett RC, McLester JR, Crews TR, Tucker DC. Influence of aerobic fitness on ratings of perceived exertion during graded and extended duration cycling. J Sports Med Phys Fitness. 42007;7:33-9.

37. Greiwe JS, Staffey KS, Melrose DR, Narve MD, Knowlton RG. Effects of dehydration on isometric muscular strength and endurance. Med Sci Sports Exerc. 1998;30:284-8.

38. Guidetti L, Musulin A, Baldari C. Physiological factors in middleweight boxing performance. J Sports Med Phys Fitness. 2002;42:309-14.

39. Gutierrez A, Mesa JL, Ruiz JR, Chirosa LJ, Castillo MJ. Sauna-induced rapid weight loss decreases explosive power in women but not in men. Int J Sports Med. 2003;24:518-22.

40. Hall CJ, Lane AM. Effects of rapid weight loss on mood and performance among amateur boxers. Br J Sports Med. 2001;35:390-5.

41. Hickner RC, Horswill CA, Welker JM, Scott J, Roemmich JN, Costill DL. Test development for the study of physical performance in wrestlers following weight loss. Int J Sports Med. 1991;12:557-62.

42. Hoffman JR, Maresh CM. Nutrition and hydration issues for combat sport athletes. Strenght and condition journal. 2011;33.

43. Horswill CA, Hickner RC, Scott JR, Costill DL, Gould D. Weight loss, dietary carbohydrate modifications, and high intensity, physical performance. Med Sci Sports Exerc. 1990;22:470-6.

44. Horswill CA, Miller JE, Scott JR, Smith CM, Welk G, Van Handel P. Anaerobic and aerobic power in arms and legs of elite senior wrestlers. Int J Sports Med. 1992;13:558-61.

45. Horswill CA, Park SH, Roemmich JN. Changes in the protein nutritional status of adolescent wrestlers. Med Sci Sports Exerc. 1990;22:599-604.

46. Houston ME, Sharratt MT, Bruce RW. Glycogen depletion and lactate responses in freestyle wrestling. Can J Appl Sport Sci. 1983;8:79-82.

47. IOM. Dietary Reference Intakes Tables – The Complete Set. Washington, DC: The National Academies Press [website na internet]. 2005 [acesso em 30 maio 2014]. Disponível em: http://www.iom.edu/board. asp?id=3788.

48. Iwao S, Mori K, Sato Y. Effects of meal frequency on body composition during weight control in boxers. Scand J Med Sci Sports. 1996;6:265-72.

49. Jako P. Safety measures in amateur boxing. Br J Sports Med. 2002;36:394-5.

50. Kazemi M, Rahman A, De Ciantis M. Weight cycling in adolescent Taekwondo athletes. J Can Chiropr Assoc. 2011;55:318-24.

51. Kazemi M, Shearer H, Choung YS. Pre-competition habits and injuries in Taekwon-do athletes. BMC Musculoskelet Disord. 2005;6:26.

52. Kim J, Cho HC, Jung HS, Yoon JD. Influence of performance level on anaerobic power and body composition in elite male judoists. J Strength Cond Res. 2011;25:1346-54.

53. Kiningham RB, Gorenflo DW. Weight loss methods of high school wrestlers. Med Sci Sports Exerc. 2001;33:810-3.

54. Klinzing JE, Karpowicz W. The effects of rapid weight loss and rehydration on a wrestling performance test. J Sports Med Phys Fitness. 1986;26:149-56.

55. Koral J, Dosseville F. Combination of gradual and rapid weight loss: effects on physical performance and psychological state of elite judo athletes. J Sports Sci. 2009;27:115-20.

56. Kraemer WJ, Fry AC, Rubin MR, Triplett-McBride T, Gordon SE, Koziris LP, et al. Physiological and performance responses to tournament wrestling. Med Sci Sports Exerc. 2001;33:1367-78.

57. Kurakake S, Umeda T, Nakaji S, Sugawara K, Saito K, Yamamoto Y. Changes in physical characteristics, hematological parameters and nutrients and food intake during weight reduction in judoists. Environ Health Prev Med. 1998;3:152-7.

58. Langan-Evans C, Close GL, Morton JP. Making weight in combat sports. Strength Cond J. 2011;33(6):25-39.

59. Little NG. Physical performance attributes of junior and senior women, juvenile, junior, and senior men judokas. J Sports Med Phys Fitness. 1991;31:510-520.

60. Marttinen RH, Judelson DA, Wiersma LD, Coburn JW. Effects of self-selected mass loss on performance and mood in collegiate wrestlers. J Strength Cond Res. 2011;25:1010-5.

61. Morton JP, Robertson C, Sutton L, MacLaren DP. Making the weight: a case study from professional boxing. Int J Sport Nutr Exerc Metab. 2010;20:80-85.

62. Nieman DC. Nutrition, exercise, and immune system function. Clin Sports Med. 1999;18:537-48.

63. Obesity: preventing and managing the global epidemic. Report of a WHO consultation. World Health Organ Tech Rep Ser. 2000;894:i-xii,1-253.

64. Ohta S, Nakaji S, Suzuki K, Totsuka M, Umeda T, Sugawara K. Depressed humoral immunity after weight reduction in competitive judoists. Luminescence. 2002;17:150-7.

65. Oppliger RA, Case HS, Horswill CA, Landry GL, Shelter AC. American College of Sports Medicine position stand. Weight loss in wrestlers. Med Sci Sports Exerc. 1996;28:ix-xii.

66. Oppliger RA, Nielsen DH, Vance CG. Wrestlers' minimal weight: anthropometry, bioimpedance, and hydrostatic weighing compared. Med Sci Sports Exerc. 1991;23:247-53.

67. Oppliger RA, Steen SA, and Scott JR. Weight loss practices of college wrestlers. Int J Sport Nutr Exerc Metab. 2003;13:29-46.

68. Oppliger RA, Utter AC, Scott JR, Dick RW, Klossner D. NCAA rule change improves weight loss among national championship wrestlers. Med Sci Sports Exerc. 2006;38:963-70.

69. Plisk SS. Anaerobic metabolic conditioning: a brief review of theory, strategy and practical application. App Sport Sci Res. 1991;5:22-34.

70. Prouteau S, Pelle A, Collomp K, Benhamou L, Courteix D. Bone density in elite judoists and effects of weight cycling on bone metabolic balance. Med Sci Sports Exerc. 2006;38:694-700.

71. Rankin JW, Ocel JV, Craft LL. Effect of weight loss and refeeding diet composition on anaerobic performance in wrestlers. Med Sci Sports Exerc. 1996;28:1292-9.

72. Regras do Judô. Federação Paulista de Judô [website na internet]. São Paulo; 2010 [acesso em 30 maio 2014]. Disponível em: http://www.fpj.com.br/fpj-regras.php.

73. Ribisl PM, Herbert WG. Effects of rapid weight reduction and subsequent rehydration upon the physical working capacity of wrestlers. Res Q. 1970;41:536-41.

74. Rodriguez NR, Di Marco NM, Langley S. American College of Sports Medicine position stand. Nutrition and athletic performance. Med Sci Sports Exerc. 2009;41: 709-31.

75. Rodriguez NR, Di Marco NM, Langley S. Position of the American Dietetic Association, Dietitians of Canada, and the American College of Sports Medicine: Nutrition and athletic performance. J Am Diet Assoc. 2009;109:509-27.

76. Roemmich JN, Sinning WE. Weight loss and wrestling training: effects on growth-related hormones. J Appl Physiol. 1997;82:1760-4.

77. Ross A, Leveritt M. Long-term metabolic and skeletal muscle adaptations to short-sprint training: implications for sprint training and tapering. Sports Med. 2001;31:1063-82.

78. Saarni SE, Rissanen A, Sarna S, Koskenvuo M, Kaprio J. Weight cycling of athletes and subsequent weight gain in middle age. Int J Obes (Lond). 2006;30:1639-44.

79. Saltin B. Aerobic and anaerobic work capacity after dehydration. J Appl Physiol. 1964;19:1114-8.

80. Saltin B. aerobic work capacity and circulation at exercise in man. with special reference to the effect of prolonged exercise and/or heat exposure. Acta Physiol Scand Suppl. 1964;(Suppl)230:231-52.

81. Santos VG, Franchini E, Lima-Silva AE. Relationship between attack and skipping in Taekwondo contests. J Strength Cond Res. 2011;25:1743-51.

82. Shimizu K, Aizawa K, Suzuki N, Masuchi K, Okada H, Akimoto T, et al. Influences of weight loss on monocytes and T-cell subpopulations in male judo athletes. J Strength Cond Res. 2001;25:1943-50.

83. Shinohara M. Manual de judô Shinohara. São Paulo: [s.n.]; 2000.

84. Smith MS, Dyson R, Hale T, Hamilton M, Kelly J, Wellington P. The effects of restricted energy and fluid intake on simulated amateur boxing performance. Int J Sport Nutr Exerc Metab. 2001;11:238-47.

85. Smith MS, Dyson R, Hale T, Harrison JH, McManus P. The effects in humans of rapid loss of body mass on a boxing-related task. Eur J Appl Physiol. 2000;83:34-9.

86. Smith MS, Dyson RJ, Hale T, Janaway L. Development of a boxing dynamometer and its punch force discrimination efficacy. J Sports Sci. 2000;18:445-50.

87. Steen SN, Brownell KD. Patterns of weight loss and regain in wrestlers: has the tradition changed? Med Sci Sports Exerc. 1990;22:762-8.

88. Tarnopolsky MA, Cipriano N, Woodcroft C, Pulkkinen WJ, Robinson DC, Henderson JM, et al. Effects of rapid weight loss and wrestling on muscle glycogen concentration. Clin J Sport Med. 1996;6:78-84.

89. Tsai ML, Chou KM, Chang CK, Fang SH. Changes of mucosal immunity and antioxidation activity in elite male Taiwanese taekwondo athletes associated with intensive training and rapid weight loss. Br J Sports Med. 2011;45:729-34.

90. Tsai ML, Ko MH, Chang CK, Chou KM, Fang SH. Impact of intense training and rapid weight changes on salivary parameters in elite female Taekwondo athletes. Scand J Med Sci Sports. 2011;21(6):758-64.

91. Turocy PS, DePalma BF, Horswill CA, Laquale KM, Martin TJ, Perry AC, et al. National Athletic Trainers' Association position statement: safe weight loss and maintenance practices in sport and exercise. J Athl Train. 2011;46:322-36.

92. Umeda T, Nakaji S, Shimoyama T, Kojima A, Yamamoto Y, Sugawara K. Adverse effects of energy restriction on changes in immunoglobulins and complements during weight reduction in judoists. J Sports Med Phys Fitness. 2004;44:328-34.

93. Webster S, Rutt R, Weltman A. Physiological effects of a weight loss regimen practiced by college wrestlers. Med Sci Sports Exerc. 1990;22:229-34.

94. Yoshioka Y, Umeda T, Nakaji S, Kojima A, Tanabe M, Mochida N, et al. Gender differences in the psychological response to weight reduction in judoists. Int J Sport Nutr Exerc Metab. 2006;16:187-98.

10

Testes para modalidades coletivas de invasão

Ursula Ferreira Julio
Camila Gobo de Freitas

No esporte, as modalidades coletivas de invasão, definidas como aquelas em que ambas as equipes ocupam o mesmo espaço, são caracterizadas como modalidades intermitentes, ou seja, durante o desenvolvimento de uma partida, os jogadores alternam períodos curtos de esforço máximo, ou quase máximo, com longos períodos de atividade de baixa ou moderada intensidade.[22]

A caracterização do perfil fisiológico do exercício intermitente e, portanto, das modalidades esportivas coletivas de invasão (MECI) é difícil de ser estabelecida em virtude da variação observada tanto na intensidade como na duração dos períodos de esforço[9,49] e de recuperação,[10,24] bem como nas inúmeras possibilidades de combinação entre os períodos de esforço e recuperação.[34,38]

Apesar da predominância do sistema de transferência de energia das MECI ser aeróbia, é característica comum a realização de múltiplos *sprints* durante uma partida,[37] que pode ter o resultado final definido pela capacidade de um atleta realizar um desses *sprints* mais rapidamente do que o seu oponente.[3] Dessa maneira, a melhora na capacidade de realizar *sprints* repetidos (CSR) poderia resultar num melhor desempenho em MECI. Assim, torna-se importante o desenvolvimento de protocolos de testes que avaliem a CSR de atletas dessas modalidades.[3]

Os testes de *sprints* repetidos (TSR) propostos para as diferentes MECI apresentam, como justificativa para os seus protocolos, estudos de tempo e movimento (do termo *time motion*).[19] Por meio dessas análises, pesquisadores sugeriram diferentes protocolos tentando respeitar a relação esforço-recuperação característica a cada uma das modalidades investigadas.[44] Vale ressaltar que os testes de campo apresentam limitações em seus protocolos, uma vez que utilizam, em alguns casos, apenas deslocamentos em linha reta.[8]

Dessa forma, o objetivo deste capítulo será revisar quais são os testes existentes na literatura aplicáveis às MECI de maior expressão, assim como a descrição dos parâmetros de validade, de sensibilidade e de reprodutibilidade, quando existentes. Para que esse objetivo seja alcançado, foram escolhidos estudos que envolveram apenas atletas em sua amostra, mesmo que em nível amador.

10.1 Avaliação física no esporte

Um processo importante que deve ser incluído na periodização do treinamento esportivo é a avaliação. Quando realizada de maneira efetiva, possibilita identificar o perfil fisiológico dos atletas, oferece parâmetros que podem ser utilizados para a prescrição do treinamento e estabelece a eficácia do treinamento realizado.[42] Desse modo, é possível verificar os níveis iniciais do atleta, o quão distante ele se encontra dos níveis esperados e o quanto ele responde aos estímulos oferecidos pelo treinamento.[18]

10.2 Avaliação física em modalidades coletivas de invasão

As MECI caracterizam-se pela cooperação entre os atletas de uma mesma equipe ao mesmo tempo em que interagem com os seus adversários, buscando o sucesso da equipe.[25] O objetivo dos atletas dessas modalidades é invadir o espaço defendido pelo adversário para atingir a meta e pontuar. Simultaneamente, precisam proteger o seu espaço e meta para que o adversário não pontue. Essas características, inerentes à natureza do jogo, tornam as MECI um sistema muito complexo com inúmeras e imprevisíveis possibilidades de interação.

Além da complexidade da natureza do jogo, as MECI são caracterizadas como uma atividade intermitente, alternando curtos períodos de intensidade máxima, ou quase máxima, com longos períodos de baixa ou moderada intensidade,[22] realizados repetidas vezes durante a partida. O perfil fisiológico do exercício intermitente é difícil de ser determinado, haja vista que as respostas podem variar de acordo com a duração[49] e a intensidade dos períodos de esforço,[9] com a variação na duração[24] e no tipo de pausa/recuperação,[48] ou ainda com as inúmeras combinações dos períodos de esforço e pausa/recuperação.[34,38]

Com essa somatória de variáveis a serem consideradas, aos profissionais que elaboram e aplicam a avaliação física em MECI fica o desafio de elaborar uma bateria de testes seletivos que possam ser utilizados para tornar o melhor possível a prescrição do treinamento com redução do tempo gasto.[42] Assume-se que as capacidades físicas que devem ser priorizadas para a avaliação são aquelas que se configuram como determinantes para a modalidade esportiva em questão. Durante as partidas das MECI, a predominância do sistema de transferência de energia é aeróbia.

No entanto, os momentos determinantes da partida são sustentados pelo metabolismo anaeróbio,[45] indicando que testes que avaliem esse metabolismo devem ser incluídos na avaliação dos atletas.

10.3 Escolha de testes para a avaliação física em modalidades coletivas de invasão

Após determinar quais capacidades dos atletas envolvidos em MECI serão avaliadas, outro processo que requer bastante cuidado é a escolha dos testes que serão aplicados. Encontram-se testes aplicáveis em laboratório ou em campo, embora haja muita dificuldade em se reproduzir a demanda específica da modalidade em testes laboratoriais, especialmente quanto ao gesto motor.[42] Assim, para que ao menos o tipo de exercício realizado no teste se aproxime ainda mais da forma como é executada durante a partida, são utilizados testes de campo.

Além da escolha do ambiente em que será aplicado, um bom teste deve ser válido, reprodutível e sensível. Sua validade refere-se ao quanto ele é capaz de avaliar a medida proposta,[27] podendo ser demonstrada em três tipos de evidências:[47]

- validade lógica, que é demonstrada quando a medida envolve a variável que está sendo medida,[33] sendo esta evidência muito difícil de ser estabelecida;[47]
- validade por constructo, que é o grau com que um protocolo mede um constructo hipotético[14] – no caso do esporte, o constructo é o desempenho;[4]
- validade por critério, que é verificada por meio da correlação entre as medidas que o teste se propôs a avaliar comparada com um teste critério (padrão ouro).[33]

Os parâmetros de reprodutibilidade dizem respeito ao grau de consistência dos resultados quando um teste é aplicado nas mesmas condições, em ocasiões diferentes ou por avaliadores diferentes[33] quando nenhuma intervenção é realizada.[5] Os parâmetros de sensibilidade de um teste verificam se ele é capaz ou não de detectar qualquer modificação no desempenho do atleta.[14]

10.4 Testes de *sprints* repetidos em modalidades coletivas de invasão

Muitas das MECI são caracterizadas pela utilização de múltiplos *sprints* de curta duração ao longo da partida.[23] O intervalo de recuperação entre esses esforços de alta intensidade, em diversos momentos, apresenta duração inferior a 60 segundos e são realizados de forma ativa, ou seja, raramente os jogadores estão parados antes de executar um *sprint*.[11] A capacidade de realizar esses *sprints* consecutivos com manutenção do desempenho é considerada um componente importante para modalidades intermitentes de alta intensidade.[19]

Mesmo que os *sprints* representem uma pequena porcentagem da distância total percorrida durante uma partida, tendo valores de ≈ 10% em uma partida de futebol,[31] por exemplo, o resultado desta poderia ser definido pela capacidade de um atleta realizar um *sprint* mais rapidamente do que o seu oponente para ganhar a posse de bola ou até mesmo marcar um gol;[21] essa ação pode ser realizada em qualquer momento da partida. Dessa maneira, o atleta deve estar preparado para realizar um *sprint*, recuperar-se e efetuar um *sprint* novamente[3] algumas vezes em um mesmo jogo.

A utilização de testes de *sprints* repetidos (TSR) em atletas de MECI torna-se, portanto, de grande valia para que a comissão técnica avalie a CSR ao longo da temporada. Os TSR propostos para as diferentes MECI apresentam como justificativa, para a proposição dos seus protocolos, dados apresentados em estudos de tempo e movimento.[19,30] Os protocolos propostos, sobretudo, deveriam considerar as situações mais extremas do jogo, ou seja, situações em que os atletas precisam realizar repetidos *sprints* em um curto período de tempo. Essas situações extremas acontecem poucas vezes durante a partida e, portanto, não representam o real cenário da partida, já que o número, a duração e o intervalo entre os *sprints* é, na maioria das vezes, diferente do observado nas situações extremas.[19] Por meio dessas análises, pesquisadores sugerem diferentes protocolos, tentando atender a relação esforço-recuperação característica a cada uma das modalidades investigadas.[44]

Uma característica dos TSR é a queda no desempenho com o avanço do teste, uma vez que o intervalo de recuperação não tem uma duração suficiente para a recuperação total dos atletas.[21] Duas equações são utilizadas para mensurar a capacidade dos atletas em resistir à fadiga durante TSR: o índice de fadiga (IF) e a porcentagem de queda de desempenho (PQD).[21] O IF utiliza em seu cálculo o tempo do melhor e do pior *sprint*, como demonstrado na Equação 10.1:

Equação 10.1 – Cálculo do índice de fadiga (IF)

$$IF = 100 \times \frac{(S_{melhor} - S_{pior})}{(S_{melhor})}$$

IF: índice de fadiga; S_{melhor}: tempo do melhor *sprint*; S_{pior}: tempo do pior *sprint*.

Por sua vez, a PQD faz uma comparação entre o desempenho real no TSR e o desempenho *ideal* (multiplicação do melhor tempo de *sprint* pelo número de *sprints* realizados no teste), utilizando a Equação 10.2:

Equação 10.2 – Cálculo da porcentagem de queda de desempenho (PQD)

$$PQD = 1 - \frac{(S_1 + S_2 + S_3 + ... + S_{final})}{(S_{melhor} \times \text{número de } sprints)}$$

PQD: porcentagem de queda de desempenho; S: *sprint*; S_{melhor}: tempo do melhor *sprint*.

A equação da PQD utiliza o tempo de todos os *sprints*, ao passo que a equação do IF leva em consideração apenas seu melhor e pior tempo, o que poderia mascarar o desempenho dos atletas durante o TSR com a interferência de um bom ou mau tempo no primeiro *sprint*.[21] Em razão disso, Glaister et al.[23] afirmam que a equação da PQD seria o método com maior validade e reprodutibilidade para quantificar a fadiga resultante dos TSR.

Além do IF e da PQD, outros parâmetros têm sido utilizados para a análise do desempenho dos atletas durante o TSR, como tempo do melhor *sprint*,[31] média do tempo dos *sprints*,[11,43] tempo total[13,19] e tempos parciais (10, 20 e 30 metros).[29]

A seguir, são descritos os TSR encontrados na literatura para as MECI rúgbi, basquetebol e futebol.

10.4.1 Testes de *sprints* repetidos para o rúgbi

De acordo com o livro de regras da Australian Rugby League[46] e com o *Guia de Principiantes do Rúgbi Union*,[26] fornecido pela International Rugby Board, o objetivo do rúgbi é levar a bola para além da linha de gol da equipe adversária e apoiá-la contra o solo para marcar um *try*, assim como chutar a bola entre as traves dos adversários para marcar um gol.

Nas análises de tempo e movimento realizadas com o rúgbi *league*, existe uma divisão dos atletas em relação às posições que eles ocupam em campo.[6,32] A divisão dessas posições em grupos específicos tem grande relevância para o rúgbi, uma vez que elas apresentam características bem definidas e, portanto, diferentes demandas físicas ao longo da partida.

King, Jenkins e Gabbett[32] mostraram que os jogadores do grupo *outside backs* (jogadores mais rápidos, que se deslocam pelas laterais do campo) passaram mais tempo do jogo realizando *sprints* quando comparados aos grupos *adjustables* (jogadores mais habilidosos, que têm a função de organizar o jogo) e *hit-up forwards* (jogadores mais pesados, responsáveis pela manutenção da posse de bola). A diferença encontrada entre esses grupos para o tempo realizando *sprints* seria explicada pela função dos jogadores: os *outside backs* percorreriam uma maior distância antes de realizar um *tackle*, uma vez que eles, frequentemente, perseguem os jogadores da equipe adversária que ultrapassam a linha da defesa da sua equipe, e também por esses jogadores serem os responsáveis por recuperar a posse de bola após um chute adversário. Outra informação interessante apresentada nesse mesmo estudo foi a relação esforço-recuperação (relação entre uma ação de alta intensidade e uma ação de baixa intensidade) de cada um dos grupos. A relação para os grupos *outside backs* e *hit-up forwards* foi de ≈1:6 e para o grupo *adjustables* foi de ≈ 1:5.[32]

A relação esforço-recuperação também foi estabelecida para o rúgbi *union*.[7] Essa modalidade apresenta maior número de jogadores (quinze) do que o rúgbi *league*,[13] mas, apesar da diferença no número de jogadores, a relação esforço-recuperação não apresentou valores muito diferentes, variando de 1:4 a 1:6, de acordo com a posição ocupada pelo jogador. A média da distância total percorrida pelos jogadores, realizando *sprints*, variou de 501 ± 163 m a 918 ± 253m. Já o número de *sprints* realizados por partida apresentou valores entre 27 e 44, que foi superior ao encontrado no estudo realizado por Duthie, Pyne e Hooper[16] (de 8 a 29 *sprints*). A Figura 10.1 apresenta a porcentagem do total de *sprints* realizados durante a partida.[6]

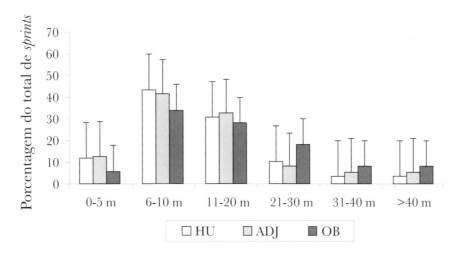

FIGURA 10.1 – Porcentagem do total de *sprints* realizados durante a partida em seis categorias de distâncias, de acordo com as diferentes posições dos jogadores de rúgbi *league*.

HU: *hit-up forwards* (jogadores mais pesados, responsáveis pela manutenção da posse de bola); ADJ: *adjustables* (jogadores mais habilidosos, que têm a função de organizar o jogo); OB: *outside backs* (jogadores mais rápidos, que se deslocam pelas laterais do campo).

Fonte: adaptado de Austin, Gabett e Jenkins.[6]

É importante ressaltar que o estudo de Duthie, Pyne e Hooper[16] analisou as temporadas de 2001 e 2002 do campeonato *Super 12 Rugby*, ao passo que o estudo de Austin, Gabbett e Jenkins[7] analisou as temporadas de 2008 e 2009 do campeonato *Super 14 Rugby*. Portanto, a diferença no número de *sprints* poderia ser resultado de mudanças no estilo, nas regras e na intensidade do jogo que aconteceram no decorrer dos anos.[7]

Protocolo: doze *sprints* de 20 metros a cada 20 segundos

Johnston e Gabbett[30] propuseram um protocolo composto por doze *sprints* de 20 metros em ciclos de 20 segundos de recuperação ativa (Painel A da Figura 10.2), que foram aplicados em doze jogadores de rúgbi *league* no primeiro mês do período competitivo, após duas semanas de período preparatório. Partindo da ideia de que as ações de alta intensidade utilizadas durante uma partida de rúgbi envolvem tanto a execução de *sprints* quanto a realização de *tackles* (ato de segurar ou levar o jogador ao chão), os autores investigaram o efeito do *tackle* no desempenho dos atletas durante o TSR (Painel B da Figura 10.2). Para avaliar as respostas fisiológicas, perceptuais e de desempenho, foram utilizadas medidas da frequência cardíaca (FC), percepção subjetiva de esforço (PSE) e parâmetros de desempenho (tempo total e PQD).

A adição dos *tackles* ao final dos *sprints* gerou respostas superiores para a FC média (169 e 154 bpm, TSR com e sem *tackles*, respectivamente)

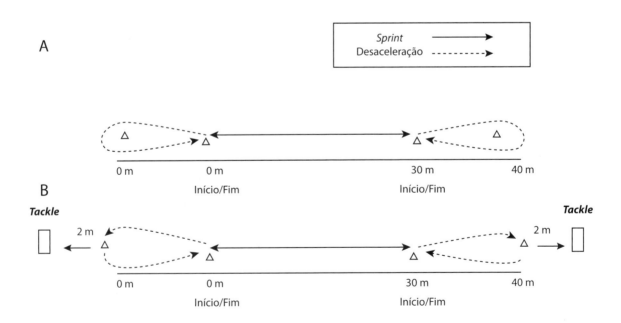

Figura 10.2 – Esquema do protocolo do teste de *sprints* repetidos composto por doze *sprints* de vinte metros a cada vinte segundos sem (Painel A) e com a realização de *tackles* (Painel B).

Fonte: adaptado de Johnston e Gabbett.[30]

e pico (177 e 166 bpm, TSR com e sem *tackles*, respectivamente); a média da PSE foi de ≈ 12 para o TSR sem *tackles* e de ≈ 16 para o TSR com *tackles*; a média do tempo total para o TSR foi de ≈ 42 segundos e para TSR com *tackles* foi de ≈ 45 segundos. Com base nesses resultados, os autores afirmam que a realização dos *tackles* em conjunto com os *sprints* repetidos apresentam maior custo fisiológico e funcional do que os *sprints* realizados isoladamente.

Como a duração dos *sprints* apresentou média de ≈ 3,5 segundos e o ciclo composto por *sprint* e recuperação durou 20 segundos, a relação esforço-recuperação do teste ficou próxima de 1:5. É interessante perceber que essa relação se aproxima da apresentada no estudo de tempo e movimento realizado com jogadores de rúgbi *league*, de 1:5 a 1:6,[32] e também com a relação encontrada em estudo realizado com o rúgbi *union* de 1:4 a 1:6.[7] Portanto, o protocolo proposto por Johnston e Gabbett[30] seria indicado tanto para jogadores de rúgbi *league* como para jogadores de rúgbi *union*.

Além disso, o protocolo constituído de 12 *sprints* de 20 metros em ciclos de 20 segundos de recuperação ativa ainda não teve os parâmetros de validade, reprodutibilidade e sensibilidade testados. Portanto, é necessária a condução de estudos que procurem verificar esses parâmetros.

10.4.2 Testes de *sprints* repetidos para o basquetebol

Segundo o livro de regras disponibilizado pela Confederação Brasileira de Basquetebol (CBB) em 2010,[41] o basquetebol é uma modalidade esportiva jogada por duas equipes de cinco jogadores, cujo objetivo de cada equipe é marcar pontos na cesta dos adversários e evitar que a outra equipe pontue.

Abdelkrim et al.[1] realizaram um estudo em que foram realizadas análises de tempo e movimento em partidas com jovens jogadores de nível nacional e internacional. Nele, os autores demonstraram que durante as partidas oficiais, atletas de nível internacional realizaram em média 63 *sprints*, ao passo que jogadores de nível nacional apresentaram uma média de 41 *sprints*. Os resultados do estudo apontaram que a intensidade do jogo de basquetebol variou de acordo com o nível de competitividade dos atletas, mas não com o tipo de defesa adotada pela equipe. Dessa maneira, jogadores mais habilidosos (nível internacional) passam a maior parte do tempo de jogo realizando ações de alta intensidade.[1]

A frequência de *sprints* também pode variar de acordo com as posições dos jogadores, conforme apontaram Abdelkrim, El Fazaa e El Ati[2] em estudo também realizado com jovens jogadores de basquetebol (categoria sub-19). Os atletas foram agrupados de acordo com as posições que ocupavam: armadores (armador e ala/armador), alas (ala e ala/pivô) e pivôs (pivô e ala/pivô). Os armadores foram os jogadores que realizaram o maior número de *sprints* e passaram a maior porcentagem do tempo de bola em jogo realizando essa ação quando comparados aos alas e, especialmente, aos pivôs. A justificativa para a diferença observada no número de *sprints* seria a função desses jogadores em quadra, já que eles são os responsáveis pela transição rápida do jogo (transição do ataque para a defesa e da defesa para o ataque).[2]

Com base nas análises de tempo e movimento realizadas com o basquetebol, diferentes protocolos de TSR foram propostos,[12,11,29,35] os quais são descritos na Tabela 10.1.

Tabela 10.1 – Protocolos de testes de *sprints* repetidos para o basquetebol

Estudo	Esforço	Recuperação	Deslocamento	Parâmetros do protocolo
Castagna et al.[12]	10 × 30 m	Passiva: 30 s	*Shuttle sprint*	Não foi objetivo do estudo.
Castagna et al.[11]	10 × 30 m	Passiva ou ativa: 30 s	*Shuttle sprint*	Não foi objetivo do estudo.
Jiménez et al.[29]	8 × 30 m	Ativa: ≈ 30 m em 25 s	Reto	Não confirmado.
Meckel, Gottlieb e Eliakim[35]	12 × 20 m	Passiva: variável*	Reto	Não confirmado.

Variável*: no protocolo proposto por Gabett[19] não foi estabelecido um valor fixo de tempo para a recuperação, os atletas deveriam realizar um *sprint* a cada 20 segundos; *Shuttle sprint*: o atleta percorre metade da distância total do *sprint*, tocando com os pés uma linha que demarca essa distância e, depois, retorna ao ponto inicial de início do *sprint*.

Protocolo: dez *shuttle sprints* de 30 metros com recuperação de 30 segundos

Nos estudos realizados por Castagna et al.[12] e Castagna et al.,[11] o mesmo protocolo foi utilizado para avaliar a CSR em jogadores de basquetebol altamente competitivos da categoria júnior (média de idade: 17 ± 1 anos). No primeiro estudo,[12] foi utilizada recuperação passiva entre os *sprints* (Figura 10.3), e o objetivo foi examinar os efeitos da potência aeróbia máxima ($\dot{V}O_2$pico) na CSR desses jovens atletas. Os resultados mostraram que o $\dot{V}O_2$pico não foi um bom preditor da CSR em jovens atletas de basquetebol, já que não apresentou nenhuma correlação significativa com o IF ou tempo total dos *sprints*. Foi observada, ainda, uma correlação negativa entre o tempo do primeiro *sprint* e o IF (r = -0,75; p = 0,01), apontando que quanto menor o tempo do primeiro *sprint* maior será o IF do atleta.

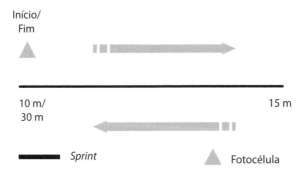

Figura 10.3 – Esquema do protocolo do teste de *sprints* repetidos composto por 12 *shuttle sprints* de 20 metros a cada 20 segundos. Fonte: adaptado de Castagna et al.[12]

Já em estudo realizado posteriormente por Castagna et al.,[11] o objetivo foi analisar se o modo de recuperação poderia influenciar a CSR de jovens atletas de basquetebol. Para tanto, o mesmo protocolo foi usado de duas maneiras diferentes: com recuperação passiva e com recuperação ativa (corrida a 50% da v$\dot{V}O_2$máx) entre os *sprints* (Figura 10.4).

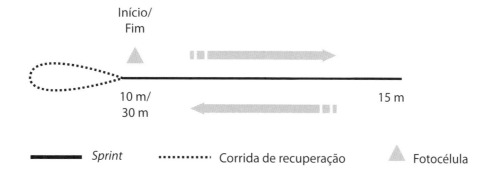

FIGURA 10.4 – Esquema do protocolo do teste de *sprints* repetidos composto por 12 *shuttle sprints* de 20 metros a cada 20 segundos. Fonte: adaptado de Castagna et al.[11]

Mediante a análise dos resultados, foi possível observar que o IF durante o protocolo com recuperação ativa foi maior do que o encontrado durante o protocolo com recuperação passiva (3,4 ± 2,3 segundos e 5,1 ± 2,4 segundos, respectivamente). Foram encontradas diferenças estatisticamente significantes para o tempo total de *sprints* entre a recuperação passiva e a recuperação ativa (61 ± 2 segundos e 62 ± 3 segundos, respectivamente).

Esses resultados demonstram que a utilização de recuperação passiva permite que os atletas apresentem um melhor desempenho durante o teste em virtude da redução na fadiga. Os pesquisadores afirmam que técnicos de basquetebol deveriam aconselhar seus jogadores a desenvolverem um comportamento *econômico* durante as partidas a fim de evitar ações desnecessárias, o que diminuiria a fadiga.[11] No entanto, essa estratégia proposta não apresenta aplicação prática, uma vez que o comportamento do atleta depende também da ação da equipe adversária.

Protocolo: oito *sprints* de 30 metros com recuperação de 25 segundos

Jiménez et al.[29] investigaram a CSR em jogadores de basquetebol amadores e profissionais (média de idade: 23 ± 4 e 26 ± 4 anos, respectivamente) com o objetivo de observar as possíveis diferenças e semelhanças entre os níveis no desempenho do TSR. Foram utilizadas fotocélulas posicionadas a 10, 20 e 30 metros para análise dos tempos parciais dos *sprints* (Figura 10.5). Nesse mesmo estudo, também foram investigados jogadores de handebol, embora seus resultados não sejam discutidos neste capítulo.

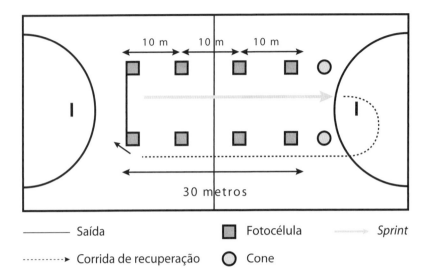

FIGURA 10.5 – Esquema do protocolo do teste de *sprints* repetidos composto por oito *sprints* de 30 metros com recuperação de 25 segundos.
Fonte: adaptado de Jiménez et al.[29]

Observou-se um aumento do IF de acordo com o aumento no número de *sprints* realizados tanto para a distância total (30 metros) quanto para as distâncias parciais (entre 0 e 10 metros e entre 10 e 20 metros) para ambos os grupos.[29] Não foram encontradas diferenças estatisticamente significantes entre os jogadores profissionais e amadores de basquetebol nos tempos médio e total dos *sprints*.[29] Os autores sugerem uma explicação para essa ausência de diferença baseada na distância escolhida para cada *sprint* (30 metros): por ultrapassar o comprimento da quadra de basquetebol (28 metros), os jogadores não estariam familiarizados em percorrer essa distância.[29]

Dessa forma, conclui-se que o protocolo utilizado não foi capaz de discriminar diferentes níveis técnicos e, portanto, não apresentou validade de constructo.

Protocolo: 12 *sprints* de 20 metros a cada 20 segundos

Meckel, Gottlieb e Eliakim[35] utilizaram esse protocolo em jogadores adolescentes de basquetebol (média de idade 17 ± 1 anos) membros de equipes da primeira divisão israelense. O TSR foi realizado em três diferentes momentos de partidas simuladas de basquetebol: após o aquecimento, durante o intervalo (após 15 minutos de jogo) e após o término da partida (30 minutos de jogo com intervalo de 10 minutos). O objetivo do estudo foi comparar os índices de desempenho e as respostas fisiológicas entre os diferentes momentos. Cada TSR foi realizado em dias separados e em ordem aleatória. Dessa maneira, ao final do estudo, foram realizadas três partidas simuladas.[35] A Figura 10.6 apresenta o protocolo realizado pelos jogadores.

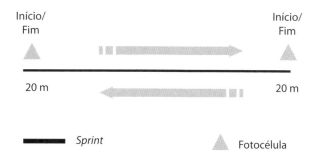

FIGURA 10.6 – Esquema do protocolo do teste de *sprints* repetidos composto por 12 *sprints* de 20 metros a cada 20 segundos. Fonte: adaptado de Meckel, Gottlieb e Eliakim.[35]

Esperava-se que a fadiga acumulada durante a partida simulada resultasse em queda de desempenho nos estágios mais avançados do jogo, o que não foi observado nesse estudo.[35] Não houve diferença entre os resultados encontrados após o aquecimento e após o término da partida. Curiosamente, foram observados menores valores para o tempo total e para tempo ideal dos *sprints* durante o intervalo da partida, quando comparados aos resultados encontrados após o aquecimento.

Duas possíveis explicações para os resultados não confirmarem a hipótese do estudo foram apresentadas: ou o aquecimento realizado pelos atletas (semelhante ao realizado durante uma partida oficial) não apresentou duração e intensidade suficientes para prepará-los, de fato, para a partida, ou os atletas, influenciados pela longa duração da partida, reduziram inconscientemente a intensidade do aquecimento e finalizaram sua preparação gradualmente durante o jogo.[35]

Desse modo, conclui-se que o protocolo composto por 12 *sprints* de 20 metros em ciclos de 20 segundos foi capaz de detectar alterações no desempenho do TSR em diferentes momentos da partida e, portanto, apresentou a sensibilidade do teste.

10.4.3 Testes de *sprints* repetidos para o futebol

De acordo com o livro de regras do jogo de futebol vigente para os anos de 2010/2011, disponibilizado pela International Football Association Board e traduzido pela Confederação Brasileira de Futebol,[40] a partida de futebol é disputada por duas equipes formadas por 11 jogadores, dos quais um desses, obrigatoriamente, deve ser o goleiro. O objetivo dos jogadores é marcar o gol ao mesmo tempo em que defendem a sua meta, impedindo que a equipe adversária marque um gol.

Ao considerar a distância percorrida por jogadores de futebol em diferentes categorias de velocidade de deslocamento, temos que ≈ 76% da distância é percorrida em velocidade inferior a 14,4 km/h, ≈ 16% em velocidade entre 14,4 km/h e 19,8 km/h, ≈ 6% em velocidade entre 19,8 km/h e 25,2 km/h e apenas ≈ 2% em velocidades superiores a 25,2 km/h, alcançando o pico de velocidade em 31,7 km/h.[39] Com base nesses estudos de tempo e movimento, pode-se observar que a razão entre as ações de baixa e alta intensidade é de ≈ 1:3, tanto para jogadores profissionais[39] como para jogadores de nível intermediário.[20]

Ao observarem 717 jogadores profissionais entre as temporadas de 2002 a 2006 em duas competições europeias (Liga dos Campeões e UEFA), Di Salvo et al.[15] descreveram as ações de *sprint* considerando cinco categorias de distâncias e as diferentes posições dos jogadores. Uma de suas conclusões mais relevantes foi que a frequência e a distância dos *sprints* variam de acordo com as posições dos jogadores (Figura 10.7), e os meio-campistas laterais realizaram a maior distância em todas as cinco categorias de distância quando comparados aos jogadores das outras posições.

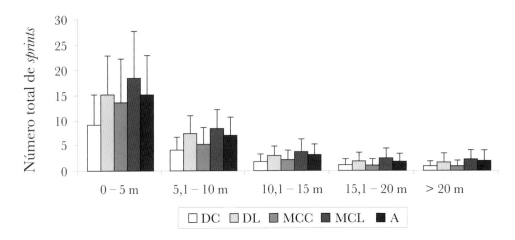

FIGURA 10.7 – Número total de *sprints* realizados durante a partida de futebol em cinco categorias de distâncias de acordo com as diferentes posições dos jogadores.
DC: defensores centrais; DL: defensores laterais; MCC: meio-campistas centrais; MCL: meio-campistas laterais; A: atacantes.
Fonte: adaptado de Di Salvo et al.[15]

Jogadores profissionais de diferentes níveis competitivos gastam a mesma proporção do tempo do jogo se deslocando em intensidade baixa (entre 0 e 12 km/h), porém jogadores de nível intermediário gastam menos tempo se deslocando em corrida de intensidade alta (acima de 19 km/h e abaixo de 30 km/h) e *sprint* (acima de 19 km/h e abaixo de 30 km/h) (6,6 ± 0,4% e 0,9 ± 0,1%, respectivamente) comparado com jogadores de nível competitivo superior (8,7 ± 0,5% e 1,4 ± 0,1%, respectivamente).[36] Além disso, jogadores de nível competitivo superior percorrem uma distância 28% maior em corrida de alta intensidade e 58% em *sprints* quando comparados com jogadores de nível intermediário.[36] Essas conclusões sugerem um aumento da demanda em se realizar corrida de alta intensidade e *sprint* com o aumento do nível competitivo de jogadores de futebol profissional.

Além da comparação entre diferentes níveis competitivos, Mohr, Krustrup e Bangsbo[36] compararam dados de tempo e movimento entre o primeiro e segundo tempos e observaram que, independentemente do nível competitivo e da posição dos jogadores, há uma queda na proporção do tempo gasto nas atividades de baixa e alta intensidade, assim como nos *sprints*. Para a comparação entre as posições, os mesmos autores observaram que os atacantes e defensores laterais percorrem maior distância que os meio-campistas e defensores centrais, tanto em relação à distância total como para a distância percorrida em alta intensidade.

Considerando a importância da CSR para o futebol, diferentes protocolos de TSR foram propostos (Tabela 10.2), os quais são descritos a seguir.

Tabela 10.2 – Protocolos de testes de *sprints* repetidos para o futebol

Estudo	Esforço	Recuperação	Deslocamento	Parâmetros do protocolo
Bangsbo (a)	7 × 34,2 m	Ativa: 40 m em 25 s	Reto e lateral	Validade de constructo: níveis competitivos e grupos etários.
Chaouachi et al.[13]	7 × 30 m	Ativa: 30 m em 25 s	Reto	Não foi objetivo do estudo.
Aziz et al.[8]	6 × 20 m	Ativa: 20 s	Reto	Validade de constructo: posições em campo.
	8 × 20 m		Reto	Validade de constructo: níveis competitivos.
Ferrari-Bravo et al.[17]	6 × 40 m	Passiva: 20 s	*Shuttle sprint*	Validade lógica: partida oficial. Reprodutibilidade: curto e longo prazo. Validade de constructo: níveis competitivos e posições em campo.
Gabett[19] #	6 × 20 m	Ativa: variável*	Reto	Validade de constructo: níveis competitivos Reprodutibilidade.

(a): protocolo descrito por Wragg, Maxwell e Doust[50]; #: único protocolo elaborado para jogadoras de futebol; Variável*: no protocolo proposto por Gabett[19] não foi estabelecido um valor fixo de tempo para a recuperação e os atletas deveriam realizar um *sprint* a cada 15 segundos. *Shuttle sprint*: o atleta percorre metade da distância total do *sprint*, tocando com os pés uma linha que demarca essa distância e, depois, retorna ao ponto inicial de início do *sprint*.

Protocolo de Bangsbo: sete *sprints* de 34,2 metros com recuperação de 25 segundos

Um dos testes de *sprints* encontrados na literatura foi proposto por Bangsbo apud Wragg, Maxwell e Doust[50] (Figura 10.8).

Abrantes, Maçãs e Sampaio[3] conduziram um estudo para verificar a validade de constructo do protocolo de Bangsbo em discriminar o desempenho de jogadores de diferentes níveis competitivos e faixas etárias, comparando o desempenho em cada um dos sete *sprints*. Para isso, 146 jogadores portugueses foram avaliados em três níveis competitivos:

- *profissional*: 19 jogadores da primeira divisão nacional (1ª DN) e 17 da segunda divisão nacional (2ª DN);
- *semiprofissional*: 30 jogadores da primeira divisão regional (1ª DR);
- *amador*: 14 jogadores da classe sub-16 anos, 32 jogadores da classe sub-14 anos e 24 jogadores da classe sub-12 anos.

Como resultado, os autores observaram diferença entre nível competitivo e faixa etária

(1^a DN < 2^a DN < 1^a DR = sub-16 e sub-14 < sub-12) entre os sete *sprints* (redução do desempenho a partir do quinto *sprint*), assim como a interação entre esses fatores (não descrita). Com esses achados, os autores concluíram que o protocolo foi capaz de discriminar o desempenho de jogadores com diferentes níveis competitivos e que, apesar dos grupos apresentarem perfil diferente no teste, todos mostraram redução do desempenho a partir do quinto *sprint*.

Kaplan[31] também avaliou a validade de constructo do protocolo de Bangsbo em discriminar o desempenho de jogadores de diferentes posições. Para tanto, foram avaliados 85 jogadores de nível amador e a média do tempo dos *sprints*. O tempo do melhor *sprint* e o IF foram comparados entre as posições em campo. Como resultado, o autor não observou diferença alguma de desempenho entre as posições distintas para nenhum dos parâmetros do TSR. Os goleiros apresentaram resultado semelhante entre os sete *sprints*, ao passo que os demais jogadores mantiveram o desempenho nos quatro primeiros *sprints*. Assim, conclui-se que Kaplan[31] não conseguiu confirmar a validade de constructo do TSR de Bangsbo em discriminar o desempenho de jogadores amadores de diferentes posições, demonstrando também que o TSR não pode ser aplicado em goleiros, já que não é observada a queda do desempenho.

Dessa maneira, chega-se à conclusão de que o protocolo constituído de sete *sprints* de 34,2 metros separados por um período de 25 segundos de recuperação ativa pode discriminar diferentes níveis competitivos, mas não consegue discriminar jogadores amadores de diferentes posições.

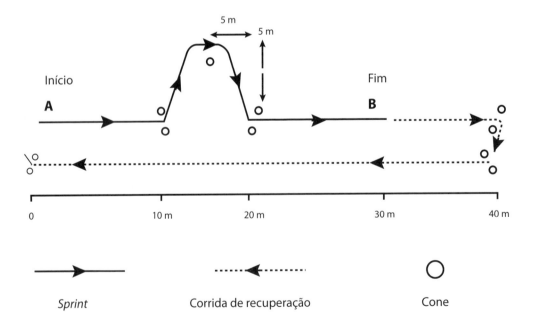

FIGURA 10.8 – Esquema do protocolo do teste de *sprints* repetidos, composto por sete *sprints* de 34,2 metros com recuperação de 25 segundos.
Fonte: adaptado de Kaplan.[31]

Protocolo: sete *sprints* de trinta metros com recuperação de 25 segundos

Para verificar a associação entre a aptidão aeróbia e a CSR de jogadores de futebol, Chaouachi et al.[13] avaliaram 23 jogadores profissionais pertencentes à liga nacional da Tunísia durante o último estágio da temporada competitiva, utilizando um TSR (Figura 10.9). Os testes para avaliar a aptidão aeróbia e a CSR foram realizados em dias diferentes, separados por um intervalo de uma semana. O teste Yo-yo intermitente foi conduzido para examinar a aptidão aeróbia dos jogadores. A distância percorrida nesse teste foi utilizada para separar os atletas com melhor e pior desempenho aeróbio (11 jogadores acima e 11 jogadores abaixo da distância mediana), excluindo o jogador que ocupou a posição mediana (2,32 km).

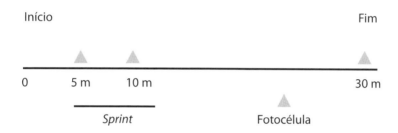

FIGURA 10.9 – Esquema do protocolo do teste de *sprints* repetidos, composto por sete *sprints* de 30 metros com recuperação de 25 segundos.

Fonte: adaptado de Chaouachi et al.[13]

Observou-se que os atletas com melhor aptidão aeróbia apresentavam desempenho superior para o tempo médio dos *sprints* nos marcos 10 e 30 metros e menor queda do desempenho no marco 30 metros, comparado com jogadores com pior aptidão aeróbia. Além disso, Chaouachi et al.[13] não observaram queda para os atletas com melhor desempenho a partir do quinto *sprint*. Em contrapartida, os atletas com pior desempenho apresentaram queda até o quarto *sprint*. A distância percorrida no teste aeróbio apresentou uma correlação moderada e negativa com a PQD nos 30 metros (r = –0,44; p = 0,04).

Assim, conclui-se que os autores observaram que a aptidão aeróbia de jogadores de futebol em um teste intermitente é pouco associada à CSR e a PQD é existente até o quinto *sprint*.

Protocolo: seis ou oito *sprints* de 20 metros com recuperação de 20 segundos

Aziz et al.[8] conduziram um estudo para avaliar a validade de constructo de um protocolo de 20 metros para discriminar atletas de diferentes posições em campo (Estudo 1), utilizando em seu protocolo seis *sprints* (Figura 10.10). Para discriminar atletas de diferentes níveis competitivos (Estudo 2), foram utilizados oito *sprints*, executados da mesma forma que no Estudo 1 (Figura 10.9). As posições consideradas para as comparações foram goleiros (n = 16), atacantes (n = 20), meio-campistas (n = 43) e defensores (n = 41). Para a comparação entre níveis competitivos, foram considerados jogadores profissionais (sub-23; n = 13), semiprofissionais (sub-18 e sub-16; n = 21 e 18, respectivamente) e amadores (equipe universitária; n = 18), excluindo os goleiros.

FIGURA 10.10 – Esquema do protocolo do teste de *sprints* repetidos, composto por seis ou oito *sprints* de 30 metros com recuperação de 20 segundos.

Fonte: adaptado de Aziz et al.[8]

Os parâmetros do teste comparado foram o tempo total dos *sprints* e o tempo do melhor *sprint*. Aziz et al.[8] relataram que o tempo do melhor *sprint* é um parâmetro reprodutível (intervalo intraclasse de 0,98 s e erro típico de 0,42 s), porém esses dados não foram publicados. Como resultado, observou-se que o tempo total dos *sprints* dos goleiros foi superior ao tempo dos demais jogadores, o que demonstra que TSR podem não ser adequados para a avaliação de goleiros, como indicam as conclusões de Kaplan.[31] Além disso, atacantes apresentaram menor tempo total dos *sprints* e o menor tempo do melhor *sprint*, comparado com defensores e meio-campistas. Para a comparação entre os níveis, verificou-se que os jogadores semiprofissionais apresentaram menor tempo total dos *sprints*, comparados com amadores, e uma tendência dos jogadores profissionais apresentarem menor tempo total dos *sprints*, comparados com amadores.

Conclui-se, dessa forma, que Aziz et al.[8] demonstraram que o protocolo de seis *sprints* de 20 metros com recuperação ativa de 20 segundos pode discriminar jogadores de diferentes posições, utilizando o tempo total dos *sprints* e o tempo do melhor *sprint*. O protocolo composto de oito *sprints* com a mesma distância e recuperação é capaz de discriminar jogadores de diferentes níveis competitivos (semiprofissionais e amadores), utilizando o tempo total dos *sprints*.

Protocolo: seis *shuttle sprints* de 40 metros com recuperação de 20 segundos

Ferrari Bravo et al.[17] propuseram o protocolo de seis *shuttle sprints* (Figura 10.11) para avaliar a CSR de jogadores de futebol. Na ocasião, os autores tiveram como objetivo avaliar a validade lógica do protocolo, comparando o desempenho do teste (tempo médio para completar os seis *shuttle sprints* e a PQD) e o desempenho em jogo (maiores distâncias total e em atividades de alta intensidade – acima de 18 km/h), assim como a avaliação da reprodutibilidade desse protocolo.

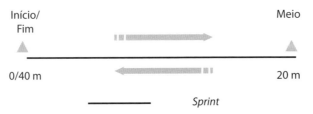

FIGURA 10.11 – Esquema do protocolo do teste de *sprints* repetidos, composto por seis ou oito *shuttle sprints* de 30 metros com recuperação de 20 segundos.

Fonte: adaptado de Ferrari Bravo et al.[17]

Para examinar a validade lógica do TSR, 18 jogadores profissionais foram avaliados durante duas temporadas competitivas, realizando quatro TSR em cada uma das temporadas. Para avaliar a reprodutibilidade do protocolo, 22 jogadores profissionais realizaram o TSR duas vezes, valendo-se dos mesmos parâmetros utilizados para avaliar a validade lógica do protocolo. Como resultado, os autores encontraram uma correlação moderada e negativa entre CSR e a distância percorrida em alta intensidade (r = -0,62; p < 0,01). O tempo médio se mostrou um parâmetro mais reprodutível que a PQD, considerando o erro típico da medida (0,8% e 25%, respectivamente). Assim, os autores confirmaram a validade lógica e a reprodutibilidade (tempo médio) do protocolo de seis *shuttle sprints*.

Apesar de indicar como objetivo a avaliação da validade de constructo do protocolo proposto por Ferrari Bravo et al.,[17] Rampinini et al.[39] determinaram também a validade lógica do protocolo, verificando a correlação entre testes realizados em campo, incluindo o desempenho no TSR (tempo médio dos seis *shuttle sprints*, o tempo do melhor *shuttle sprint* e a PQD), e o desempenho no jogo (distância total percorrida, distância percorrida em corrida de intensidade muito elevada – entre 19,8 km/h e 25,2 km/h – e em *sprint* – acima de 25,2 km/h). Para tanto, 18 jogadores profissionais foram avaliados: 3 defensores centrais, 5 defensores laterais, 7 meio-campistas centrais e 3 atacantes. Os melhores valores observados para cada uma das variáveis, entre as partidas realizadas próximas ao mesmo período de avaliação, foram utilizados nas análises.[39]

Como resultado, os autores observaram que o tempo médio dos *shuttle sprints* apresentou correlação moderada e negativa com a distância percorrida em corrida de intensidade muito elevada (r = -0,60; p < 0,01) e *sprint* (r = -0,66; p < 0,01). Ao subdividir os atletas em dois subgrupos, considerando como divisor o valor mediano do tempo médio dos *shuttle sprints*, os autores observaram que o grupo com melhor desempenho percorria uma distância superior em corrida de intensidade muito elevada e *sprint*. Desse modo, Rampinini et al.[39] afirmaram que os resultados encontrados nesse estudo oferecem suporte para a validade lógica do TSR, embora não seja possível usar o TSR como proposta preditiva do desempenho do jogo, uma vez que as correlações entre essas variáveis foram apenas moderadas.

Impellizzeri et al.[28] conduziram um estudo muito interessante para examinarem outras evidências ainda não confirmadas do protocolo de Ferrari Bravo et al.[17]: validade de constructo e reprodutibilidade. Para a reprodutibilidade em curto prazo, 22 jogadores profissionais realizaram o TSR em dois dias separados com um intervalo de 48 horas. Na reprodutibilidade em longo prazo, 30 jogadores profissionais foram avaliados em quatro ocasiões, separadas por um período de três meses entre as mesmas. Para essas análises, as variáveis do desempenho comparadas foram o tempo médio dos seis *shuttle sprints*, o tempo do melhor *shuttle sprint* e a PQD com relação ao coeficiente intraclasse (CCI), erro padrão da medida (EPM) e tamanho do efeito (TE).

Para reprodutibilidade em curto prazo, os autores[28] observaram que o tempo médio dos seis *shuttle sprints* (CCI de 0,81; EPM de 0,8%; TE trivial) e o tempo do melhor *shuttle sprint* (CCI de 0,15; EPM de 1,3%; TE pequeno) foram parâmetros mais reprodutíveis do que a PQD (CCI de 0,17; EPM de 30,2%; TE pequeno). Para a reprodutibilidade a longo prazo, o tempo médio dos seis *shuttle sprints* foi o único parâmetro que mostrou reprodutibilidade suficiente para detectar mudanças decorrentes do treinamento, embora não tenha identificado diferenças menores e importantes esperadas.

Para verificar a diferença entre níveis competitivos e posições, 108 jogadores foram avaliados em três momentos durante a temporada. O melhor teste de cada atleta foi selecionado para as análises.[28] Para a comparação entre os níveis competitivos, foram considerados atletas profissionais da 1ª DN, atletas profissionais da 2ª e 3ª DN e atletas amadores (A). Para a comparação entre as posições, foram considerados defensores laterais e centrais, meio-campistas e atacantes.

A comparação entre níveis competitivos mostrou que jogadores profissionais apresentam melhor desempenho que amadores para o tempo médio dos seis *shuttle sprints*, o tempo do melhor *shuttle sprint* e a PQD. Além disso, defensores apresentaram o pior desempenho quando comparados com as outras posições para o tempo médio dos seis *shuttle sprints* e o tempo do melhor *shuttle sprint*, sem qualquer diferença para a PQD.

Conclui-se, desse modo, que o protocolo constituído de seis *shuttle sprints*, com recuperação passiva de 20 segundos, é o único que apresenta validade lógica. Além disso, esse protocolo é reprodutível em curto e longo prazo e apresenta validade de constructo, capaz de discriminar jogadores de diferentes posições e níveis competitivos.

Protocolo: seis *sprints* de 20 metros a cada 15 segundos

Do nosso conhecimento, o único TSR elaborado para jogadoras de futebol foi o protocolo proposto por Gabbett (Figura 10.12).[20] Em um único estudo, foram testados os parâmetros de reprodutibilidade e de validade de constructo (níveis competitivos) de um protocolo de TSR. A proposição do protocolo foi baseada em dados de tempo e movimento de Gabbett e Mulvey.[20] Para isso, 11 jogadoras de nível competitivo nacional e 8 de nível estadual foram avaliadas para a comparação entre níveis competitivos. Dez dessas jogadoras realizaram o TSR em duas ocasiões diferentes, separadas por uma semana, para verificar a reprodutibilidade do protocolo. Os parâmetros comparados foram o tempo total dos *sprints* e a PQD.

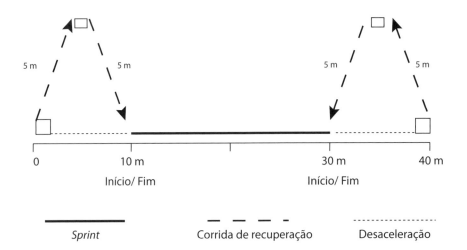

FIGURA 10.12 – Esquema do protocolo do teste de *sprints* repetidos composto por seis *sprints* de 30 metros com recuperação de 20 segundos.

Fonte: adaptado de Gabett e Mulvey[20]

Como resultado, o autor observou que a reprodutibilidade do tempo total dos *sprints* foi superior à PQD (coeficiente de correlação intraclasse e erro típico da medida: 0,91% e 1,5%; 0,14% e 19,5%, respectivamente). O tempo total dos *sprints* e o tempo do primeiro *sprint* no TSR foi inferior para as jogadoras de nível nacional, comparado com as jogadoras de nível estadual. Além disso, foi observada uma correlação alta e positiva entre o tempo do primeiro *sprint* e o tempo total dos *sprints* (r = 0,96; p < 0,01).

Assim, pode-se concluir que o autor demonstra que, ao utilizar o parâmetro do tempo total dos *sprints*, o protocolo proposto de seis *sprints* de 20 metros a cada 15 segundos é reprodutível e consegue discriminar jogadoras de diferentes níveis competitivos.

10.5 Considerações finais

Após a revisão dos testes de *sprints* repetidos existentes na literatura para as modalidades coletivas de invasão (rúgbi, basquetebol e futebol), observou-se que a maioria dos protocolos desenvolvidos, mesmo utilizando diferentes distâncias, trajetórias de deslocamento, intervalos e modos de recuperação, consegue obter, na maioria das vezes, algum dos parâmetros de validade, reprodutibilidade ou sensibilidade. Vale ressaltar que esses protocolos avaliam apenas as situações extremas das partidas.

Uma vez considerada a obtenção desses parâmetros de forma isolada nos diferentes protocolos, não é possível fazer a indicação de um único protocolo para avaliar a capacidade de realizar *sprints* repetidos dos jogadores dessas modalidades. A escolha do protocolo de teste a ser executado pelo técnico e/ou preparador físico deve se basear nas variáveis consideradas (distância e número de *sprints*, mudança ou não de direção, intervalo e modo de recuperação), nos parâmetros de desempenho obtidos no teste (tempo médio, somatória, melhor tempo dos *sprints*, índice de fadiga e queda de desempenho) e nos parâmetros do teste (validade, reprodutibilidade e sensibilidade).

Referências

1. Abdelkrim NB, Castagna C, El Fazaa S, El Ati J. The effect of players' standard and tactical strategy on game demands in men's basketball. J Strength Cond Res. 2010;24:2652-62.

2. Abdelkrim NB, El Fazaa S, El Ati J. Time-motion analysis and physiological data of elite under-19-year-old basketball players during competition. Br J Sports Med. 2007;41:69-75.

3. Abrantes C, Maçãs V, Sampaio J. Variation in football players' sprint test performance across different ages and levels of competition. J Sports Sci Med. 2004;3:44-9.

4. Atkinson G. Sport performance: variable or construct? J Sports Sci. 2002;20:291-292.

5. Atkinson G, Nevill AM. Statistical methods for assessing measurement error (reliability) in variables relevant to sports medicine. Sports Med. 1998; 26:217-238.

6. Austin DJ, Gabbett, TJ, Jenkins DJ. Repeated high-intensity exercise in a professional Rugby League. J Strength Cond Res. 2001;25:1898-904.

7. Austin DJ, Gabbett TJ, Jenkins D. The physical demands of Super 14 Rugby Union. J Sci Med Sport. 2011;14:259-63.

8. Aziz AR, Mukherjee S, Chia MY, Teh KC. Validity of the running repeated sprint ability test among playing positions and level of competitiveness in trained soccer players. Int J Sports Med. 2008;29:833-38.

9. Baker JS, Van Praagh E, Gelsei M, Thomas M, Davies B. High-intensity intermittent cycle ergometer exercise: effect of recovery duration and resistive force selection on performance. Res Sports Med. 2007;15:77-92.

10. Billaut F, Basset FA. Effect of different recovery patterns on repeated-sprint ability and neuromuscular responses. J Sports Sci. 2007;25:905-13.

11. Castagna C, Abt G, Manzi V, Annino G, Padua E, D'Ottavio S. Effect of recovery mode on repeated sprint ability in young basketball players. J Strength Cond Res. 2008;22:923-29.

12. Castagna C, Manzi V, D'Ottavio S, Annino G, Padua E, Bishop D. Relation between maximal aerobic power and the ability to repeat sprints in young basketball players. J Strength Cond Res. 2007;21:1172-6.

13. Chaouachi A, Manzi V, Wong Del P, Chaalali A, Laurencelle L, Chamari K, et al. Intermittent endurance and repeated sprint ability in soccer players. J Strength Cond Res. 2010;24(10):2663-9.

14. Currell K, Jeukendrup AE. Validity, reliability and sensitivity of measures of sporting performance. Sports Med. 2008;38:297-316.

15. Di Salvo V, Baron R, González-Haro C, Gormasz C, Pigozzi F, Bachl N. Sprinting analysis of elite soccer players during European Champions League and UEFA Cup matches. J Sports Sci. 2010;28:1489-94.

16. Duthie G, Pyne D, Hooper S. Time-motion analysis of 2001 and 2002 Super 12 Rugby. J Sports Sci. 2005;23:523-30.

17. Ferrari Bravo D, Rampinini E, Sassi R, Bishop D, Sassi A, Tibaudi A, et al. Ecological validity of a repeated sprint ability test and its reproducibility in soccer. In: European College of Sport Science – 10th Annual Congress; 2005; Belgrade, Serbia. Belgrade: SMAS; 2005. p. 267.

18. Franchini E. Judô: desempenho competitivo. Barueri: Manole; 2001.

19. Gabbett TJ. The Development of a test of repeated-sprint ability for elite women's soccer players. J Strength Cond Res. 2010;24:1191-1194.

20. Gabbett TJ, Mulvey MJ. Time-motion analysis of small-sided training games and competition in elite women soccer players. J Strength Cond Res. 2008;22:543-52.

21. Girard O, Mendez-Villanueva A, Bishop D. Repeated sprint ability – part I: factors contributing to fatigue. Sports Med. 2011;41:673-94.

22. Glaister M. Multiple sprint work – physiological responses, mechanisms of fatigue and the influence of aerobic fitness. Sports Med. 2005a;35:757-77.

23. Glaister M, Howatson G, Pattison JR, McInnes G. The reliability and validity of fatigue measures during multiple-sprint work: an issue revisited. J Strength Cond Res. 2008;22:1597-601.

24. Glaister M, Stone MH, Stewart AM, Hughes M, Moir GL. The influence of recovery duration on multiple sprint cycling performance. J Strength Cond Res. 2005b;19:831-7.

25. Gonzalez FJ. Sistema de classificação de esportes com base nos critérios: cooperação, interação com o adversário, ambiente, desempenho comparado e objetivos táticos da ação. Lecturas: Educación Física y Deportes 10; 2004. Disponível em: http://www.efdeportes.com/efd71/esportes.htm.

26. Guia de Principiantes do Rúgbi Union [homepage na internet]. [acesso em 1 out 2013]. Disponível em: http://www.irb.com/mm/document/training/0/beginners20guide20ptbr_7394.pdf.

27. Hopkins WG. Measures of reliability in sports medicine and science. Sports Med. 2000;30:1-15.

28. Impellizzeri FM, Rampinini E, Castagna C, Bishop D, Ferrari Bravo D, Tibaudi A, et al. Validity of a repeated-sprint test for football. Int J Sports Med. 2008;29:899-905.

29. Jiménez JMH, Rios IJC, Casas JAR, Rios LJC. Estudio comparativo de la capacidad de realizar sprints repetidos entre jugadores de balonmano y baloncesto amateurs y profesionales. Apunts Med Esport. 2009;164:163-73.

30. Johnston RD, Gabbett TJ. Repeated-sprint and effort ability in rugby league players. J Strength Cond Res. 2011;25:2789-95.

31. Kaplan T. Examination of repeated sprinting ability and fatigue index of soccer players according to their positions. J Strength Cond Res. 2010;24:1495-501.

32. King T, Jenkins D, Gabbett T. A time-motion analysis of professional rugby league match-play. J Sports Sci. 2009;27:213-9.

33. Lima JRP, Kiss MAPDM. Critérios de seleção de testes. In: Kiss MAPDM, editor. Esporte e exercício: avaliação e prescrição. São Paulo: Roca; 2003. p. 21-41.

34. Little T, Williams AG. Effects of sprint duration and exercise: rest ratio on repeated sprint performance and physiological responses in professional soccer players. J Strength Cond Res. 2007;21:646-8.

35. Meckel Y, Gottlieb R, Eliakim A. Repeated sprint tests in young basketball players at different game stages. Eur J Appl Physiol. 2009;107:273-9.

36. Mohr M, Krustrup P, Bangsbo J. Match performance of high-standard soccer players with special reference to development of fatigue. J Sports Sci. 2003;21:519-28.

37. Newman MA, Tarpenning KM, Marino FE. Relationships between isokinetic knee strength, single-sprint performance, and repeated-sprint ability in football players. J Strength Cond Res. 2004;18:867-72.

38. Oliver JL, Armstrong N, Williams CA. Relationship between brief and prolonged repeated sprint ability. J Sci Med Sport. 2009;12:238-43.

39. Rampinini E, Bishop D, Marcora SM, Ferrari Bravo D, Sassi R, Impellizzeri FM. Validity of simple field tests as indicators of match-related physical performance in top-level professional soccer players. Int J Sports Med. 2007;28:228-35.

40. Regras do jogo de futebol 2010/2011 [manual na internet]. [acesso em 1 out 2013]. Disponível em: http://www.cbf.com.br/media/58890/livro_de_regras_2010_2011.pdf.

41. Regras oficiais de basquetebol [manual na internet]. [acesso em 1 out 2013]. Disponível em: http://www.cbb.com.br/conheca_basquete/LIVRO_DE_REGRAS_2010.pdf.

42. Reilly T, Morris T, Whyte G. The specificity of training prescription and physiological assessment: a review. J Sports Sci. 2009;27:575-89.

43. Silva JF, Guglielmo LGA, Bishop D. Relationship between different measures of aerobic fitness and repeated-sprint ability in elite soccer players. J Strength Cond Res. 2010;24:2115-21.

44. Spencer M, Bishop D, Dawson B, Goodman C. Physiological and metabolic responses of repeated-sprint activities: specific to field-based team sports. Sports Med. 2005;35:1025-44.

45. Stølen T, Chamari K, Castagna C, Wisløff U. Physiology of soccer: an update. Sports Med. 2005;35:501-36.

46. The Australian rugby league laws of the game and notes on the laws [manual na internet]. [acesso em 1 out 2013]. Disponível em: http://www.arldevelopment.com.au/fileadmin/user_upload/Documents/Club_Admin/downloads_about_us/ARL_International_Laws_of_the_Game_2010.pdf.

47. Thomas JR, Nelson JK, Silverman SJ. Métodos de pesquisa em atividade física. São Paulo: Artmed; 2007.

48. Toubekis AG, Douda HT, Tokmakidis SP. Influence of different rest intervals during active or passive recovery on repeated sprint swimming performance. Eur J Appl Physiol. 2005;93:694-700.

49. Wittekind AL, Micklewright D, Beneke R. Teleoanticipation in all-out short-duration cycling. Br J Sports Med. 2011;45:114-9.

50. Wragg CB, Maxwell NS, Doust JH. Evaluation of the reliability and validity of a soccer-specific field test of repeated sprint ability. Eur J Appl Physiol. 2000;83:77-83.

Sobre os autores

Ana Paula Tanaka Hayashi

Graduada em Nutrição e Especialista em Obesidade, Emagrecimento e Saúde pela Universidade Federal de São Paulo (Unifesp). Mestre em Ciências Médicas pela Faculdade de Medicina da Universidade de São Paulo (FMUSP).

Anderson Caetano Paulo

Doutor em Ciências e Mestre em Biodinâmica do Movimento Humano pela Escola de Educação Física e Esporte da Universidade de São Paulo (EEFE-USP). Docente de Ensino Superior do Curso de Educação Física da Universidade Nove de Julho (Uninove). Docente de Educação Superior dos Cursos de Educação Física e Fisioterapia da Universidade Paulista (Unip).

Camila Gobo de Freitas

Graduada em Esporte pela Escola de Educação Física e Esporte da Universidade de São Paulo (EEFE-USP) e Mestre em Educação Física pela mesma instituição. Preparadora Física do Esporte Clube Pinheiros.

Celso Ricardo Fernandes de Carvalho

Graduado em Educação Física pela Faculdade de Educação Física de Santos (FEFIS) e em Fisioterapia pela Universidade Federal de São Carlos (UFSCar). Mestre e Doutor em Fisiologia pelo Instituto de Ciências Biomédicas da Universidade de São Paulo (ICB-USP). Livre-docente em Fisioterapia pela Faculdade de Medicina da Universidade de São Paulo (FMUSP). Professor Associado do Departamento de Fisioterapia, Fonoaudiologia e Terapia Ocupacional da FMUSP. Bolsista Produtividade em Pesquisa 1B do CNPq.

Cesar Cavinato Cal Abad

Profissional de Educação Física (CREF 0594/SP). Doutor em Ciências (Cardiologia) pelo Instituto do Coração (InCor-HC-FMUSP). Mestre em Biodinâmica do Movimento Humano pela Escola de Educação Física e Esporte da Universidade de São Paulo (EEFE-USP). Graduado em Educação Física pela Universidade Bandeirante de São Paulo (Uniban).

Claudia Ribeiro da Luz

Graduada em Nutrição e Especialista em Nutrição Clínica pelo Centro Universitário São Camilo. Mestre em Ciências pela Escola de Educação Física e Esporte da Universidade de São Paulo (EEFE-USP).

Fabiano Pinheiro

Bacharel e Licenciado em Educação Física pela Universidade Paulista (Unip). Especialista em Exercício Físico e Reabilitação Cardíaca pelas Faculdades Metropolitanas Unidas (FMU). Mestre em Ciências pela Escola de Educação Física e Esporte da Universidade de São Paulo (EEFE-USP).

Fabrício Boscolo Del Vecchio

Bacharel e Licenciado em Educação Física pela Faculdade de Educação Física da Universidade Estadual de Campinas (FEF-Unicamp). Doutor em Educação Física na área de Ciências do Esporte pela FEF-Unicamp. Professor Adjunto do Departamento de Ginástica e Saúde da Escola Superior de Educação Física da Universidade Federal de Pelotas (ESEF-UFPel).

Felipe Fedrizzi Donatto

Graduado em Nutrição e Mestre em Educação Física pela Universidade Metodista de Piracicaba (Unimep). Doutor em Biologia Celular pelo Instituto de Ciências Biomédicas da Universidade de São Paulo (ICB-USP). Faixa preta de judô, 1º Dan.

Gabriel Grizzo Cucato

Doutor em Ciências pela Escola de Educação Física e Esporte da Universidade de São Paulo (EEFE-USP). Pós-doutorando do Instituto de Ensino e Pesquisa do Hospital Israelita Albert Einstein, São Paulo.

Guilherme Giannini Artioli

Professor Doutor da Escola de Educação Física e Esporte da Universidade de São Paulo (EEFE-USP). Bacharel, Mestre e Doutor em Educação Física pela mesma instituição. Doutorado Sanduíche na Universidade de Sydney, Austrália. Pós-doutorado na Nottingham Trent University (Inglaterra) e no Laboratório de Nutrição e Metabolismo da EEFE-USP. Faixa preta de judô, 1º Dan.

Henrique Quintas Teixeira Ribeiro

Graduado em Educação Física pela Escola de Educação Física e Esporte da Universidade de São Paulo (EEFE-USP). Especialista em Fisiologia do Exercício pelo Instituto de Ciências Biomédicas da Universidade de São Paulo (ICB-USP). Mestre em Biologia Celular e Desenvolvimento pelo ICB-USP. Doutorando em Atividade Física e Nutrição Experimental pela Faculdade de Ciências Farmacêuticas da Universidade de São Paulo (FCF-USP).

Leandro Campos de Brito

Especialista em Exercício Físico Aplicado à Reabilitação Cardíaca e Grupos Especiais pela Universidade Gama Filho. Mestre em Ciências pela Escola de Educação Física e Esporte da Universidade de São Paulo (EEFE-USP) e Doutorando pela mesma instituição.

Leonardo Vidal Andreato

Graduado em Educação Física pela Universidade Estadual de Maringá (UEM). Especialista em Fisiologia do Exercício pela Universidade Federal de São Paulo (Unifesp). Mestre em Ciências na área de Estudos do Esporte pela Escola de Educação Física e Esporte da Universidade de São Paulo (EFE--USP). Doutorando em Ciências do Movimento Humano pela Universidade do Estado de Santa Catarina (Udesc).

Leony Morgana Galliano

Graduada em Educação Física pela Universidade de Santa Cruz do Sul. Mestre em Educação Física pela Escola Superior de Educação Física da Universidade Federal de Pelotas (ESEF-UFPel). Doutoranda em Educação Física pela ESEF-UFPel e Bolsista CNPq.

Luís Gustavo Oliveira de Sousa

Graduado em Educação Física pela Universidade Salgado de Oliveira (Universo). Especialista em Bases Metabólicas e Fisiológicas Aplicadas à Atividade Física e Nutrição pelo Instituto de Ciências Biomédicas da Universidade de São Paulo (ICB-USP). Mestre em Ciências na área de Biodinâmica do Movimento Humano pela Escola de Educação Física e Esporte da Universidade de São Paulo (EEFE-USP). Doutorando em Ciências (Biotecnologia) pelo ICB-USP.

Marina Yazigi Solis

Nutricionista graduada e especializada em Nutrição Clínica pelo Centro Universitário São Camilo. Experiência na área de Nutrição, com ênfase em Nutrição Clínica Aplicada à Atividade Motora. Desde 2007 é membro do Laboratório de Nutrição e Metabolismo Aplicados à Atividade Motora da Universidade de São Paulo e do Laboratório de Avaliação e Condicionamento em Reumatologia (HCFMUSP). Doutora pela Faculdade de Medicina da USP (FMUSP), na área de Reumatologia.

Renata Nakata Teixeira

Doutora em Ciências pela Faculdade de Medicina da Universidade de São Paulo (FMUSP). Bolsista Fapesp de Doutorado. Pós-doutoranda pela FMUSP.

Rodrigo Vitasovic Gomes

Graduado em Nutrição pelo Centro Universitário São Camilo e em Educação Física pelas Faculdades Metropolitanas Unidas (UniFMU). Mestre e Doutor em Educação Física pela Escola de Educação Física e Esporte da Universidade de São Paulo (EEFE-USP).

Sandro Henrique Mendes

Graduado e Licenciado em Educação Física pela Universidade Bandeirante de São Paulo (Uniban). Especialista em Educação Física Escolar pelas Faculdades Metropolitanas Unidas (UniFMU). Especialista em Nutrição e Suplementação Aplicada à Atividade Física e Esportes pela Escola de Educação Física e Esporte da Universidade de São Paulo (EEFE-USP). Faixa preta de judô, 1º Dan.

Serena Del Favero

Graduada em Nutrição pela Faculdade de Saúde Pública da Universidade de São Paulo (FSP-USP). Especialista em Fisiologia do Exercício pela Universidade Federal de São Paulo (Unifesp). Mestre em Ciências na área de Biodinâmica do Movimento Humano pela Escola de Educação Física e Esporte da Universidade de São Paulo (EEFE-USP). Nutricionista do Centro de Cardiologia do Exercício e do Esporte do Hospital Israelita Albert Einstein.

Ursula Ferreira Julio

Graduada em Educação Física pela Faculdade de Educação Física da Universidade Presbiteriana Mackenzie. Mestra em Ciências na área de Estudos do Esporte pela Escola de Educação Física e Esporte da Universidade de São Paulo (EEFE-USP). Doutoranda em Ciências na área de Biodinâmica do Movimento Humano pela EEFE-USP.

Valéria Leme Gonçalves Panissa

Graduada em Educação Física pela Faculdade de Educação Física da Universidade Presbiteriana Mackenzie. Especialista em Bases Metabólicas Aplicadas à Atividade Física e Nutrição pelo Instituto de Ciências Biomédicas da Universidade de São Paulo (ICB-USP). Mestre em Ciências na área de Biodinâmica do Movimento Humano pela Escola de Educação Física e Esporte da Universidade de São Paulo (EEFE-USP). Doutoranda em Ciências na área de Biodinâmica do Movimento Humano pela EEFE-USP.

Victor Silveira Coswig

Bacharel em Educação Física pela Escola Superior de Educação Física da Universidade Federal de Pelotas (ESEF-UFPel). Especialista em Fisiologia do Exercício pelo Centro Universitário de Volta Redonda (UniFOA). Mestre e Doutorando em Educação Física pela ESEF-UFPel. Professor Assistente da Faculdade Anhanguera Educacional de Pelotas.

Sobre o livro
Formato: 21 x 28 cm
Mancha: 14,8 x 22,4 cm
Papel: Offset 90 g
nº páginas: 224
Tiragem: 2.000 exemplares
1ª edição: 2014

Equipe de realização
Assistência editorial
Liris Tribuzzi

Assessoria editorial
Maria Apparecida F. M. Bussolotti

Edição de texto
Gerson Silva (Supervisão de revisão)
Ronaldo Galvão (Preparação do original e copidesque)
Elise Garcia e Gabriela Teixeira (Revisão)

Editoração eletrônica
Évelin Kovaliauskas Custódia (Projeto gráfico, diagramação e capa)
Douglas Docelino (Ilustrações e capa)

Impressão
Edelbra Gráfica